辽宁大学中国档案文化研究中心主办

# 中国档案研究

## 【第三辑】（2017年上辑）

主　编　赵彦昌

副主编　徐拥军

辽宁大学出版社
Liaoning University Press

**图书在版编目（CIP）数据**

中国档案研究. 第三辑/赵彦昌主编. －沈阳：
辽宁大学出版社，2017.7
ISBN 978-7-5610-8691-9

Ⅰ.①中… Ⅱ.①赵… Ⅲ.①档案学－研究－中国
Ⅳ.①G279.2

中国版本图书馆 CIP 数据核字（2017）第 153108 号

中国档案研究. 第三辑
ZHONGGUO DANGAN YANJIU. DI SAN JI

出 版 者：辽宁大学出版社有限责任公司
　　　　　　（地址：沈阳市皇姑区崇山中路 66 号　　邮政编码：110036）
印 刷 者：鞍山新民进电脑印刷有限公司
发 行 者：辽宁大学出版社有限责任公司
幅面尺寸：170mm×240mm
印　　张：22.25
字　　数：370 千字
出版时间：2017 年 7 月第 1 版
印刷时间：2017 年 7 月第 1 次印刷
责任编辑：张　蕊
封面设计：韩　实
责任校对：齐　悦

书　　号：ISBN 978-7-5610-8691-9
定　　价：45.00 元

联系电话：024－86864613
邮购热线：024－86830665
网　　址：http：//press. lnu. edu. cn
电子邮件：lnupress@vip. 163. com

# 《中国档案研究》编委会

名誉顾问：陈智为

学术顾问：（以姓氏汉字笔画为序）

　　　　　丁海斌　　卜鉴民　　李财富　　华　林

　　　　　吴建华　　陈永生　　陈忠海　　张照余

　　　　　金　波　　周耀林　　胡鸿杰　　傅荣校

　　　　　覃兆刿　　薛匡勇

编　　委：（以姓氏汉字笔画为序）

　　　　　王玉珏　　孙大东　　任　越　　李　颖

　　　　　张会超　　张卫东　　周林兴　　周文泓

　　　　　赵　屹　　赵彦昌　　钟文荣　　胡　莹

　　　　　徐拥军　　章燕华　　蒋　冠　　谭必勇

主　　编：赵彦昌

副 主 编：徐拥军

# 卷　首　语

　　从第三辑开始，《中国档案研究》集刊改为半年刊，一年出版两辑，本辑为 2017 年上辑，总第三辑。

　　在过去的几年中，档案学界关注于"记忆"的研究，获批了一些国家社科基金项目，如郭红解主持的"'城市记忆'档案文献资源整合研究"、丁华东主持的"档案与社会记忆研究""城乡档案记忆工程推进机制研究"。已经结题的成果相继结集出版，其中包括郭红解、邹伟农主编的《城市记忆与档案》（学林出版社 2011）、丁华东主编的《档案与社会记忆研究》（人民出版社 2016），近日又看到中国人民大学徐拥军教授的《档案记忆观的理论与实践》（中国人民大学出版社 2017）问世，无不充实了"档案记忆"理论研究体系。同时，2016 年 11 月在苏州召开的"世界记忆项目与档案事业发展主题研讨会"，2016 年 12 月在济南召开的"'中国记忆遗产'暨中国档案文献遗产研究高端论坛"，2017 年 7 月即将在北京举办的"世界记忆项目北京学术中心启动仪式暨'中国与世界记忆项目'论坛"，各自都展示了"记忆"与档案的关联所在。其实，在《中国档案研究》（第二辑）中，《档案与社会记忆研究述评》一文已经做了详细的总结，现在看来，有关"档案记忆"的研究正在向纵深、专业性的方向良性发展，在《中国档案研究》（第三辑）中，我们特设"档案与社会记忆"栏目，集中刊发三篇力作，分别是《世界记忆工程对中国地方档案事业发展影响研究》（陈鑫、吴芳、卜鉴民)、《城市历史文化遗产建档式保护问题探究——以"刘亚楼将军故居"被强拆案为例》(任越)、《社群口述记忆研究》(孙大东、于梦文),欢迎有兴趣的朋友寻来一读,我们更期待着围绕"档案记忆"能够有更多的佳作问世。

同时,社交媒体也吸引了档案学界的目光,2017 年新公布的国家社科基金项目中,大部分都与此相关,或者"'互联网十'档案",或者大数据环境下的档案问题,如"'互联网十档案'新业态研究"(王协舟)、"大数据背景下的民生档案信息服务发展与创新研究"(李广都)、"大数据时代智慧档案信息服务平台构建与创新研究"(卞咸杰)、"新媒体环境下网络档案信息检索创新发展研究"(赵屹)、"建立数字信任:政府社交媒体文件管理策略研究"(王健)、"社交媒体背景下的档案信息公开策略研究"(张江珊)、"大数据时代档案服务业理论与实践研究"(王毅)、"大数据环境下数字档案资源知识服务研究"(宋魏巍)等等,几乎占了 2017 年国家社科基金项目档案学类的半壁江山,可以看出,近几年围绕这一主题的研究方兴未艾且如火如荼,反映到今年 7 月初将在湘潭举办的"第四届全国高校青年档案学者学术论坛"的主题就是"互联网十时代的档案理论与实践",这似乎不仅仅是巧合,回头看 2016 年 9 月在郑州召开的"第三届全国高校青年档案学者学术论坛",会议主题也是"新媒体时代的档案学研究",如此可见一斑。

在第三辑中最具特色的一组论文就是"外国档案馆建筑历史与文化",由山东大学谭必勇教授组稿,三篇大作即《从仓库到宝库:澳大利亚国家档案馆历史与建筑演变然》(魏筱颜、谭必勇)、《美国国家档案馆建筑发展历史与特色》(楚艳娜)、《英国国家档案馆的发展与建筑研究》(郭辉),三篇原创文章图文并茂地给我们展示了三国国家档案馆建筑的风貌与历史变迁,不读或许就是一种遗憾。

重视传统档案学的研究一直是本集刊的特色所在，在"档案学基础理论"、"中国档案史"、"档案学史"等栏目的文章正体现了这一特色，我们在关注前沿的同时，不忘传统。

最后，需要重点记录的就是，《中国档案研究》（第三辑）的出版得到国内高校12位青年教师的慷慨解囊鼎力资助才得以顺利出版，他（她）们是孙大东、任越、李颖、张会超、张卫东、周林兴、钟文荣、胡莹、徐拥军、章燕华、蒋冠、谭必勇，在此表示衷心的感谢！《中国档案研究》集刊属于整个中国档案界！我们也因此更加相信《中国档案研究》的明天会更加美好！

赵彦昌

2017 年 6 月

# 目　　录

# 外国档案馆建筑历史与文化

# 会议综述

# 档案学基础理论

# 回首与展望：媒介变迁中档案
# 演进的全景概览

## 周文泓　　加小双

（四川大学公共管理学院　成都　610064；
中国人民大学信息资源管理学院　北京　100872）

**摘　要：**对档案作为核心术语的探索有助于界定档案管理的原则、理论与方法，也是在不同情境中建立档案管理框架的前提，因而有必要立足于不同情境梳理档案核心概念的内涵。本文以文献调研与文本分析的方法，从媒介维度来梳理不同发展阶段中档案的具体内涵，从中理解档案内涵的纵向演变。由此，本文从媒介发展的四个阶段来呈现档案概念如何从国家记录走向社会记录，并由此展望档案内涵的演进方向及其对档案管理的启示。

**关键词：**档案　档案管理　文件管理　媒介

# 1　研究背景与必要性

## 1.1　重构档案概念必要性

每一个时代，都有每一个时代的语言体系，对每一个术语的解释与对象界定都随着社会的变迁而变化。有些词历经变革，有了截然不同的词义，而

---

作者简介：周文泓，男，四川大学公共管理学院讲师，管理学博士，主要研究领域：互联网信息的档案化管理，电子文件管理，社交媒体与档案管理。加小双，中国人民大学信息资源管理学院博士研究生，主要研究领域：数字档案资源建设。

有些词的词义则是处于"有限变化"的范畴之中。而档案，作为档案学与档案实践活动的核心术语与实践对象，无论是在学术研究还是实践活动中，依旧保持着其作为活动凭证的原始记录的内涵与固化、真实以及可靠的特征作为外延，但其外延与内涵同样也会随着社会的变迁而有限变化着。

　　只有对每个时代的档案所赋予的情境进行考察，回到当时的情境中，我们才能认识与理解档案理论与实践的发展，为当前与未来的档案研究与工作提供基础与借鉴。情境是随着社会变迁而变化的，依据奥格尔的社会变迁理论，经济、技术、观念与规则是呈现社会变迁的四个维度①。而本文将试图从技术维度的媒介展开，从媒介的变迁中考察档案概念的变化。

## 1.2　从媒介变迁重构的必要性

　　媒介关乎档案的承载与传播，档案的形式、语言、呈现以及传播都与媒介息息相关，媒介的技术、时空、反映的社会理念等特征都影响着档案形成者、保管者、利用者对档案的认识与理解。技术层面上，媒介将直接影响档案的形成、保管等一些管理行为。而随后，媒介所反映出的文化、思维等抽象性特征是与整个社会的文化特征息息相关的，是人类世界观、价值观的反映，这将对档案工作者的工作理念、原则等产生巨大影响，什么是档案，用档案做什么，如何保存档案都将会因其而变化。

　　媒介并不是一成不变的，而是随着社会的发展而不断变化的，从金石时代，到纸媒时代，再到如今的数字时代，媒介都在以不同的姿态呈现，现今更是日新月异。甚至，档案的概念也随着媒介的变迁而不断变化着。鉴于媒介对档案及其实践活动与学术研究的影响，因而区分出媒介的不同阶段，从中查考档案实践活动与学术研究中呈现出的对档案的认识，即最终通过对档案的内涵与外延的界定显现出的档案概念是必要的。

---

① 威廉·菲尔丁·奥格本. 社会变迁［M］. 王晓毅，陈育国，译. 杭州：浙江人民出版社，1989：23—24.

## 1.3　研究意义与展望

信息与通信技术发展日新月异，媒介随之变迁，从而对记录的世界、网络世界乃至现实世界都产生巨大的冲击。这是一个媒介转型期的时代，对信息的认知与实践活动亟待转型，Web 2.0、社交媒介、大数据、互联网思维以及诸多与媒介相关的热词都令档案人思考应当如何重新认识档案所处的环境，明晰媒介新时期的档案概念，以识别与界定其外延与内涵。

因而，文章将更加具体地分析媒介为何会影响档案概念，然后试着从媒介的维度解析档案所经历的情境，从不同的阶段的媒介发展探寻特定阶段的档案研究中对档案概念的界定以及档案管理实践活动呈现出的对档案的认识以及相关法律法规等的界定，以此了解每一个阶段的档案概念是什么。同时，也想验证对应着媒介不同的发展阶段，对档案的相关认识也会有相应的变化。最后，在当前的媒介阶段，我们将在对档案概念新的认识与理解的基础上，展望档案理论与实践的发展方向，以期发展档案理论，调整出更加适用实际需要的档案管理方式、方法等。

## 2　媒介于档案之作用

媒介作为文件档案的要素，在形成、呈现与利用档案的过程中均有重要作用，依据媒介理论、档案理论与电子文件相关理论来看，媒介对档案的影响主要在三个方面：形式、内容与环境①。

### 2.1　形式——成为档案记录的形成与传播的载体与工具

不同的媒介，有着不同的形成与传播记录的特点，也会有不同的记录、传播、利用以及一系列的管理方式，亦会有不同的形成、传播、管理与利用

---

① InterPARES Project. Template for Analysis［EB/OL］.［2017 − 01 − 23］. http：//www. interpares. org/search_form. cfm.

主体①。

第一，从形式上来说，最直接的就是形成不同形式的记录。这就在形式上拓展出不同的档案种类。例如，纸质媒介产生的是纸质记录，数字媒介产生的是机器里的比特流，呈现出来的是数字格式的记录。

第二，这些不同形式的记录有相应的不同的管理需求，而管理需求又会直接影响对档案的认识。例如，在纸质媒介的环境中，文件与档案有着明显的界限，各司其职，而在数字环境中，档案管理的需求则需要在文件形成的系统设计初期就纳入考虑之中，文件与档案在整个流程中界限趋于模糊。

第三，形式上的不同也会通过利用改变对档案的认识。例如，在大数据时代，机构内部的业务文件或是碎片化的数据呈现出巨大的业务与商业价值，这些不在归档范围内的，如数据库的归档成为有待讨论的问题。最后，形式上的不同也会涉及不同的形成主体。例如，在印刷时代前的纸质媒介只在有限的群体使用，形成的档案极少，也主要是代表统治阶级，而在当前的数字媒介环境中，趋向于人人可记录，主要记录政府与主流机构的档案是否有拓展的需要，也是从学术到实践都在议论的问题。

## 2.2　内容——媒介也是档案所包含的信息本身

依据麦克卢汉的观点，媒介即讯息。媒介的形式与信息的内容是相互的。媒介不仅仅是一种工具或载体，媒介也有自己的语言，其语言也会影响其所承载的内容的呈现与意义②。

第一，不同媒介的形式会表达出不同的内容。通过书写语言、印刷文字、图片、视频、音频呈现的语言有各自不同的特点，这一方面增加了档案的多样性，丰富了档案记录的内容，也不断地拓展档案所记录的职能、业务、活动等。例如，以前印刷语言所留存的纸质档案只能有限记录一项活动，而现在数字 DV 则可以通过声像视听立体地记录一项活动的全过程。

第二，不同媒介呈现的不同内容也与档案所要求的原始性、真实性有不

---

① 保罗·莱文森. 新新媒介 [M]. 何道宽，译. 上海：复旦大学出版社，2013：5—7.
② 马歇尔·麦克卢汉. 理解媒介——论人的延伸 [M]. 何道宽，译. 南京：译林出版社，2011：140—143.

同的关系。纸质媒介因为传统影响的关系，在档案中一直保持着权威的地位，而数字媒介的易变性则导致数字档案（电子文件）在学术与实践活动中一度引起争议。

### 2.3 环境——媒介是档案、环境、各相关主体互动关系变化的动因

媒介是人通过信息作用于这个世界的工具，媒介的变化，则会改变作为人的相关主体、信息、环境互动关系的变化[①]。

第一，这种关系的变化呈现给档案的是一种宏观的社会环境，将通过理念与方法影响对档案的认识。在档案记录的历史中，纸质媒介占据人类较长的历史，而纸质媒介所代表的权威是统治阶级，这是由于在久远的年代中，能够用纸张记录事件的主要以统治阶级为主，中国的皇家与官府，欧洲的教堂，都代表着上层阶级的一种权威。而在数字媒介时代，这一人人都能记录的时代，媒介代表的是一种参与、互动、协作的社会管理理念，自上而下的传播已经只是信息传播的主流方向之一，自下而上，或是对等式的，多向度的传播已经流行。因而在这两种媒介中，呈现的是不同的社会环境。这也就是为什么在互联网出现后，档案的概念与内涵面临重构的可能与契机。

第二，与档案相关的各主体的关系变化也会直接影响对档案的认识，这些主体既可能是记录的形成者、传播者、管理者，也可能是利用者，他们通过形成、传播、管理与利用这些作用于档案的行为直接改变档案的形态与内容，通过演进变化逐渐改变了档案的概念与内涵。从古代只有少数上层阶级与管理机构可以形成纸质记录到现在人人都在形成文字与数字记录，人人都可以是保管者，更被赋予了利用的权利。在这样的环境中，档案的形成主体就发生变化，其呈现的社会理念，如公平也逐渐在当前这个时代更加显现。记录的形成主体从国家拓展到社会组织，再拓展到当前的个人，这也就对档案这一反映社会活动的固化记录提出问题，档案是否也要随着记录的形成主

---

① 马歇尔·麦克卢汉. 理解媒介——论人的延伸 [M]. 何道宽，译. 南京：译林出版社，2011：151-154.

体的拓展而拓展。

总而言之，通过形式、内容以及环境，媒介作为记录的工具与记录本身，对档案有着重要的影响。变化的媒介势必将其变化的要素融入档案之中，为其学术探讨与实践探索提供了可窥探的路径，随着媒介变迁的不同阶段的到来，也可以解读每一个媒介阶段是否有不同概念与内涵的档案。

## 3　媒介变迁的划分

### 3.1　划分的依据

媒介有各式各样的特点，有技术性的、文化性的、经济性的、社会性的等不同维度的特质，文中对媒介变迁不同阶段的划分将基于对其技术性与社会性特征的识别。在技术维度中，主要从媒介的信息与通信特点展开，即媒介是如何形成信息、如何承载信息以及如何传播、保存与利用信息的，这将由纸质、模拟、数字等技术形式体现。在社会维度中，将考察不同技术形式的媒介在不同发展阶段所反映出的社会理念、文化特征。

### 3.2　变迁的主要阶段

人类在有了文字之后，便在积极探寻可以留存文字的媒介，纵观媒介的历史，金属、石头、缣帛、羊皮纸等都曾在历史舞台上占据一席之地。纸出现后，经由几个世纪的发展，无论是在亚洲还是欧洲都逐渐成为主导的媒介。18世纪以来，模拟媒介拓展了记录形式，从文字到还原性的图像、声音，成为人类生活中又一普及性的媒介。20世纪，香农的信息论震动科学界的时候，数字媒介顺势而生，随着计算机与互联网技术的发展，其已经成为当前主流媒介。

依据保罗·莱文森在《新新媒介》当中的陈述，人类历史上，媒介的发展经历了三个阶段，分别为旧媒介、新媒介、新新媒介。旧媒介是指在互联网诞生之前的所有媒介；新媒介是指第一代互联网上第一代的媒介，主要是

20 世纪 90 年代中期；新新媒介指互联网上的第二代媒介，兴盛于 21 世纪①。

因而，文章基于几大主流媒介的发展以及已有的宏观划分的阶段，结合技术与社会特点，对中国自新中国建立（1949）以来的媒介变迁的不同阶段进行了划分与梳理，由以下呈现的四个阶段可见。

需要做出说明的是，从每个阶段提炼出的主要特点并不代表其他阶段不具有，只是更加符合这个阶段的主要特征。从中也可看出，每个阶段之间不是非此即彼的关系，而是慢慢铺垫，渐渐积累，从量变逐渐到质变的过程，也能从这种渐进的演进中，看到媒介随着时间，在形态、方式等特点上还是有了长足的变化。同样，档案的概念变化同样遵循这种规律。

【阶段 1】有限的形式、范围、单向度：纸媒主导的自上而下有限的传播范围的媒介环境。时间范围：新中国成立以来至改革开放以前。

在建国至改革开放以来，形成记录的媒介主要还是以纸质媒介为主，办公机构内用纸，文化传播的用书，公众的日记本，书信，无一不是以纸媒为主。录音机、录像机、相机、电话、电报、电视等这些声像与文字记录的形成与传播媒介，虽然也存在，但受经济与技术发展状况的制约，还只是小规模应用。从形成阶段看，也主要是由政府及政府主管的机构来形成记录，这主要包括党政机构内部产生的文件与档案、出版的书籍、电影电视等音像产品，受到政府的相当程度的管控。而传播同样受限，主要是由官方主体向社会机构与公众传播的向度。

因而，呈现出的特点就是，在形式上，是以纸质媒介为主、小规模多样化的模拟媒介为辅的有限呈现；在范围上，无论是政府所形成的记录，还是文化产品，由于经济与技术的限制，这些媒介的传播范围都受限；在向度上，也主要是以党和政府为主导的自上而下的传播。

【阶段 2】扩充的形式、范围与内容：纸媒与模拟媒介主导的自上而下普及式传播的媒介环境。时间范围：改革开放至 20 世纪 90 年代中期。

改革开放以来，模拟媒介得到长足发展，纸质媒介由于其轻便性与文字

---

① 威廉·菲尔丁·奥格本. 社会变迁 [M]. 王晓毅，陈育国，译. 杭州：浙江人民出版社，1989：46—48.

记录的需要，依然在活动与通信中占据主导地位，而模拟媒介也更多地参与到记录与传播中来①。总的来说，在办公环境中，纸媒还是主导记录，模拟媒介主要是对一些较大规模的重要活动进行补充辅助记录，也可以大容量保存文本记录。在娱乐中，模拟媒介起到重要的作用，为电视、电影、音乐磁带等制品的文化消费起了重要的搭载作用。

因此，就形式上来说，模拟媒介随着消费基数和应用活动规模的扩大而发展，使这个阶段的媒介在形式上真正实现多样化，范围也随着经济发展而扩大，对各类媒介产品的需求与应用自然更加有普及化的趋势。在内容上，无论是事务活动还是文化消费，都有了极大的扩充。从党政机构、企业到其他社会组织、个人的记录来说，都可以通过这些媒介形成与传播记录。在传播向度上，总的来说，还是单向度的，依旧是党政机构凭借在媒介内容、数量、审查机制上的优势，主导着媒介传播。同样，它的形成主体依旧主要是官方机构与专业人士。

【阶段3】扩充的形式、范围与内容，逐渐显现的双向度：数字媒介冲击式发展的、有限参与和互动的媒介环境。时间范围：20世纪90年代中期至21世纪初。

随着1995年互联网进入中国，数字媒介搭载着互联网成为迅速崛起的媒介，对纸质媒介造成冲击，更是直接造成模拟媒介的没落②。数字媒介主导的新媒介时代凭借互联网的优势，突破了时空的限制，开始通过办公自动化的风潮，在党政机构的业务活动中逐步实现普遍应用。无纸化办公的风潮，让纸质媒介备受冲击。在出版方面，由于数字媒介在传播和利用方面的便利性、易获取性、低成本甚至无成本，纸质书籍受数字格式如DOC、PDF、TXT的文本冲击巨大，而数字媒介的音频、视频、图像的复制质量、检索的方便性等都令数字媒介逐渐取代模拟媒介。而在应用层面上，数字媒介的计算机、相机、DV等开始走出有限范围，走入公众。

---

① 维克托·迈尔－舍恩伯格，肯尼斯·库克耶. 大数据时代——生活、工作与思维的大变革[M]. 浙江：浙江人民出版社，2013：1－26.

② 林军. 沸腾十五年 [M]. 北京：中信出版社，2009：13－15.

　　因而，这个阶段的媒介的形式继续扩充，也随着数字媒介的发展在内容和格式的呈现上更为多元。随着论坛、网站的产生，公众的记录也开始反向传播给官方主体，双向度逐渐显现。但从规模上看，这种参与和互动还是有限的。官方的自上而下依旧占据主导。

　　【阶段 4】扩充的形式，社会化的范围、内容与多向度：数字媒介占据主导的、覆盖式的、参与、互动与协作的媒介环境。时间范围：21 世纪初至今。

　　随着互联网与计算机的普及，数字媒介的应用从机构办公到网站，也从线下到线上[①]。通过网络平台、党政机构、社会组织，公众可以应用数字媒介实现活动的交流与记录的聚合，数字媒介依托互联网络，尤其是移动互联网的深入，实现全社会范围的覆盖。而在线下通过数字设备形成的记录也依托互联网的应用在网络平台实现更大范围的传播。从社会总体视角来看，向度已经不仅仅是有自上而下与由下到上的二元区分，而是党政机构、社会组织以及公众实现多向度的互动式传播。公众更多地利用数字设备，尤其是移动设备参与记录，各类主体通过数字媒介实现互动，以完成在社会事务中的协作。

　　因而，这个时期的媒介是新新媒介，在形式上更加多样化，也更加包含自由、平等、协作等各种理念性的东西，去创造或应和社会性的需求，使媒介呈现出社会化的特征。也实现了党政机构、社会组织、公众等多主体的互动与多向度传播。总的来说，呈现出社会化的参与、互动、协作的特点。专业人士与官方机构已不再是唯一主导在记录形成与传播中的媒介应用者，这是一个社会化媒介的时代！

## 4　不同媒介时期档案的概念

　　对应于对媒介划分的阶段，通过对档案学经典文献以及档案相关的政策、

---

① 威廉·菲尔丁·奥格本. 社会变迁 [M]. 王晓毅，陈育国，译. 杭州：浙江人民出版社，1989：71—72.

法规的梳理，也验证了前文中的假设，即在不同的媒介发展阶段，对档案的认识也有相应的变化，并且在很大程度上匹配于媒介在各个阶段的特征。（需要注意的是，并不是完全对应，媒介发展在前，档案相关观念在后，因而在时间上会有一定的滞后，但是在大时间段上是对应发展的。）

【阶段1】党政系统主导的用于机构内部的国家档案

在建国至改革开放期间，主要是对档案实践活动确立准则、流程、具体的管理方法与活动。这个时期的档案，对应于阶段1的媒介，是相对封闭型的国家财富观，国家全宗的建立——未向普通公众开放——服务于行政效率和科学研究。档案的实践活动主要由档案机构来进行。也如上文所提到的，党政机构是形成记录的绝对主导的主体，因而这个时期的档案对应于两大方面：第一，国家；第二，档案。国家档案是指党政机构所形成的具有保存价值的文件，是文件办毕之后需要归档的那一部分，这是档案机构与档案学术机构研究与实践的对象。在管理上主要服务于政治与行政需要，但在百废待兴的情况下，主要是确立主要的工作流程与基本制度。由于资源的有限性，保存与利用处于一定的二元对立之中，利用主要是面向"内部"。

在实践中，《国务院关于加强国家档案工作的决定》是中华人民共和国关于档案工作的一个重要法规性文件。国务院常务会议于1956年3月27日讨论通过，同年4月16日正式公布。它是针对中华人民共和国成立初期档案工作状况而作出的，从而提出：国家的全部档案，包括中华人民共和国成立以前各个历史时期社会政治生活中形成的档案，中华人民共和国成立以后各机关、部队、人民团体、企业和事业单位形成的档案，都是国家的历史财富。在改革开放前，我国实行的是高度集中的计划经济，几乎所有的立档单位都是全民所有制或集体所有制，所以各单位的档案都可以看作是归国家所有，属于国家的全部档案。档案工作的任务，就是要在统一管理国家档案的原则下建立国家档案制度，科学地管理这些档案，以便于机关工作和科学研究工作的利用。

在学术研究中，陈兆祦与和宝荣先生在1962年对档案概念的陈述则是：档案是机关（包括企业、事业单位），不同工作和生产中形成的、具有查考利用价值的、按照一定归档制度集中保存起来的文件材料（包括技术图纸、影片、照片、录音带等）。从这样的概念界定中也可以看出，当时的学术研究中同样是将档案视作为国家所有的机构与组织所形成的记录，与实践同出一辙，带着国家档案的性质。

【阶段 2】党政机构内部系统主导的有限服务社会的国家档案

随着媒介的多样化，档案在官方与主流体系内的立档单位、载体、呈现形式开始多样化。管理的规范与标准进一步建立，开放与利用面向社会，信息技术开始影响档案与档案管理。这一时期的档案如同阶段 2 的媒介一样，承接着阶段 1 的基本内涵，只是在形式上有所变化。虽然个人档案的提法没有明确提出，但也没有否认，只是由于工作重点与管理的需要，依旧还将档案主要聚焦于国家档案这一焦点上。《中华人民共和国档案法》（1987）："本法所称的档案，是指过去和现在的国家机构、社会组织以及个人从事政治、军事、经济、科学、技术、文化、宗教等活动直接形成的对国家和社会有保存价值的各种文字、图表、声像等不同形式的历史记录。"

需要提出的是，依托媒介技术的发展，档案的保存得以发展。例如，缩微技术就是这个时期重要的保存方法。保存的相对完善，也为扩大规模的合理利用提供了基础，因而，利用群体从党政机构系统内部，扩大到中华人民共和国公民。1980 年，制定了开放历史档案的方针和具体办法。《中华人民共和国档案法》（1987）："档案工作实行统一领导、分级管理的原则，维护档案完整与安全，便于社会各方面的利用。""国家档案馆保管的档案，一般应当自形成之日起满 30 年向社会开放。经济、科学、技术、文化等类档案向社会开放的期限，可以少于 30 年，涉及国家安全或者重大利益以及其他到期不宜开放的档案向社会开放的期限，可以多于 30 年"，"中华人民共和国公民和组织持有合法证明，可以利用已经开放的档案"。《各级国家档案馆开放档案办法》（国家档案局，1991）等对档案鉴定开放工作作了相应规定，成为档案鉴定开放的依据。

而在学术研究中，陈兆祦与和宝荣先生在 1986 年对档案概念进行了重新阐释，将档案定义为"机关、组织和个人在社会活动中形成的，作为历史记录保存起来以备查考的文字、图像、声音及其他各种方式和载体的文件"①。这在一方面，将档案的主体扩展到非政府的组织与个人，对档案的外延有一定的拓展，但是又将档案的属概念从记录变为文件，又在一定程度上限制了档案的外延。总而言之，一方面受记录主体在媒介的扩展中的影响而拓展，另一方面受限于党政文件，尤其是公文的影响，又矛盾地限制了档案的外延，从而形成有限扩展的国家档案。

【阶段 3】由形式促发的前端控制与全程管理的大文件概念中的档案

受数字媒介与 Web 1.0 的影响，档案的概念在形式上有所变化，这也影响到管理中的有关理念，并进一步影响档案的概念。首先，电子档案出现，并引发争议。计算机尽管在 20 世纪 40 年代就出现，但是如此广泛地运用于办公之中还是在 20 世纪 90 年代才出现，计算机所形成的记录是否可以认定为档案引起讨论。由于在形式与呈现上都与纸质档案有很大不同，而由计算机产生的多数数字形式的档案，由于其数据档案、程序档案以及呈现出来的档案的复杂性，是否可以作为档案长期保存这些问题都令人们对档案是否可以拓展到电子形式提出疑问。而这类记录的特征，又使管理前置有了实现的可能，也为后端的开发利用提供了技术条件，因而在管理流程上，提出了前端控制与全程管理，即将档案管理的需要以及档案的某些管理环节提前至前端，并借助计算机实现全程监控。这样文档一体化的管理办法，也就促成了"大文件"概念的实现，即将文件与档案统称为文件，以便于管理中对象在术语上的统一。此外，随着互联网的出现，党政机构同样开设了网站，也利用电子邮件通信，为了留存在网站上有保存价值的记录，网页档案、电子邮件等也成为档案的一部分。

2001 年，冯惠玲与张辑哲教授在编著的《档案学概论》中将档案定义为社会组织或个人在社会实践活动中直接形成的、具有清晰固定的原始记录作用的固化信息②。这在主体上承接了阶段 2 的拓展，在属概念上，将文件变为

---

① 陈兆祦. 再论档案的定义——兼论文件的定义和运动周期问题 [J]. 档案学通讯，1987 (2)：21—25.

② 冯惠玲，张辑哲. 档案学概论 [M]. 北京：中国人民大学出版社，2006：6.

信息，这与媒介发展中，计算机、网络等信息技术的影响有着密切联系，档案在这种背景下，与信息学相关理论与概念有着很多的交集，因而在属概念上选择信息。

受计算机技术的影响，档案的利用有了更开阔的天地。档案的检索，档案的开发，档案的知识挖掘等都能有更好的实现，因而，在这个时期，档案的存取进一步得到认可，也进一步为档案价值的实现提供契机，利用服务工作也成为重要的一环。不仅是对档案形成机构，也是对社会公众，更注重满足他们的档案信息需求，这可参见《各级国家档案馆馆藏档案解密和划分控制使用范围的暂行规定》（1991）。因此，档案成为社会运行中参与更加深入的要素，社会档案的概念开始有了一定基础。

【阶段 4】呈现互动、参与、协作以及聚合趋势的社会档案

受新一代互联网的影响，互动、参与、协作、融合的理念深入到档案与档案管理中。但是，这个阶段还在行进当中，随着 Web 2.0 的深入，政务微博、政府互动性网站的建设中，档案的概念与内涵将会有彻底转型的呈现。社区、个人乃至边缘群体的档案有待在理论与实践双层面都真正得到普遍认同。档案管理也同样需要参与、互动、协作、融合等因素，从而实现覆盖全社会、满足个性化需求、多主体共同形成的社会档案资源体系。《关于加强和改进新形势下档案工作的意见》（2014）提出档案是党和国家各项工作和人民群众各方面情况的真实记录。

这个阶段影响档案概念变化的并不单是媒介技术，而是媒介技术背后所代表的 Web 2.0 的互动、社区、参与、聚合、协作、大众化的理念。Web 2.0 所构筑出的互联网世界是一个人人都可以记录，人人都可以传播，公众与政府机构、社会组织有着更多互动与协作的聚合性的平台。在这种环境中所形成的档案，将不再仅仅是聚焦于国家档案，而是要向社会档案转型，国家档案将是其中的一部分，而其他组织、公众同样有留存其记录为社会档案的权利。借助于网络平台，将要形成可共享的档案信息资源的聚合体。《关于加强和改进新形势下档案工作的意见》提出规范并支持社会力量参与档案事务，充分发挥档案学会等社会组织的作用，家庭或个人档案中对国家和社会具有保存价值或应当保密的档案，档案行政管理部门要依法加强监督和管理。

　　此外，档案利用进一步得到强调，档案的保存功能固然重要，但是在阳光型、服务型政府建设中，开放利用已经是大势所趋。2008 年 5 月 1 日，《中华人民共和国政府信息公开条例》施行，"各级人民政府应当在国家档案馆、公共图书馆设置政府信息查阅场所，并配备相应的设施、设备，为公民、法人或者其他组织获取政府信息提供便利。"档案馆开展档案开放鉴定工作亦应符合政府公开法规。《关于加强和改进新形势下档案工作的意见》进一步明确了建设建立健全覆盖人民群众的档案资源体系与方便人民群众的档案利用体系[1]。

　　当前及未来的档案与此前主要以国家档案资源为内核的档案已有"质"的区别，不仅仅是量或类别的简单拓展，而是呈现出社会化的特点，即多主体通过参与、互动、协作、社区聚合构建出的社会档案资源体系。需要说明的是，当前的这种提法还处于初期，对社会档案的概念甚至还未真正地有实质性的提出，与社交媒介的发展相比，还稍显滞后，但已经能够从媒介的发展与部分学术带头人以及国家的政策法规中看出趋势。因而，符合这个阶段的档案定义的提出与阐释还有待研究。

## 5　回首与展望：媒介轨道上的档案迁徙之路

　　媒介作为信息的承载体与传播体，也是信息本身，对于核心组成的档案而言，同样如此。媒介的变迁不仅改变了文件与档案的形成、传播、保管以及开发利用，更是直接影响了文件与档案的信息本身，也为文件与档案形成一种背景环境。因而，从形式、内容以及背景都对文件与档案产生影响。

　　阶段 1 的媒介是传统媒介的延伸，因而呈现出纸质媒介主导的国家权力为主的自上而下的特点，档案也是在国家党政系统内运行，无论是形式、内容，还是背景都明确，在主体上也较为单一，是典型的国家档案。阶段 2 主要通过媒介在形式上的拓展影响档案，更加多元形式的档案形成，并以更加

---

　　① 中共中央办公厅、国务院办公厅印发《关于加强和改进新形势下档案工作的意见》[J]. 中国档案，2015（5）：12－14.

多元形式的方式保管，如缩微胶片，这是档案概念与内涵在形式上拓展的一个阶段。阶段 3 的数字媒介携互联网在机构内部对办公方式形成巨大影响，这直接地对档案的形式拓展又提出了问题，随后则是对文件与档案的相互关系，生命周期的界定以及相应的管理方法提出疑问、最终从形式以及管理的流程上拓展了档案。阶段 4 的数字媒介则是从理念上重构了档案，无论是主体、管理平台、档案的形式与内容、管理方法都有了社会化的趋势，社会化的档案在以上 3 阶段的演进拓展中呼之欲出。

　　建构于新时期数字与网络技术框架之中的媒介还在继续发展中，还会随着网络如 Web 3.0、Web 4.0 的发展或是其他如文化、媒介技术等推动力而不断变迁。我们无法准确预知媒介在未来会有怎样的发展形态，但是从媒介的变迁以及其与档案概念的变迁的关联中，我们可以判断：档案会随着媒介的变迁而在形式与内容上发生变化，当前，社会化的档案概念与内涵呼之欲出，将随着时间的推移逐渐显现。我们需要做的是，紧随时代的变迁，学会循着动态的思维，发展地认识档案，理解档案。

# 中国档案史

# 中国古代诏令文书用纸与用印的文化探源

## 何　庄　严　婧

（中国人民大学　北京　100872）

**摘　要：**古代历史上最高等级皇帝诏令文书用纸选择青纸、白纸、黄纸，受儒家、道家、阴阳家等多重文化的影响；最高等级皇帝诏令文书用印材质选用玉玺则有更加深厚的玉文化渊源。

**关键词：**诏令文书　用纸　用印　玉文化

本文主要探讨两个文书史上的问题：其一，历史上代表最高等级官文书的皇帝诏令文书用纸的色彩选择。其二，历史上代表最高等级官文书的皇z帝诏令文书用印为什么选用玉玺。纸是中国对世界的四大发明之一，东晋废简用纸，在文书史上是一次重大的革命，对官文书的制作和使用产生了深远的影响，改变了以往的简牍文书制度，也包括用纸色彩的规定。文书用印是文书生效最重要的标识之一，所谓印信也。古代印章材质众多，但自秦朝起，历代王朝的皇帝诏令文书都选用玉玺。这两种文书制度的背后，都有着深厚的文化渊源。

## 1　诏令文书用纸（缣帛）与色彩文化

在简牍时代，官文书受制于载体，只能从形制、尺寸大小上表现出等级，

作者简介：何庄，女，1964年生，中国人民大学信息资源管理学院副教授，博士，主要研究方向为历史文书档案与文化、档案鉴辨。严婧，女，中国人民大学信息资源管理学院档案学硕士研究生。

无法从色彩上表现出等级。① 纸质文书时代，特别是隋唐以后，纸张使用的普及和造纸工艺的大幅度提升，使从纸张色彩等方面区分不同等级和用途的官文书成为现实。说到纸张色彩的等级，首先要从色彩分等级说起。中国历史上色彩分等级，应该始于春秋时期的孔子，以下是他的几段主要论述：《论语·乡党》："君子不以绀緅饰，红紫不以为亵服。"这句话是说品德高尚的君子，不用青红色和黑红色做衣饰，在家里不穿粉红和紫红的便服。《论语·阳货》："恶紫之夺朱也，恶郑声之乱雅乐也，恶利口之覆邦家者。"这句话意为我讨厌紫色压过了正红，郑卫之声扰乱了雅乐，能言善辩之人颠覆了国家。可见孔子是以"礼"为标准来谈论色彩的，所谓以色明礼。那么孔子认为君子应该穿什么颜色的服装呢？就是五行正位的五色：青、红、黄、白、黑，这是孔子认为的正色，而以上的绀、緅、"红"、紫皆为间色，要低于正色。孔子的话，虽则寥寥数语，却奠定了中国色彩美学的基础。

在服饰色彩文化的影响下，官文书用正色、私人文书用间色的传统随之形成。有学者对不同时代文书用纸的等级标识（包括用纸色彩）做了系统的梳理②，可以看出，从晋、隋唐到宋元明清，历代最高等级官文书——皇帝的诏令文书用纸色彩依次为青、白和黄，以下分别探求其文化渊源：

## 1.1　晋朝的皇帝诏书：青诏

青诏即皇帝的诏书用青色纸张。虽然目前尚未发现出土的晋代纸质诏书实物，但史籍记载晋制，皇帝诏书用青纸紫泥："由是紫泥青纸，远赍恩泽。乡亭龟组，颁及婴孩。"（《陈书·陈宝应传》）又，唐代诗人刘禹锡《和汴州令狐相公到镇改月偶书所怀二十二韵》："绿油貔虎拥，青纸凤凰衔。"刘禹锡《酬严给事贺加五品兼简同制水部李郎中》："九天雨露传青诏，八舍郎官换绿衣。"这些史料足以说明晋朝皇帝的确以青纸为诏。

青纸至尊的原因，可从五行的顺序得知。青色在五行中位列第一，对应春季，春生木，木色青。大地回春，草木青青，山青水碧，故青色代表大自

---

① 王国维，胡平生，马月华. 简牍检署考校注［M］. 上海：上海古籍出版社，2004.
② 丁春梅. 中国古代公文用纸等级的主要标识［J］. 档案学通讯，2004（2）：43－46.

然的生机与活力，有万物之源、生命之源的含义。天人合一，天子为万民父母，故"天子衣青衣"（《淮南子·时则训》）、制青诏，应该是顺理成章的。

同时，尚青与道家文化也有关系。道家学说强调崇尚自然、回归自然，推崇人与自然的和谐相处。青来自天空、流水、山川、草地，所以青色代表自然，尚青代表崇尚自然的雅趣。据唐代李肇《翰林志》记载："凡赐与、征召、宣索、处分曰诏，用白藤纸……凡太清宫道观荐告词文，用青藤纸，朱字，谓之青词。"这里的青词又称绿章，是产生于唐朝的一种文体，道教举行仪式时献给上天的章奏祝文，类似人间臣僚献给皇帝的章奏。一般为骈体，用红色颜料写在青藤纸上，故称为青词，可见道教对青色的推崇。

## 1.2 唐代皇帝的最高诏令：白诏

从唐代文书用纸制度可知，唐代皇帝的诏令主要有两种纸张：一种是白麻纸，一种是黄麻纸。由皇帝近臣翰林院学士起草的诏令"内制"、征召的敕书用白麻纸，由中书省起草的"外制"、慰劳军旅等用黄麻纸。[①] 显然，内制和征召为重要的诏令，外制和慰劳军旅为一般的诏令，前者的规格更高。此外，元代皇帝的封赠文书规定："一品至五品（宣命）：用白色纸；六品至九品（敕牒）：用赤色纸。"[②] 以上白诏的地位是最高的。

白纸至尊的原因，可从道家学说找到根源。老子最推崇黑与白，黑与白是其哲学体系中的核心概念，老子是以色证道的。道家哲学反对五彩，主张素朴、返璞归真。老子云"五色令人目盲，五音令人耳聋"，庄子亦云"灭文章、散五彩"。五彩泯灭，于是，黑与白就成为视觉上的两极："黑"与"玄"相通，"玄"为幽远深邃，如"玄之又玄，众妙之门"；"白"与"素"相通，丝不染为"素"，木不雕为朴，如"见素抱朴，少私寡欲"。可见，老子的"知白守黑"、"见素抱朴"实际上是反对人为、主张自然的色彩观，是其"道法自然"的体现。老子又云"天下万物生于有，有生于无"，论述宇宙形成的过程，是从无到有的过程。汉代刘安的《淮南子·原道训》对此的阐释更加

---

① 裴燕生. 历史文书［M］. 北京：中国人民大学出版社，2009：66－67.
② 裴燕生. 历史文书［M］. 北京：中国人民大学出版社，2009：100.

淋漓尽致："色者，白立而五色成矣；道者，一立而万物生矣。"这里以白喻天然之道，"白"即"无"，"色"即"有"，"有生于无"象征色生于白，故白生五色。

《周易》哲学中黑与白亦具宇宙基本构成的象征义："一阴一阳之谓道"，其中阴阳为道所包含的两极，阴以黑象征，为有，阳以白象征，为无，就是我们看到的阴阳太极图。所以《老子》和《周易》从形而上的角度阐释黑、白两色，影响深远，不仅奠定了自然美的哲学基础，成为宋元以后文人水墨山水画的精神源泉，也影响到官文书用纸制度。

### 1.3　宋元明清的皇帝诏令：黄诏

从唐代开始，黄纸成为皇室文书的专用纸张，皇帝诏令、最高等级皇室宗谱——宗室玉牒皆用黄纸，甚至包括农民起义政权的最高等级文书也不例外。如太平天国文书中，天王洪秀全颁布的文书为诏旨，用横幅黄绸，东王杨秀清所发文书为诰谕，用黄纸龙边，侯王以下诏令用红纸无边。[①] 用纸制度与历代封建王朝一致。

黄纸至尊的原因，与五行学说有关。黄色在"五行"中对应"土"，处于中央位置，是谓"中央土"。既然黄为土之色，而农业社会的重土观念以土为尊，黄色就获得了至尊的地位。早在春秋时期，《墨子·贵义》即有"帝（黄帝）以甲乙杀青龙与东方，以丙丁杀赤龙于南方，以庚辛杀白龙于西方，以壬癸杀黑龙于北方"的记载，黄帝通过战争统一各部族，成为中央之帝，各部族皆以龙为旗帜，帝为黄色旗帜，故称"黄帝"。西周时期，这种遗风得以制度化。周天子分封诸侯的典礼，《逸周书》有记载："封人社壝（社坛），诸侯受命于周，乃建大社于国中，其壝东青土、南赤土、西白土、北骊土、中央衅以黄土，将建诸侯，凿取其方一面之土，煮以黄土，苴以白茅，以为社之封，故曰受列土于周室。"对黄色的敬畏通过权力的封受演变为祭典，于是黄色与权力发生了密切的联系。

此后，这种思想又与儒家大一统思想糅合在一起，认为以汉族为主体的

---

① 徐利兰. 太平天国的若干文书制度 [J]. 秘书，1996（9）：43－44.

统一王朝就是这样一个处于"中央土"的帝国，而有别于周边的"四夷"，这样黄色通过"土"与"正统"、"尊崇"联系起来，具有了正统、集中、统一的象征意义，大地之色、民族肤色、祖先称谓、中央王朝等种种含义交织在一起，构成了黄色的至尊。概言之，皇帝诏书用青纸、白纸、黄纸的原因，分别取五行之首、五行生成、五行中央之色。

至于文书用缣帛，则更多受到服饰文化的影响。以缣帛为载体的文书，集中于封赠类。封赠文书为皇帝封赠朝臣、嫔妃等的专用文书。从明清时期保存下来的封赠文书看，诰命多用黄、黑、赤、青、白交织色构成，敕命则用白色，皆为正色织物，与官文书用纸制度基本一致。而诰命采用五色交织的做法，也有其渊源。从上述西周五色封土开始，官方的祭典逐渐演变为民俗，以五色丝、五色线缠身、系物，在民间广为流传。因为五色皆为正色，民间五色并用是吉彩，诰命五色皆用，则有完满、庄重的意义。

## 2　诏令文书用印与玉文化

### 2.1　诏令文书用印的历史沿革

中国历史文书的用印，材质非常丰富，先秦以及秦汉时期多用玉，也有用金银的，还有用泥土的，从先秦"玺"字的写法有"璽"、"鉨"、"壐"等即可知。唐代以后，印章材料增加了象牙、犀角、陶、瓷等。元末及明代以后，多用石材，石材中又以寿山石、青田石、昌化石为最佳，但大多为私人印章材质。官文书用印制度形成于秦代，秦始皇之印独称"玺"，玉质，其他官员用印一律不能称玺用玉，可根据级别高低使用金、银、铜之类，这是官文书用印制度对材质等级标识的开始，一直延续到清朝末年。从秦始皇的"传国玉玺"到考古发现的汉代吕后的"皇后之玺"，再到清代的"二十五宝"，最高等级皇帝专用文书用印，除偶用金质外，毫无例外皆为玉质。

那么，为什么最高统治者对玉玺情有独钟呢？这与中国玉文化的特殊地位有关。中国传统文化的一大特征，是延绵至今的玉文化，可以说，是中华民族对玉情有独钟。玉在实用层面是吉祥富贵的象征；在文艺层面是"温润

如玉"的艺术境界；在道德层面是民族道德和精神的象征，无论是儒家的
"君子佩玉"、还是道家的"君子怀玉"，都把玉和高尚的情操联系在一起；政
治层面上，则是玉玺成为最高权力与地位的象征。

　　早在史前文明的良渚文化时期，虽然尚未出现玉玺，但玉器作为权力的
象征已经无疑。考古发现，在良渚文化的大墓里，都随葬着大量玉器。其中
1986 年 6 月在浙江余杭反山墓地 12 号墓出土一件上有神徽、神鸟的玉钺，
是迄今为止发现的玉钺中等级最高的。从该墓同殉的玉琮判断，玉钺可能兼
有标志军事权力和政治权力的功能，相当于权杖。钺代表军权，掌军权者抱
琮事神，又显示其王者身份。

　　司马迁《史记·秦始皇本纪》载，秦国统一中国后，秦始皇令丞相李斯
书其文，孙寿琢其字，将和氏璧制成皇帝玉玺。文曰："受命于天，既寿永
昌"，小小玉玺，成为国之重器。而后来的历代帝王无不以皇室权威的寓意定
义这枚玉玺，称之为"传国玉玺"，视之为一统天下的象征，大有"得玉玺者
得天下"之势，玉玺的皇权象征意义由此确立。

　　玉玺与政治的联系，可以尝试从文字学角度予以解读：《说文解字》"玉，
石之美。有五德：润泽以温，仁之方也……象三玉之连。丨，其贯也。凡玉
之属皆从玉。"可见玉是个象形字，像一根绳子穿着几枚玉片。再看王字。
《说文解字》："王，天下所归往也。董仲舒曰：'古之造文者，三画而连其中
谓之王。三者，天地人也。而参通之者，王也。'孔子曰：'一贯三为王。'凡
王之属皆从王。"董仲舒和孔子解释说，王字的三横，代表天、地、人三者，
王就是能沟通天、地、人三者的伟大人物。我们看，王和玉的相通之处在于
都有连贯、贯通的含义，事实上，玉作为礼器，在古代的祭祀中，的确充当
了沟通天人的重要角色。或许这正是"玉"可以象征"王"的关键点。

## 2.2　诏令文书用印与玉石崇拜

　　如果我们进一步追问，玉何以能成为皇权的象征、民族道德的象征、艺
术境界的象征等等？这就需要追溯到玉文化的形成。著名文化人类学者叶舒
宪先生认为，中华民族如此崇拜玉、喜爱玉的观念发源于史前人类的玉石崇
拜。他从对女娲补天、山海经等神话的研究和大量实地考察得出结论：玉在

远古人类的观念中，具有宇宙构成的象征义。《淮南子·览冥篇》云："往古之时，四极废，九州裂，天不兼复，地不周载……是女娲炼五色石补苍天。"说明在先民的想象中，天体是玉石打造成的，所以女娲可以从石料中冶炼出美丽的五彩玉石，来弥补苍天的裂口。因此，象征天体的美玉，不仅是天地神灵的所在，也代表一切美好的价值和生命的永恒，因此，汉字中"玉"字旁的所有字都具有美好的含义。① 道教词汇中的天为"玉天"、"玉清天"，天帝为"玉帝"，天帝所居之处"玉宇"，都表达了天与玉的相互认同。古人的观念是"天圆地方"，从传世的和出土的上古玉器情况看，玉璇玑和玉璧、玉瑗等圆形祭天品种，也佐证了玉直接与天体神话相关。如关于良渚文化遗址出土的重器玉璧的象征意义，学界主流观点即"圆天象征说"，认为圆形带孔的玉璧是仿宇宙天体而构造的。②

在陕西历史博物馆，绘制有距今四千年前后中国各地出土玉璋的地理分布图，从北方的河套地区到辽东半岛、山东半岛，直到广东和香港，都有史前玉璋出土。这样重要的礼器批量出现在这么广大的地域，代表玉文化观念已经遍及大江南北，可以说玉文化先于秦始皇两千年已经大致统一了中国。

秦始皇用卞和所献玉璧制成玉玺，代表国家最高权力，并刻字"受命于天，既寿永昌"。由此看来并不是传奇文学，而是真实的历史叙事，是强大而持久的玉文化传统的延续。后来的统治者对玉玺的重视——得之则象征其"受命于天"，失之则表明"气数已尽"也就不难理解了。小小玉玺由于代表了宇宙神灵，证明了皇权归属是天命所归、正统合法，所以历代皇帝凡登大位而无此玉玺者，则被讥为"白版皇帝"，多少会受世人轻蔑，传国玉玺也成为平抚谣言、安定民心的得力助手。

我们再看仿天而造的玉器和玉玺的色彩。从早期出现古玉的史前文化遗址看，祭天主要使用的是青天色的玉石或绿色的绿松石。这两种玉石由于其天然色泽的特征，很容易令先民们将其类比于天体，特别是绿松石，其外观呈现出一种酷似蓝天的色泽。《周礼·春官·大宗伯》记载："以苍璧礼天，

---

① 叶舒宪. 女娲补天和玉石为天的神话观 [J]. 民族艺术，2011 (1)：30-39.
② 刘铮. 良渚玉璧象征意义新探 [J]. 中原文物，2012 (5)：38-43.

以黄琮礼地。""苍璧"是颜色像天青的玉璧，黄琮是颜色像大地的玉琮。

天体中的银河由大量发光的恒星构成，在人类的视觉感受中，如同众星组成的天上河流。这样的天河被比喻为玉石中发白光的白玉，月光、星光隐喻"白玉（盘）"的原因正在于此，因此白玉在玉石系列中最为尊贵。尊者莫过于天子，故天子佩玉用白玉，天子治国的信物玺印，当然也要用白玉。①

据汉代刘歆《西京杂记》卷一记载："汉帝相传，以秦王子婴所奉白玉玺、高帝斩白蛇剑。"汉帝所得之玉，即秦始皇的传国白玉玺，出土发现的汉代吕后的"皇后玉玺"也为白玉。再以清代的二十五宝为例，有白玉、青碧玉和墨玉三种，而以白玉居多，白玉玺、青碧玉玺的实际使用情况恰恰吻合了以上玉文化色彩的溯源，而墨玉可以象征深邃的蓝黑色天空（玄）。

玉作为宇宙天体象征的另一个有力的旁证，是中国人对青瓷的极力推崇。瓷文化在中国极为发达，与天然之美的玉石相比，瓷之美更多地融入人工，但其所追求的温润、淡雅、剔透的美感极似玉石，所谓色如玉、品如玉，因而被人们称作"人造美玉"。青瓷在瓷器发展史中占有突出重要的地位，从商周中期到现在，中国一直很迷恋青色，青瓷在中国经过两、三千年还仍然极受欢迎，人们对青瓷的偏爱是显而易见的。我国历代所称的缥瓷、千峰翠色、艾色、翠青等瓷，都是指这种瓷器。仅从名称上看，其仿天然之色的痕迹很是明显。唐代越窑，宋代官窑、汝窑、龙泉窑、耀州窑等，都属于青瓷系统，特别是宋代汝窑的"天青"瓷被奉为极品，在青瓷史上还留下一段佳话。

据清人朱琰《陶说》记载，瓷器烧制的历史以柴窑最古老。由于是五代后周世宗柴荣所烧，所以名为柴窑。相传当时的工匠请示瓷器的外观样式，世宗大笔一挥批示道："雨过天青云破处，这般颜色做将来。"后来北宋时期汝州的工匠技高一筹，烧制出天然朴拙、柔美静谧、深邃清澈的天青瓷，达到了"天工与清新"的境界，汝窑也因此成名，列五大名窑之首。天青色正是青碧玉般宇宙天空的颜色，天青瓷之所以被推崇，不仅因其工艺复杂、稀有难得，更因其具有和青碧玉同样的"玉宇"的象征义。青瓷的生命力，与

---

① 叶舒宪. 白玉崇拜及其神话历史初探［J］. 安徽大学学报（哲学社会科学版），2015（2）：74－83.

玉文化思想的支撑是分不开的。广而言之，中国的工艺美术都在追求玉文化，追求一种如玉的温润感。

综上所述，档案文化作为传统文化的有机组成部分，不可能不受到大的文化生态的影响。皇帝诏令文书用纸受到儒家、道家、阴阳家等多个学术流派色彩文化的影响，是多元文化的产物；而皇帝诏令文书用玉玺则受到更深层面玉文化强大传统的影响。诏令文书用纸与用印的深厚文化蕴含，值得我们进一步探讨和研究。

# 鱼鳞图册变迁考①

## 赵彦昌　黄　娜

（辽宁大学历史学院　沈阳　110136；
中国科学院沈阳自动化研究所　沈阳　110016）

**摘　要：** 鱼鳞图册起源于南宋绍兴土地经界，此后历代都有攒造，显盛于明代，清入关继续沿用并有了演变，其所载各项内容与资料具有较高的价值。本文从鱼鳞图册形制、形成的历史过程和功用三个方面进行探讨，重在梳理其变迁历程。

**关键词：** 鱼鳞图册　土地登记　攒造

鱼鳞图册是宋元以来农田清丈、经理田土所攒造的一种土地登记册籍，肇始于宋，中经元明，终结于清，是中国古代各级政府征税的依据，也是土地拥有者、使用者的有效凭证，是中国古代地籍制度的缩影。然时间过于久远，南宋鱼鳞图册已荡然无存，现存最早的是元末龙凤时期朱元璋经理鱼鳞册，现存鱼鳞图册原件集中为明代且以徽州府居多，最集中为安徽省休宁县档案馆收藏的清代鱼鳞图册1153册。除此之外，估计公私所藏明清鱼鳞图册原件尚有数千卷册②，鱼鳞图册也是现存浩如烟海的徽州文书的重要组成部分之一。学术界关于鱼鳞图册的研究由来已久，且成果迭出，近年来又陆续

---

**作者简介：** 赵彦昌，男，1978年生，河北晋州人，辽宁大学历史学院教授，辽宁大学中国档案文化研究中心主任，主要研究中国档案史、中国古文书学、档案信息开发与利用等。黄娜，女，中国科学院沈阳自动化研究所档案管理高级业务主管，辽宁大学历史学院档案学硕士研究生。

①　本文为2015年国家社科基金项目"现存中国古代历史档案编纂研究"（项目批准号：15BTQ076）阶段性研究成果。

②　胡铁球，李义敏，张涌泉. 婺州鱼鳞图册的遗存与研究价值 [J]. 浙江社会科学，2016（4）：117.

发现大量鱼鳞图册实物，为当前鱼鳞图册的深入研究提供了重要史料和凭证。
2011 年之前的研究成果我们在《中国档案史研究史》① 一书中已经有所描述，
2011 年之后的研究成果主要有《婺州鱼鳞图册的遗存与研究价值》（胡铁球，
李义敏，张涌泉，《浙江社会科学》2016 年第 4 期）、《20 世纪以来鱼鳞图册
研究述评》（汪庆元，《古今农业》2014 年第 2 期）、《明清鱼鳞总图汇考——
以徽州鱼鳞图册为中心》（汪庆元，《历史研究》2015 年第 6 期）等，此外赵
冈《鱼鳞图册研究》② 一书为此一领域的唯一一部专著，分七章内容对鱼鳞
图册进行了系统研究。

## 1　鱼鳞图册的形制

鱼鳞图册亦称鱼鳞册、鱼鳞图，鱼鳞图册名称的由来有三种说法："一、
以其比次若鱼鳞状得称；二、以所绘若鱼鳞得称；三、以排列先后之序常得
变动得称。"③

### 1.1　鱼鳞图册的形式

鱼鳞图册有两部分，一是鱼鳞总图，是封皮内首页的一张总图④，以某一
字号为单位⑤，绘画辖区内地形全图，其中的所有田块，以及水陆山川道路
桥梁，每一田块注明的编号，鳞次栉比，犹如一片鱼鳞；二是鱼鳞分图，也
叫鱼鳞清册，是把总图中每丘田画成一个单独的图，按编号顺序写明具体田
块的形状图及有关资料，包括坐落位置、地形、四至、田土形态、面积、科
则（等级）和业主姓名（有时兼列佃户姓名）等要素的信息。"鱼鳞总图在既
定的土地区划单位内挨次绘图，地块的空间分布具有连续性，其作用是标绘

① 赵彦昌. 中国档案史研究史 [M]. 上海：世界图书出版公司，2012：511-513.
② 赵冈. 鱼鳞图册研究 [M]. 合肥：黄山书社，2010.
③ 梁方仲. 明代鱼鳞图册考 [J]. 梁方仲. 梁方仲经济史论文集 [C]. 北京：中华书局，1989：2.
④ 赵冈. 历史上的土地制度与地权分配 [M]. 北京：中国农业出版社，2003：268.
⑤ 栾成显. 徽州鱼鳞图册文书的遗存及其研究价值 [J]. 黄山学院学报，2005（1）：7.

土地区段各号田土形状和位置，便于业户土地确权在田野的认定。"①

总图如下：

①  汪庆元. 明清鱼鳞总图汇考——以徽州鱼鳞图册为中心 [J]. 历史研究，2015 (6)：78.

分图如下：

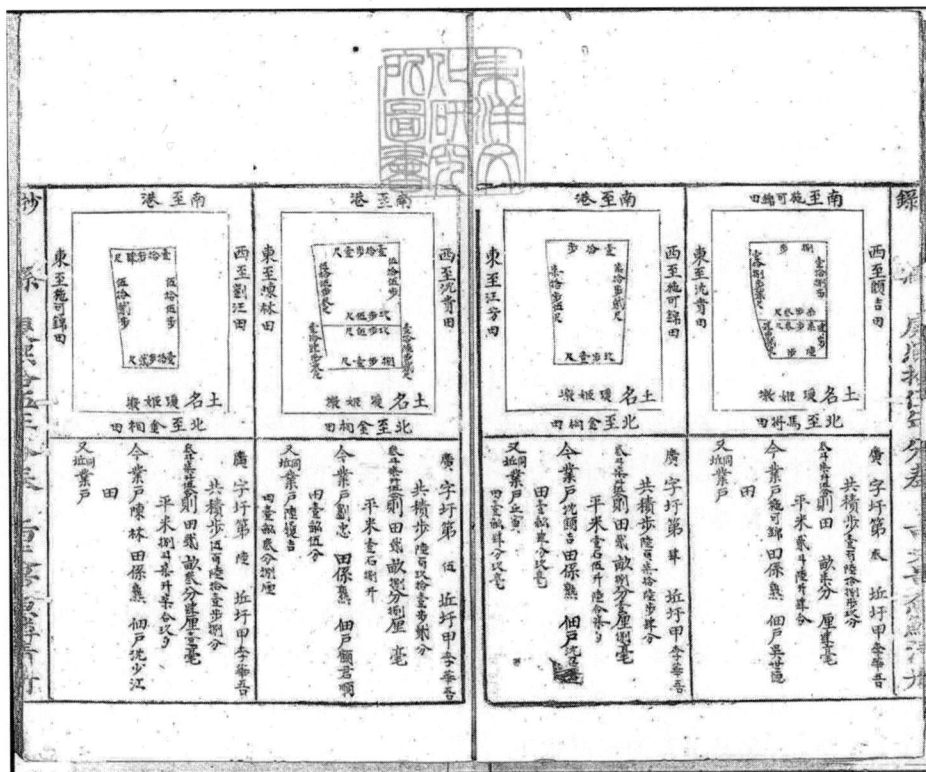

## 1.2 鱼鳞图册的编制

由于鱼鳞图册在各个时期的绘制程序是变动的，这里只研究鱼鳞图册编制的基本程序。首先，由户部统一颁发丈地弓尺进行田地丈量核实，以区域为单位进行登记造册，按编号顺序写明具体田块的形状图及有关资料，形成鱼鳞清册，然后再进行各级汇总，形成鱼鳞总图，这之后再发回给田主一份副本作为产权凭证。即陆世仪所言"以田为母，以人户为子，凡分号数，稽四至，则用之"。

## 2 鱼鳞图册形成的历史过程

鱼鳞图册的形成有着深刻的社会根源,"历代统治者视土地为人民的衣食之本,国家财富的源泉"①,势必丈量土地,编造籍册,来掌握国家的经济命脉。

### 2.1 鱼鳞图册的起源

鱼鳞图册的起源可追溯到南宋绍兴的土地经界,它是土地管理制度下的产物。绍兴十二年(1142 年)左司员外郎李椿年(后为户部侍郎)② 上疏指出经界利害并提出了正经界的具体方案,建议重新丈量农田经界,宋高宗然之,次年颁行天下。经界中所造册籍主要为"砧基簿"。

#### 2.1.1 "砧基簿"的内容与格式

"砧基簿"的内容与格式,具体规定如下:"今欲乞令官民户各据画图了当,以本户诸乡管田产数目,从实自行置造'砧基簿'一面,画田形坵段,声说亩步、四至、元典卖或系祖产"③,就是说,官户、民户要根据实情具体准确地画出田产的"田形坵段",明确田产的数量和界限,以及田产的来源。

#### 2.1.2 "砧基簿"的形成程序

"砧基簿"的形成程序,《宋会要辑稿》中有详细记载"今欲乞令官民户各据画图了当,以本户诸乡管田产数目,从实自行置造'砧基簿'一面,画田形坵段,声说亩步、四至、元典卖或系祖产,赴本县投纳、点检、印押、类聚,限一月数足缴赴,措置经界,所以凭照对画到图子,审实发下,给付人户,永为照应。"④ 又据李心传《建炎以来朝野杂记》记载:"其法,令民以所有田各置砧基薄,图田之形状,及其亩目四至,土地所宜,永焉照应。即田不入簿者,虽有契据可执,并构入官。诸县各为砧基簿三:一留县,一

---

① 曹余濂. 中国田赋档案 [J]. 档案学研究. 1988 (1):23.
② 栾成显. 徽州鱼鳞图册文书的遗存及其研究价值 [J]. 黄山学院学报,2005 (1):6.
③ [清] 徐松. 宋会要辑稿 [M]. 北京:中华书局,1997:4898.
④ [清] 徐松. 宋会要辑稿 [M]. 北京:中华书局,1997:4898.

送漕，一送州。凡漕臣若守、令交承，悉以相付。诏专委仲永措置，遂置局于平江。"①

从这两段记载可以看出，"砧基簿"是这样形成的：首先是进行田地的打量，形成各官、民户的"砧基簿"，然后再进行各级汇总，这之后再发回给田主，在这个过程中各县的"砧基簿"要制作副本三份，上交县、漕、州存档。在这里"砧基簿"是产权凭证，并纳入了国家法律，如违反，土地即没收入官。

李椿年推行"砧基簿"时，使用的是古法求积丈量土地②。"砧基簿"上"画田形坵段，声说亩步四至"，这与后来的鱼鳞图册形制颇为相似，而其所载是"本户诸乡管田产数目"，乃是以田系户，则与以户系田的鱼鳞图册又不完全相同。

## 2.2　鱼鳞图册的发展

至南宋绍熙年间，朱熹又在福建漳州发布一道《晓示经界差甲头榜》提到："打量纽算，置立土封，桩标界至，分方造账，画鱼鳞图、'砧基簿'。"③也就是"砧基簿"前加上一个田形总图。这是鱼鳞图名词首次出现。且朱熹奏文之中言及"图账"："图账之法始于一保，大则山川道路，小则人户田宅，必要东西相连，南北相照，以至顷亩之阔狭，水土之高低，亦须当众共定，各得其实。"④栾成显认为："其中言图账所绘既有山川道路，又有人户田宅，顷亩阔狭等等，且东西相连，南北相照，这与后来攒造的鱼鳞总图上所绘形制完全相同"⑤。朱熹在绘图过程中对大小行政区进行分组简化，"土地田段按照自然分布进行绘制并登记、编连为合图"⑥，"采用分级编定字号的方法

①　[南宋]李心传. 建炎以来朝野杂记 [M]. 北京：中华书局，2000：123.

②　[南宋]赵彦卫. 云麓漫钞 [M]. 北京：中华书局，1996：10.

③　[南宋]朱熹. 朱子文集大全类编 [M]. 济南：齐鲁书社，1995：31.

④　[南宋]朱熹. 晦庵集 [M]. 文渊阁四库全书本第1143册，上海：上海古籍出版社，1987：379－382.

⑤　栾成显. 徽州鱼鳞图册文书的遗存及其研究价值 [J]. 黄山学院学报，2005（1）：6.

⑥　尚平. 南宋砧基簿与鱼鳞图册的关系 [J]. 史学月刊，2007（6）：31.

标识田地丘段"①，鱼鳞图册也就真正形成了。

到了南宋宁宗嘉定年间便不再使用"砧基簿"一词，统一称之为"鱼鳞图册"。据《宋史·食货志》记载："知婺州赵恮夫行经界于其州，整有伦绪，而恮夫报罢。士民相率请于朝，乃命赵师岊继之。后二年（1217 年），魏豹文代师岊为守，行之益力。于是向之上户析为贫下之户，实田隐为逃绝之田者，粲然可考。凡结甲册、户产簿、丁口簿、鱼鳞图、类姓簿二十三万九千有奇，创库匮以藏之，历三年而后上其事于朝。"②

元代，自元世祖忽必烈时起（1271 年），先后在一些地方进行过局部的土地丈量，称之为"括地"或"括勘"。至元二十三年（1286 年），徽州地区即有"括勘"之举。到中期，又进行了大规模的土地经理，即有名的延祐经理。但因措施不当，矛盾剧烈，引起暴乱，结果以失败而告终。至元末，又有至正二年（1342 年）刘辉主持余姚州核实田地，及至正五年（1345 年）唐棣主持徽州府休宁县核实田地的事例。据史载这两次田土经理都是成功的，而且经过土地丈量，最后绘有"鱼鳞才次之图"，攒造了有关册籍。

相对宋明来讲，元朝的土地调查登记是比较混乱的，制度很不完善，但在绘制鱼鳞图册过程中也是有一定的发展的。

"'余姚州核田'田一区，印署盈尺之纸以给田主，为（谓）之乌由，凡四十六万余枚，田后易主，有质剂无乌由不信也……其画田之形计其多寡，以定其赋，谓之流水不越之簿，又画图谓之鱼鳞才次之图，其各都田亩则又有所谓兜簿者焉。至于分其等第，以备差科，则又有所谓鼠尾册者焉。"③

"'余姚州核田'田一区印署盈尺纸，以给田主，谓之乌由，凡四十六万三千有奇。画之为流水册，次之为鱼鳞图，类之为兜率簿，第其高下而差徭之，谓之鼠尾册，又总凡六千二百五十。"④

由以上来看，元代的鱼鳞图册继承了宋代"图账"的做法，形成流水簿，

① 尚平. 南宋砧基簿与鱼鳞图册的关系 [J]. 史学月刊，2007 (6)：33.
② [元] 脱脱. 宋史 [M]. 北京：中华书局，1977：4179.
③ [明] 危素. 危太朴文集 [M]. 民国二年嘉业堂刘氏刊红印本，1913：4－8.
④ 陈高华. 元朝的土地登记和土地籍册 [J]. 历史研究，1998 (1)：18.

就是某一地区的自然土地图形①，鱼鳞图则是绘出各户占有的每块（丘）土地图形，然后向田主重发田契"乌由"——"曰鱼鳞图册以会田，别为右契予民，使藏之，曰'乌由'，以业主"②，"乌由就是每张鱼鳞图册的副本"③。

## 2.3 鱼鳞图册的繁荣

鱼鳞图册在宋元两代均未能普及，"而明祖，则能剑及覆及，竭全力以赴之。故鱼鳞图册独著于明，至清代政府仍沿袭之。"④ 所以，鱼鳞图册之称的普遍，则是明洪武时期大规模田土丈量，攒造鱼鳞图册之后的事。

明代有三次全国规模较大的土地清丈及绘制鱼鳞图册活动，成效较大的是洪武、万历两朝。而洪武年间有两次大规模绘制鱼鳞图册活动。第一次在洪武元年开始，《明史》卷77《食货志》载"明太祖即帝位，遣（国子监生）周铸等一百六十四人往浙西核实田亩"⑤。浙东地区的鱼鳞图册，应是由明朝指令地方官自行绘制。金华县就是如此，金华县丈地造册，拖至洪武四年（1371年）才进行。苏伯衡《核田记》载："以金华县丞钟弼董东南乡……量既周，乃衰诸所表，为鱼鳞图，为流水册，册以会赋，图以会田……起洪武四年夏四月丙申……"⑥。第二次大规模绘制鱼鳞图册的开始时间现在还不确定，但"洪武十九年，明朝又发动国子监太学生参与第二次大规模的绘制鱼鳞图册"⑦，这次绘制鱼鳞图册工作，大概在洪武二十年完成。《明实录》载："（洪武二十年二月）戊子，浙江布政使司及直隶苏州等府县进鱼鳞图册。先是，上命户部核实天下土田，而两浙富民畏避徭役……上闻之，遣国子生武淳等往各处，随其税粮多寡，定为几区，每区设粮长四人，使集里甲、耆民，躬履田亩以量度之。图其田之方圆，次其字号，悉书主名及田之丈尺四至，

---

① 陈高华. 元朝的土地登记和土地籍册 [J]. 历史研究，1998（1）：19.

② [元] 余阙. 青阳先生文集 [M]. 四部丛刊续编，上海：上海书店：1985：8.

③ 何炳棣. 中国古今土地数字的考释和评价 [M]. 北京：中国社会科学出版社，1988：35.

④ 曹余濂. 明代"赋役黄册""鱼鳞图册"考略 [J]. 档案与建设，1999（3）：36.

⑤ [清] 张廷玉，等. 明史 [M]. 北京：中华书局，1974：1881.

⑥ [明] 苏伯衡. 苏平仲文集 [M]. 北京：商务印书馆，1929：22~24.

⑦ 唐文基. 明代赋役制度史 [M]. 北京：中国社会科学出版社，1991：8.

编类为册，其法甚备。以图所绘，状若鱼鳞然，故号鱼鳞图册。"① 万历时期，从万历六年起到九年止，历时三年，全国范围的土地清丈其规模和声势都不亚于洪武时期。而测量组织、程序、计量则比洪武时期更加规范，田地格式、符号表示都有统一规定。方向是统一的，计量单位是统一的，格式是统一的。

明代的鱼鳞图册的形式比较规范，包括总图和分图两部分。总图以乡为单位编制，"田地以丘相挨，如鱼鳞之相比，或官或民，或高或圩，或肥或瘠，或山或荡，逐图细注，而业主姓名随之，年月买卖，则年有开注。"② 按土地自然排列，详细标写水陆、山川、桥梁、道路及区内地块，土地的种类，土地流转的记录等。分图按每块土地，"或系方田，或凹田，或斗田，或凸田，或靴田，或月牙田，或蛇田，或矛角田，或牛角田，或长弯，或一字，形状不一，务须明白书写。"③ 如实地描绘土地的形状，并注明土地面积，周围四至，现或原业主，并编成字号。

"以河北师范大学图书馆收藏万历鱼鳞图册其中一本为例，纵 32.2 厘米，横 28.2 厘米，厚 3.6 厘米，251 叶，502 面，每面以十字形单线分为四格，分别载四个号的田土内容，本册载有参仟零拾参至伍千零贰拾壹田土内容，每号所载内容有行字号、业户姓名、土名、田土类别、田土面积、四至等。"④ 从此可以看出，鱼鳞图册的格式已趋于成熟。

明代鱼鳞图编制水平到嘉靖年间又有了新的进展，规定编制鱼鳞图："细列元额田粮、字行、则号、条段、坍荒、成熟步口数目，官为覆勘，分别界址，履亩检踏丈量，具开垦、改正、豁除之数。"⑤ 可以看出，这时期鱼鳞图册的内容更为丰富，"在图中强调了作为地籍图的特征要素—界址的表示"⑥，此外，对土地实现了动态管理，如田亩坍荒、新垦地成熟、核勘后改正等情

① 明太祖实录（卷180）：洪武二十年二月戊子条［M］. 台北："中央研究院历史语言研究所"影印本，1962：2726.
② ［清］顾炎武. 天下郡国利病书［M］. 上海：上海古籍出版社，2011：721－723.
③ 曹余濂. 明代"赋役黄册""鱼鳞图册"考略［J］. 档案与建设，1999（3）：40.
④ 魏书菊. 鱼鳞图册的攒造及其在明代田赋之功用［J］. 中国图书评论，2004（2）：50－51.
⑤ ［清］张廷玉. 明史［M］. 北京：中华书局，1974：1898.
⑥ 马崇鑫. 明代鱼鳞图册及清代《南溪山刘仙岩形胜全图》评介［J］. 地图，1998（4）：44.

况在图中有了动态性的表示。

## 2.4　鱼鳞图册的沿用及演变

清朝继承明朝的传统，基本沿用明朝的地籍管理办法来编制鱼鳞图册，康雍乾三代都有区域性的清丈工作，制造新的鱼鳞图册。我们已知者有江苏、浙江、河北、山东、湖北、湖南、四川等地，有土地清丈之记载，或留下鱼鳞图册实物①。在清丈方法与登记格式上，清代的鱼鳞图册与万历的图册几乎相同，但并不是一成不变的。

先看清代鱼鳞图册的绘制程序："先将弓步积算诸图形，遍行晓告，都编一字，设鳞册数本；乡各举公正三四人同往丈量，官监之，主佃并至田所，公同区别上、中、下则，长广图形，核实注草册；别给一票，与田主收执，后有讹误，持以为质。至于积亩成赋，人可自为核算，便易莫过于此。"② 这与宋明鱼鳞图册的绘制程序基本相同，但在这个时期鱼鳞图册又呈现出了新的特点。

其实早在明中叶鱼鳞图册已名存实亡，洪武朝制定田籍虽然很认真，但也只是当时土地所有关系的反映，册籍一旦编制，则相对凝固，而业主的土地所有权是变动不居的，田土失额、土地兼并等，期间不能见载于册。甚至产生了"无田之家而册乃有田，有田之家册乃无田"的现象，土地登记与实在地产严重脱节。以不变之鱼鳞图册来规范动态之地权，这是明代地籍的死结。

所以，康熙年间开始，县级地政部门跟踪登记地权变动成为地籍管理的新特点。明确提出了"现业的名"概念，这是清代地籍管理历史性的进步。以休宁县康熙鱼鳞图册为例，此册攒造于康熙五十五年（1716 年）前，在七百八十五号"分庄现管业户"栏内有"康熙五十五年十二月，六甲程天弟卖与本甲程圣和"的记载，清代鱼鳞图册以"现业的名"登载地籍并跟踪地权

---

　　① 赵冈，陈钟毅. 中国土地制度史［M］. 台北：联经出版公司，1982：95－108.
　　② 陈道. 江西新城田租说［J］//翦伯赞，郑天挺. 中国通史参考资料（古代部分第 8 册）［M］. 北京：中华书局，1966：118.

变动，使名实相符。以"现业的名"登记地权，着重在"分庄现管业户"一栏，每次土地买卖都经官比对契约。清代地籍管理的发展水平，适应了中国近世社会对土地管理的要求。

# 3　鱼鳞图册的功用

在古代，最初绘制鱼鳞图册的目的，就是作为官府征收田赋依据以及土地的产权凭证。在现代，鱼鳞图册成为我们进行研究不可或缺的重要资料。

## 3.1　鱼鳞图册的本质功能

### 3.1.1　赋税地籍

鱼鳞图册最本质的功能是赋税，作为官府征收田赋依据。鱼鳞图册包含了田块形态、土地面积、土地占有、土地流转等丰富内容。攒造鱼鳞图册的目的，是要切实掌握各地耕田数字。通过对鱼鳞图册所载各号田土业主占有土地数量的统计，可以掌握业户对土地的占有状况，从而杜绝隐田逃税的现象。《明史》载："元季丧乱，版籍多亡，田赋无准。明太祖即帝位，遣周铸等百六十四人，核浙西田亩，定赋役。复命户部，核实天下土田。而两浙富民，畏避徭役，大率以田亩产寄他户，谓之铁脚诡寄。"① 从鱼鳞图册起源时就是因地籍烧毁，地主豪强隐匿田产，政府要切实掌握土地才进行土地经理，形成鱼鳞图册。

### 3.1.2　土地的产权凭证

对土地进行登记有两种制度，一种是鱼鳞图册，登记的是境内各田块的静态状况；另一类称"推收册"，登记境内各田块的动态状况，即田块产权的转移——田块买卖的记录，出卖田块称为"推"，买进则谓之"收"②。在田地买卖交易过程中，产权转移便以鱼鳞图册为凭证。鱼鳞图册每丘编号，有

---

① ［清］张廷玉. 明史［M］. 北京：中华书局，1974：1881.
② 戴天放. "鱼鳞册"制度对农村土地产权的完善及促进土地流转的借鉴［J］. 农业考古，2008（3）：39.

明确的田土面积，若有田产转手或买卖之时，过户时要核对鱼鳞图册，证明产权归属①。

由于土地是不动产，所以封建政府可以通过鱼鳞图册的编制与管理牢靠而准确地控制税源。而对于土地所有者来说，鱼鳞图册是他对土地的所有权占有的一种凭证，可以得到政府的法律保护。

## 3.2　鱼鳞图册的学术研究价值

鱼鳞图册以自明至民国时期编造的鱼鳞图册计时，再上溯到南宋土地经界，它的历史沿袭了近700年之久，可见它的历史作用。虽然现在鱼鳞图册失去了其原本的作用，但它还有着较高的研究利用价值。

### 3.2.1　鱼鳞图册在史料研究方面的利用

鱼鳞图册包含了大量的关于田土的自然信息，鱼鳞总图标绘了当地田地的形状、土地种类以及水陆山川道路桥梁等自然形态；鱼鳞分图详细记载了土地的位置、面积，可知当地田地山塘等各类土地数量及其所占比例。鱼鳞册上所绘田地图形，可以全面反映出耕地的自然形态。

由于鱼鳞图册中标出了山、地、河流、水塘、水渠和道路，经过拼图，可以了解当时的农田、水利、道路交通情况，且明清鱼鳞图册一脉相承，明清两代数百年来的土地变化也可从鱼鳞图册上有所显现。如安徽省"休宁县《鱼鳞图》中记录年代最久的为行字卷（1138卷），共626页。记载了从元延祐三年（1315年）以来的田亩情况。

行字卷首页记为：

新丈田亩总数：

行乙（壹）起至壹仟三百五十八号止

田地山塘共贰仟一百乙（壹）十三厶（亩）八分六厘乙毛（壹）七系（丝）贰忽，

田七百八十四厶九分三厘七毛四系六忽，

地贰百四十七厶五分三厘六毛七系贰忽，

---

① 赵冈. 历史上的土地制度与地权分配 [M]. 北京：中国农业出版社，2003：269.

水乙千八十厶乙分八厘三毛，

塘乙厶贰分四毛五系四忽。

延祐二年乙卯行无下丈量系尚字号，

洪武四年适鱼鳞册，

万历九年丈量归户，

康熙五年丈行字号册。

从以上记载可知，明洪武四年（1371 年）依据元延祐二年尚字号造鱼鳞图册，万历九年（1581 年）重新丈量，而现在的行字号卷是康熙五年（1666年）再次丈量而登记造册的。"①

鱼鳞图册既然是记录农田清丈、经理田土的源文件，作为一种田赋档案，毫无疑问，是研究当时土地制度的第一手资料。诸如土地丈量，鱼鳞图册的攒造，鱼鳞图册的形式与种类，与其他册籍的关系等等，我们都可以通过鱼鳞图册对其进行研究。

### 3.2.2　鱼鳞图册在社会经济研究方面的利用

鱼鳞图册制度是一项土地管理制度，在经济上以农业为主的封建社会，它所反映的就是一种比较成熟的经济形态，与黄册互为经纬，在国家治理过程中发挥着至关重要的作用。我们从中可以看出土地流转的经济态势，大户人家因土地诸子均分，在鱼鳞册的表现就是仍以原大户一户登记在册，设有分庄一项，来载明其各自占有份额和应纳税额。再就是土地租佃关系，鱼鳞图册中佃户一项可以表明其流转的状态及其税额。所以从鱼鳞图册中可以看出土地流转的动态，也在土地的流转中保证国家的赋税。

作为土地底账，"在中华人民共和国建立初期，鱼鳞图册曾作为征收农业税的依据之一"②，尽管在土地改革后失去了历史上赋税依据的作用，但对深入、具体地剖析农村土地和经济实态，探讨中国土地管理和经济发展的一些规律性问题具有重大意义，为后来的土地管理模式的有效实施提供了借鉴。

---

① 汪嘉麟. 从《鱼鳞册》谈地方文献的收集 [J]. 图书馆论坛，1999（1）：87.
② 梁敬明. 鱼鳞图册研究综述——兼评兰溪鱼鳞图册的重要价值 [J]. 中国经济史研究，2004（1）：139.

如"鱼鳞图册中出现的'改正金票'、'验明税契'、'浮金阻供'等现象表明，近代基层政府土地登记制度与民众经济生活有着经常的联系，实现了土地的动态管理"。[①]

鱼鳞图册等虽为土地管理等方面的档案，但其间有许多内容反映的是同政治、文化、宗法制度有关的内容。如古代避讳制度，在其中就有很多反映，例如顺治名福临，鱼鳞图册中凡遇"福"字均改为"付"字；康熙名为玄烨，鱼鳞图册中遇"玄"字均缺笔；同治名载淳，册中也避讳等等。

---

① 汪庆元. 通过鱼鳞图册看明清时期的土地所有关系——以徽州府为中心 [J]. 历史档案，2006（1）：57.

# 古代纸质文书和档案防蠹措施探析

## 霍艳芳　董矜洁

（山东大学历史文化学院　济南　250100；

烟台市芝罘区档案馆　烟台　264000）

**摘　要：** 纸张普及以后，逐渐成为文书和档案的主要载体。然而在影响其耐久性的众多因素中，蠹虫蛀蚀对其危害最大。古人为了使纸质文书和档案得以长久保存和利用，有意或无意地采取了许多防蠹措施，其中有些仍然值得今天的纸质档案保护工作借鉴。

**关键词：** 纸质文书　纸质档案　防蠹措施　古代

在纸张发明以前，中国古代文书和档案的载体材料先后有甲骨、金石、竹木、缣帛等，其中甲骨、金石、竹木比较笨重，缣帛非常昂贵，都不便于利用和普及。纸张以其轻便、价廉、取材广等优点，发明之后渐渐被政府和私人广泛接受和使用，成为文书和档案的主要载体。然而与其他载体材料相比，纸质文书和档案的耐久性面临着更多因素的威胁，蠹虫蛀蚀即是一个不容忽视的因素。蠹虫对它们具有极大的破坏作用，轻则使其孔洞遍布、污迹斑斑，重则使其完全损毁。古人意识到这点，在防蠹方面慢慢摸索出一些保护方法，采取了许多行之有效的措施，其中有些还值得今天的纸质文书和档案保护工作借鉴。

作者简介：霍艳芳（1985－），女，河南开封人。山东大学历史文化学院副教授，研究方向为档案学、文献学。董矜洁（1984－），女，山东临沂人。烟台市芝罘区档案馆办公室副主任，研究方向为档案事业管理。

# 1 文书形成之初的防蠹措施

文书和档案的耐久性首先取决于制成材料本身，而制成材料包括载体材料纸张和字迹材料墨、印泥两个方面。因档案是由文书转化而来，对于纸质档案而讲，探究其载体材料本身的防蠹方法，就必须从文书形成之初的纸张、墨、印泥入手。

## 1.1 选择不易生蠹的纸张

早期的纸与丝有关，是用较差的茧子做丝绵后在箦席上的残留物制成，古人称之为"赫蹄"。东汉时期，蔡伦改进了造纸工艺，扩大了造纸原料的范围，如树皮、麻头、破布、废渔网等皆可用来造纸。魏晋南北朝时期，造纸原料来源更广，麻、构皮、桑皮、藤、稻草等被用来造纸，纸的品种和产量有所增加和提高。宋代时用竹造纸非常普遍，元明时期竹纸比较兴盛，在清代仍占据主导地位。

竹纸以嫩竹为原料，因取材广泛、价格低廉而备受古人青睐。不过，早期的竹纸因质量低劣，不适合做公文用纸。北宋初，苏易简在《文房四谱·纸谱》中曾说："今江浙间有以嫩竹为纸，如作密书，无人敢拆发之，盖随手便裂，不复粘也。"[①] 意思是竹纸质地不够紧密，纸张强度低，容易破碎，不能用来书写重要公文。据史书记载，宋朝的公文用纸大抵以藤纸、楮纸为多，成都官私簿契、书卷、文牒等曾经使用一种四色楮纸[②]。竹纸除了薄而易破以外，还容易滋生蠹虫，明末清初方以智云："竹纸有浆粉，故易生蠹，真绵纸书不生蠹。"[③] 指出竹纸容易被蠹虫蛀蚀，而皮纸中的绵纸不容易生蠹虫。这是因为竹子生长周期短，比较鲜嫩，而树木大多为多年生，树皮质地硬，造出来的竹纸就比皮纸机械强度低，更易于蠹虫咀嚼。所以，竹纸一般要经

---

① ［宋］苏易简. 文房四谱［M］//影印文渊阁四库全书·子部一四九·谱录类. 台北：台湾商务印书馆，"民国七十五年"（1986 年）：44.

② 王良城，杨继波. 中国古代档案保护方法与技术［M］. 北京：档案出版社，1993：66.

③ ［明］方以智. 物理小识［M］. 北京：商务印书馆，1937：196.

过药物处理才能使用，否则容易被蠹虫蛀蚀。

相对竹纸来讲，宣纸、桑皮纸、楮皮纸、构皮纸等皮纸较为耐久，且不易生虫。潘吉星在《中国造纸史》中指出："皮纸之所以青春永在，因为与麻纸一样抗蛀、长寿和坚韧，但比麻纸更洁白、柔韧、平滑，且原料供应充分，可适于各种用途，尤其绘画。"① 其中，以青檀树皮为主要原料的宣纸，纸质细腻、柔韧，洁白光滑，大多用于书法、绘画和写作公文，有特殊价值的书籍也会用它来印刷。因其能够被长久地保存下来，故有"纸寿千年"的美誉。桑皮纸纤维交错均匀，纹理美观，拉力强，纸纹扯断如棉丝，书画、刻本和公私文书都有应用，苏轼《三马图赞》、黄公望《溪山雨意图》等绘画作品用的就是桑皮纸，原本至今字形清鉴。楮皮纸洁白细腻，绵软有韧性，容易吸墨，适合书写、印书、碑帖。李建中《贵宅帖》、苏轼《新岁未获帖》、宋徽宗赵佶《夏日诗》、法常《水墨写生图》等书画作品用的就是楮皮纸②。同时，混合皮料造的纸张耐久性也比较强。明清时流行一种榜纸，用于殿试揭榜或官府告示，它的原料多为树皮纤维，有青檀皮、楮皮、桑皮或几种混合皮料，并进行天然漂白，捞纸、焙干均精工细作，务使成纸质量上乘③。

## 1.2　对纸张进行药物处理

古人为了防蠹和改善纸张性能，还对用于书写或印刷的纸张进行药物处理，使用的药物比较多的是黄檗、花椒、万年红，药物处理后的防蠹纸相应地被简称为黄纸、椒纸、万年红纸，其中黄纸在文书中应用最多。

黄纸是用小檗科植物黄檗的汁液浸渍后晾干而成的纸，曾被许多封建王朝指定为官府公文用纸。早在三国时期，黄纸已经被用来书写诏敕，据《三国志·魏书·刘放传》载，魏明帝临终之际，召集重臣刘放、孙资讨论后事托付的事宜，刘放提出的建议得到他的采纳，"即以黄纸授（刘）放作诏"④。东晋时期，桓玄帝强调公文用纸必须用黄纸："古无纸，故用简，非主于敬

① 潘吉星. 中国造纸史［M］. 上海：上海人民出版社，2009：261－262.
② 潘吉星. 中国造纸史［M］. 上海：上海人民出版社，2009：262.
③ 刘仁庆. 中国古纸谱［M］. 北京：知识产权出版社，2009：139.
④ ［晋］陈寿. 三国志［M］. 北京：新世界出版社，2008：128.

也。今诸用简者，皆以黄纸代之。"① 黄纸于是成为官府公文的主要载体，当时的户籍总册因用黄纸写就而被称为黄籍。唐代规定中央的户籍总册、皇帝的制敕、起居注必须用黄纸书写，科考放榜也要用黄纸，高宗上元三年（676年）三月，政府曾发布过要求用黄纸书写官方文件的诏令："制敕施行，既为永式。比用白纸，多有虫蠹。自今以后，尚书省颁下诸司、诸州及下县，宜并用黄纸。"② 仪凤二年（677年）二月下令"自今已后，装潢省籍及州县籍"，开元十八年（730年）规定装潢户籍时"所须纸笔装潢，并皆出当户内口，户别一钱"③，省州县的户口总籍自仪凤二年（677年）开始也必须用黄纸，后来还规定装潢所需的费用由百姓承担。宋代官府公文继续使用黄纸，在《庆元条法事类·文书门·文书令》中明确规定："诸翻录制敕赦书德音，其纸用黄（须无粉药者）。奏御文书及账簿狱案，不得用屑骨若竹纸笺纸。"④ 皇帝制敕一类的公文要用黄纸写就，呈送给皇帝的奏章等不能用易破的竹纸、笺纸。清朝黄色及龙凤图案为皇帝独家使用，只有皇帝发布的诏令文书才能使用黄纸，殿试后公布及第名单用双层硬黄纸书写⑤。可见，黄纸之所以成为古代政府首选的公文用纸，最初是为了防蛀，后来将之发展为彰显尊贵的皇室御用色。黄纸能够辟蠹是因为其中含有小檗碱、棕榈碱和黄柏碱等多种生物碱，具有较好的防虫杀虫效果。黄纸盛行之时，古人多用雌黄灭误，雌黄呈柠檬黄色，可以覆盖掉原来的字迹，使被改处与原纸同色，而且它的化学成分三硫化二砷是一种有毒物质，可以起到杀虫灭菌的作用。

对纸张进行药物处理的另一方法是用花椒汁液染纸，制成所谓的"椒纸"。花椒树皮中含有柠檬烯、枯酶、香叶醇等挥发油，果实中含有香茅醛、水芹萜，根部含有白鲜碱、菌芋碱、小檗碱等多种生物碱，这些化学成分及散发出来的强烈辛辣气味都对蠹虫有驱避作用。清代叶德辉《书林清话》载："椒纸者，谓以椒染纸，取其可以杀虫，永无蠹蚀之患也。其纸若古金粟笺，

---

① [唐] 徐坚. 初学记 [M]. 北京：中华书局，1962：517.

② [宋] 王钦若，等. 册府元龟 [M]. 南京：凤凰出版社，2006：636.

③ [宋] 王溥. 唐会要 [M]. 北京：中华书局，1955：1559.

④ [宋] 谢深甫. 庆元条法事类 [M] // （清）薛允升. 唐明律合编·宋刑统·庆元条法事类. 北京：中国书店，1990：773.

⑤ 丁春梅. 清代官府公文用纸制度研究 [J]. 档案学研究，2004（1）：24.

但较笺更薄而有光。以手揭之，力颇坚固。"① 明代规定文武官员诰敕必须用花椒白面纸，用椒纸是明代文书档案保护的又一力作②。

明清时期，广东南海（今佛山）一带发明一种万年红纸，是将药物铅丹研细涂布在毛边纸或连史纸（皆是竹纸）上制作而成。铅丹的主要成分四氧化三铅具有毒性，微量就能致蠹虫于死地，且在空气中化学性质稳定，防蠹的作用更为持久。刘仁庆在《论万年红纸》中推断这种纸的发明与当地记写家谱之风有关，当时家谱几乎全由最怕虫蛀的竹纸抄写或印刷，加上佛山比较潮湿，对其进行长期保存的问题引起大家的高度关注，万年红纸才得以发明出来。万年红纸在清代中叶被广泛应用，使用范围"除装订于线装书上之外，还用以书写对联、牌匾、告示等"③。

### 1.3 制墨和印泥时加入药物

墨是中国传统的书写材料，它的主要成分是炭黑、动物胶和辅料：炭黑是有机物不完全燃烧的产物，它是墨的色素成分，理化性质比较稳定；动物胶是由动物的皮和骨熬制而成，作用是使炭黑颗粒黏结为块墨，且书写后在纸张表面结膜；加入辅料的主要作用是防蛀、防腐，改善黏度、硬度、色泽和气味。

我国制墨历史比较悠久，古代不同朝代的制墨工艺和配料有所不同。北魏贾思勰《齐民要术》记载当时的制墨法，先将醇烟捣碎，放到细筛内筛去草渣和细沙，然后加入活胶，并添加朱砂和麝香各一两，捣三万杵。南唐制墨名家为李超和李廷珪父子，他们家族原姓奚，因制御墨有功而被后主李煜赐国姓。李廷珪的制墨配方是"每松烟一斤、真珠三两、玉屑一两、龙脑一两，和以生漆，捣十万杵"④，还有人说他制墨的另一个配方是："牛角胎三两洗净细到，以水一升浸七日。皂角三梃煮一日，澄取清汁三斤，入栀子仁、

---

① ［清］叶德辉. 书林清话［M］. 上海：复旦大学出版社，2008：143.

② 丁春梅. 明代官府公文用纸与档案的保护［J］. 福建师范大学学报，2003（1）：121.

③ 周宝中，王菊芬，宋曼. 铅丹防蠹纸的研究［M］//中国历史博物馆馆刊编委会. 中国历史博物馆馆刊（总第2期）. 北京：文物出版社，1980：194.

④ ［明］张岱. 夜航船［M］. 成都：巴蜀书社，1998：239.

黄蘗、榛皮、苏木各一两，白檀半两，酸石榴皮一枚，再浸三日，入锅煮三五沸，取汁一斤，入鱼胶二两半，浸一宿，重汤熬熟，入绿矾米半钱，同滤过，和松煤一斤"①，配料有松烟、牛角胎、皂角、栀子仁、黄蘗、榛皮、苏木、白檀、酸石榴皮、鱼胶、绿矾等十多种。宋代《墨谱法式》记载多个油烟墨法配方，其中用桐油制墨颇具代表性："桐油二十斤……此二十斤可出煤一斤。秦皮二两，巴豆、黄蘗各一两，栀子仁、甘松香、陵零香各半两，皂角五梃，细槌碎，以水五升浸一宿"②，加入的配料有秦皮、巴豆、黄蘗、栀子仁、甘松香、零陵香和皂角。其实，以上所列举的仅仅是几个代表性的制墨配料，不同时代的制墨家为改善墨的黏度、色泽及气味所加入的辅料有异，配制比例上也存在很多争议。各种辅料中，起到防蠹作用的是朱砂、麝香、黄蘗等：朱砂的主要成分是硫化汞，它具有防霉抗蠹的作用；麝香是雄麝肚脐和生殖器之间的腺囊分泌物，干燥后呈颗粒状或块状，有特殊的香气，其有效成分是巨环麝香酮，具有杀虫防蠹、杀菌防腐和除臭增香的功能；黄蘗前已叙述，它具有驱虫防蠹和杀菌防腐的作用。许多古代纸质档案墨迹依然如故，既与古墨色素成分比较稳定有关，又与其中含有防蠹抗腐剂密不可分。

　　印迹是古代文书和档案中一种常见的字迹，盖印是文书生效的标志，有时也是政治权力的某种象征。对于书画来说，将制作精美的印章图案盖在合适的位置更有锦上添花、标志所有权的意味。古人重视盖印为凭，自然对印泥的质量要求很高，希冀它颜色鲜艳和持久。同今天一样，红色印泥在古代应用得最为普遍。它的色素成分朱砂（硫化汞）是一种红色无机颜料，化学性质稳定，本身即具有一定的防霉抗蠹作用。经过长期的发展，创建于康熙十二年（1673年）的漳州八宝印泥驰名中外，它的辅料有麝香、珍珠、猴枣、玛瑙、珊瑚、金箔、梅片、琥珀等八种，它们大多不易生虫，且麝香具有防蠹作用。

---

① ［明］方瑞生. 墨海［M］//丛书集成续编第80册子部工艺类·文房器物之属. 上海：上海书店出版社，1994：114.

② ［宋］李孝美. 墨谱法式［M］//丛书集成续编第80册子部工艺类. 上海：上海书店出版社，1994：20－21.

## 2   文书形成之后的防蠹措施

文书形成之后，在现行作用发挥完成之后，如果还有保存价值，就转变成了档案。为了对档案进行长久保存，古人积累了很多防蠹经验。

### 2.1   选择合适的装潢材料

古人会根据需要和档案的自身价值对其进行装潢，给它装上卷轴或外壳，这些装潢材料选择得恰当与否，会影响到防蠹的效果。

给书画装上卷轴由来已久，即便今天也延续了这一传统。卷轴通常以木制成，比较讲究的用琉璃、象牙、玳瑁等等。古人在选择木制的卷轴材料时，会考虑到防蠹因素，比如明末清初周嘉胄《装潢志·上杆》载："轴杆檀香为上，次用婺源老杉木旧料，采取木性定者堪用。杉性燥，檀辟蠹，他木无取。"[①] 周嘉胄指出杉木干燥、檀木避蠹，这种性质稳定的材质是制作卷轴的好材料。方以智也说要选择檀香、必栗香等作卷轴："郿县石鱼、商山必栗香，作书轴，白鱼不犯。盖沈檀降香作轴，皆不蠹也。"[②]

古人为了保护档案，也会给它装上外壳。周嘉胄用切身实践指出他收藏的"碑帖册页之伟观而能历久无患者"，功劳全在其亲手制作的硬壳，制法是："糊用白芨、明矾，少加乳香、黄蜡，又用花椒、百部煎水投之，纸用秋闱败卷，纯是棉料，价等劣纸，以之充用，可谓绝胜。间用金膏纸，择风燥之候，用厚糊刷纸三层，以石砑之，叠叠如是，曝之烈日干。以大石压之听用，其坚如木，但装者艰裁，而可永无蠹蚀脱落等患。"[③] 周嘉胄制作硬壳所用的纸是一种皮纸，而浆糊中又加入了防蠹的乳香、花椒，所以"永无蠹蚀脱落"之患。清代周二学《赏延素心录》载："卷册用旧锦作囊或紫白檀作匣，匣内衬宣德小云鸾白绫，以檀末糁新棉花为胎，不但展舒发香，且能辟

---

① ［明］周嘉胄. 装潢志［M］. 北京：中华书局，1985：5.
② ［明］方以智. 物理小识［M］. 北京：商务印书馆，1937：196.
③ ［明］周嘉胄. 装潢志［M］. 北京：中华书局，1985：8.

蠹"①。档案装入丝织品做的囊中或檀木做的匣中，用檀木末掺入新棉花做内胎，这样不仅展开时能发出香气，还能防止虫蛀。古人对特别珍贵的档案，如皇帝诰敕、名人真迹之类，更是放在做工精美、考究的实木匣中保存，如此既可以防止光、尘、水等不利因素的影响，又可以起到防蠹的作用。

## 2.2　使用恰当的修裱材料

浆糊是装潢、修裱过程必需的黏接剂，普通的浆糊含有蠹虫喜欢的营养物质，古人为了防蛀，经过长期的探索发明了药物浆糊。

唐代张彦远在《历代名画记》中说："凡煮糊，必去筋。稀缓得所，搅之不停，自然调熟。余往往入少细研薰陆香末，出自拙意，永去蠹而牢固，古人未之思也。"② 他为了防蠹，一是"去筋"，二是加入少量薰陆香（即乳香）末，取得"永去蠹而牢固"的效果。明朝官方非常重视档案用纸和浆糊的配制方法，严格规定户籍黄册要用未经粉饰或漂白的纸，不许使用一般的面制浆糊裱褙，浆糊须加椒末和矾末防蠹防霉，不过官吏为了便于日后徇私舞弊，期望黄册早日被蛀蚀无存，故意违背这种规定，"仍将粉饰纸张攒造，面糊壳面装订，致使虫蛀易生，蛀蚀损坏，无凭查对"③。高濂《遵生八笺·法糊方》记载制糊的过程："白面一斤，浸三五日，候酸臭作过，入白芨面五钱，黄蜡三钱，白芸香三钱，石灰末一钱，官粉一钱，明矾二钱。用花椒一二两，煎汤去椒。投蜡、矾、芸香、石灰、官粉熬化，入面作糊，粘褙不脱。"④ 加入白芨、黄蜡、白芸香、石灰、官粉、明矾、花椒等众多药物。

虽然药物浆糊的配制方法和注意事项不同，但细究之，主要目的有两个：一是去除面粉中的面筋，如张彦远所说"凡煮糊，必去筋"和高濂所说"浸三五日，候酸臭作过"；二是添加防虫的药物，如张彦远所说的薰陆香，明代官方规定裱褙黄册所用的椒末，高濂所说的白芸香和花椒。用今天的眼光分析，这两个目的都是有科学依据的。面筋的主要成分是蛋白质，将之去掉能

①　[清] 周二学. 赏延素心录 [M]. 北京：中华书局，1985：4.
②　[唐] 张彦远. 历代名画记 [M]. 北京：中华书局，1985：106.
③　[明] 赵官. 后湖志 [M]. 南京：南京出版社，2011：103.
④　[明] 高濂. 遵生八笺 [M]. 兰州：甘肃文化出版社，2004：392.

够增加浆糊的保存时间，减少使用后文献滋生虫害的可能性。薰陆香即乳香，是橄榄科植物卡氏乳香树渗出的胶状树脂，含有蒎烯、消旋－柠檬烯及 α、β－水芹烯等挥发油类和各种乳香脂酸，可使浆糊百虫不生。花椒的驱虫作用前已叙述，然如直接加入浆糊中会改变其颜色，所以在调制浆糊时会多次更换新水，直到颜色变淡为止。芸香含有茵芋碱，并含甲基正壬酮、桉油精等挥发油以及芸香伞花内酯和花椒毒素，这些成分可辟虫。值得一提的是，制作药物浆糊时加入的其他药物虽与防蠹无关，也各有功用，如白矾能够防止浆糊生霉，白芨能够增加浆糊的粘性，等等。

## 2.3 对收藏环境进行防蠹处理

对于档案装具材料的选择，古人也有讲究。对于橱柜，明代文震亨说："大者用杉木为之，可辟蠹，小者以湘妃竹及豆瓣楠、赤水、椤木为古。"[1] 大的橱柜用杉木做可以防蠹，小的用湘妃竹、豆瓣楠、赤水木、椤木做比较古雅。明清皇家档案馆——皇史宬用的是樟木柜，我国现存历史最久的私家藏书楼——天一阁的书橱画柜材质也多为樟木。杉、樟等为多年生乔木，木质坚硬，且有香气挥发，用其制作收藏器具，可使档案长期处于防蛀环境中。

古人还发现放置麝香、木瓜、芸香、樟脑、烟叶、花椒等能达到防蛀的目的，不过其中以芸香使用得最为普遍。宋代苏轼《格物粗谈·韵藉》载："藏书画以樟脑包放在内，不生蠹鱼"[2]。清代戴义在《养余月令》中提到："于未梅雨时，开阁厨（橱）晾燥，随即闭门，内放芸香，或樟脑，不生蠹鱼。芸香，即七里香也。"[3] 清代养生学家石成金在其编著的《传家宝全集》中总结："辟蠹之法甚多，或用樟脑，或用香蒿，或用烟叶，或用花椒，总不若芸香薰之为第一。其法，于伏日晒书之后，堆满柜橱，预留火炉空处，用炭火一炉，烧起芸香，即闭柜门，使香烟薰绕，则虫蠹自不生矣。"[4] 指出利用樟脑、香蒿、烟叶、花椒等徐徐地散发气味趋避蠹虫，不如用烧芸香烟薰

---

① [明] 文震亨. 长物志 [M]. 北京：中华书局，2012：151.
② [宋] 苏轼. 格物粗谈 [M]. 北京：中华书局，1985：35.
③ [明] 戴义. 养余月令 [M]. 北京：中华书局，1956：69.
④ [清] 石成金. 传家宝全集 [M]. 北京：线装书局，2008：142.

法见效快和彻底。古人也会将趋避物夹在档案中避蠹，清人忻自淑在《陶麓诗剩》中评价天一阁："英石橱头架，香芸卷里攒。由来规制善，藏久莫摧残。"① 意指天一阁能够将《明实录》《科举录》等珍贵档案保存很久，跟橱架下英石吸潮、卷中芸香避蠹、严规约束密不可分。

## 2.4　通过晾晒和翻动防蠹

为防止档案在保存过程中受潮起霉生虫，古人还会对档案进行及时曝晒。宋朝文书令规定"诸制及重害文书之类长留，仍置籍立号，别库架阁，以时晒曝"，对于水淹后的档案也规定要进行晾晒："诸文书为水漂坏者，官吏收寻晒暴。"② 明代后湖黄册库规定："每五日过湖暴册，十一月、十二月、正月、二月天寒，三月飞絮生蠹不暴"③，每年四至十月的七个月中，每五天就要晾晒一次黄册，十一月至来年二月天冷风急，容易使黄册纸张脆裂和刮坏，三月南京地区天气潮湿且有飞絮，易于生虫长霉，也不晾晒。皇史宬建成之后，效仿文渊阁在六月六日曝书的做法，在这一天曝晒所藏实录、玉牒等。晾晒不仅可以去湿，防止档案受潮生虫霉烂，而且在搬动、翻动、安放的过程中，还会起到惊扰档案害虫、去除虫卵和霉菌孢子的作用。

其实，古人对翻动防蠹也有较早的认识，唐代张彦远在《历代名画记·论鉴识收藏购求阅玩篇》中提到："凡书画时时舒展，即免蠹蚀"④，也就是说经常舒展书画能使其不被蠹虫蛀蚀。这是因为蠹虫大多躲在黑暗潮湿的缝隙里咬噬、产卵，翻动文献的过程中能够对其产生惊扰效果，从而破坏它的生态环境，起到一定的杀虫作用。

---

① 黄玉淑，于铁丘. 趣谈中国藏书楼［M］. 天津：百花文艺出版社，2003：110.

② ［宋］谢深甫. 庆元条法事类［M］//［清］薛允升. 唐明律合编·宋刑统·庆元条法事类. 北京：中国书店，1990：774.

③ 经济汇编食货典［M］//［清］陈梦雷. 古今图书集成第68册. 北京：中华书局；成都：巴蜀书社，2000：82434.

④ ［唐］张彦远. 历代名画记［M］. 北京：中华书局，1985：87.

## 3　结语

总的来看，古人对蠹虫的危害已有清醒地认识，蠹虫防治是古代档案保护的重要措施。发掘并继承前人有益的经验，对我们做好今后的纸质档案保护工作不无裨益。

需要注意的是：一是有些防蠹措施会同时起到防霉的效果，如黄纸和雌黄的使用、墨和印泥中加入的一些成分、晾晒和翻动等皆是既能杀虫又能灭菌，这是因为蠹虫和霉菌生长发育所需的条件相似使然；二是有的措施存在一些弊端，如晾晒会使纸张和字迹的内部结构、性能产生一定的变化，对纸质档案耐久性有不利的影响，且会造成归架错误，翻动虽然能够惊扰蠹虫，除去虫卵、灰尘和霉菌孢子，却容易沾上手汗。我们需要对这些利弊进行辩证地分析，在古代的技术条件下，除了借助自然力量，没有其他办法除湿、防蠹，人们只能按照"两害相权取其轻，两利相权取其重"的原则做出这样的选择。

# 明代公文写作探析

## 姜　珊

（辽宁大学历史学院　沈阳　110136）

**摘　要：** 规范的公文写作对于政务的及时传达与公务的准确办理是十分重要的。公文内容的准确、精准、严谨与简要对于政务的准确运转有着重要的意义，对于整个国家的治理也是十分重要的。明朝对于公文写作的要求在档案立法中占有很大的部分，公文写作是整个公文处理流程中的第一步，只有做好公文写作，才能更好地进行接下来的管理。本文从明代档案立法中公文写作中要求的公文的内容、公文的书写、公文的格式以及处理时限这四个方面来介绍明朝的公文写作情况。

**关键词：** 明代　文书　公文写作

明代的公文事业在中国档案史上可以说是具有一定影响的，这源于其档案立法的严密与严格，对公文从拟办到最后归档的整个过程的要求都是十分严格的，对其中出现的错误与犯罪的处罚更是严厉。从公文的拟办开始，就严格要求，这为之后的处理流程奠定了良好的基础，因此对于公文写作的研究是档案管理研究的第一步。对于明代公文事业的研究，有很多的学者得出了不少的研究成果。潘嘉老师的《中国文书工作史纲要》对明代的各种文书、文书工作的组织与各项制度进行了研究，该研究总结的公文的抄写符号在之后的研究成果中都有借鉴。此外，对于各种文书在总结的基础上，还对公文的具体格式也进行了研究。倪道善老师的《明清档案概论》被一些学者称为建立明清档案学的奠基著作之一，本书系统地介绍了明清档案的历史与现状、

---

**作者简介：** 姜珊，辽宁鞍山人，辽宁大学历史学院档案学硕士研究生，主要研究中国档案史。

特点和价值等方面，根据史书的记载，从文书的前衔、事由、正文、结尾与备注方面总结出各类文书档案的格式，十分具体形象。其对于文书的专用语与抬头制度的研究也是十分详细而严谨的。周雪恒老师的《中国档案事业史》也是档案史研究史上的一项十分重要的研究成果。这本书不再只是对制度的研究，而是从明代加强档案工作的具体措施的方向展开论述，更详细地介绍了明代档案库房的建设。本文是在对各位前辈研究成果的借鉴与对《大明会典》等史书的研究基础上，总结出的明代的公文写作的各项制度要求。

在封建集权的古代，法律的制定是为了加强中央的统治。明朝统治者通过一系列法律的制定，加强了明朝的统治。其针对公文事业制定的一系列法律措施，不仅规范了公文写作，完善了公文事业，更加强了对国家的治理。从明初时起，明太祖朱元璋制定了一系列的措施来加强明代的公文事业管理，为明代的档案立法工作奠定了良好的基础。规范公文写作在明代的档案立法中是很重要的一部分，在规范严谨的公文写作之后，才会有其他一系列的档案活动。

## 1　对公文的内容要求

"文书是统治阶级在管理国家、处理政务时用来颁布法律、传达政策法令、请示问题、报告情况、联系工作、洽谈事务、制定计划，以及记载各种活动等的一种工具。"① 公文表达了政务的内容，因而对公文的内容要求也是十分严格的，公文内容的准确、精准、严谨与简要对于政务的准确运转有着重要的意义，对于整个国家的治理也是十分重要的。公文写作很容易偏向形式主义，而忽视公文所要表达的内容。在明代建立初期时，朱元璋对此类现象是深恶痛绝的，于是，他在公文的内容方面做了严格的规定，来规范公文写作。

---

① 潘嘉. 中国文书工作史纲要 [M]. 北京：档案出版社，1985：1.

### 1.1 内容禁止繁琐

繁文是明代公文的一大恶疾,严重干扰了国家正常的行政管理活动。明太祖对于繁文现象是深恶痛绝的。"洪武时刑部主事茹太素疏论时务,累万余言。太祖令人诵之再三,采其切要可行者,才五百余言。因叹曰:'朕所以求言者,欲其切于事情而有益于天下国家,彼浮词者,徒乱听耳。'"① 洪武十五年(1382年),鉴于繁文的泛滥,朱元璋发布了严格的惩罚令:"虚词失实,浮文乱真,朕甚厌之,自今以繁文出入人罪者,罪之"。② 但也只是将繁文作为一种罪责,并没有制定具体的处罚措施。《大明会典》一百六十五卷中的上书陈言中对繁文做出了具体的惩罚规定。"其陈言事理,并要直言简易,每事各开前件,不许虚饰繁文。若纵横之徒,假以上书,巧言令色,希求进用者,杖一百。"③ "凡天下臣民宝封入递,或人赍到司,须于公庭眼同开拆,仔细检看。事干军情机密,调拨军马,及外国来降,进供方物,急缺官员,提问军职有司官员,并请旨定夺事务,即于底簿内誊写略节缘由,当将原来实封御前陈奏毕,就于奏本后批写旨意,送该科给事中收,转令该衙门抄出施行。其进缴税粮文册,勘合通关,起解军囚等项,附簿明白,止送该科收,不须入奏。"④ 事关军情机密、调发军马及外国来降、进供方物、急缺官员、提升官员、请旨定夺事务等的公文内容,在底簿写明缘由,便于皇帝迅速了解所奏之事,这也是一种缓解繁文现象的做法。但由于古代的文风,繁文现象无法得到彻底的解决,于是为了进一步解决这一问题,明代借鉴前朝,建立了有自己风格的文书制度:贴黄制度。

### 1.2 贴黄用于提要

明代贴黄是对唐、宋代引黄制度的继承与发展。但又与唐宋的引黄是不

---

① 余继登. 典故纪闻(卷三)[M]. 上海:中华书局,1981:42.

② 中国台湾"中国研究院"历史语言研究所. 明太祖实录(卷一四九)[M]. 上海:上海书店,1990:2354.

③ 怀效锋点校. 大明律(卷十二)[M]. 北京:法律出版社,1999:93.

④ 杨一凡点校. 皇明制书[M]. 北京:社会科学文献出版社,2013:655.

同的，明代设立的贴黄制度是为了让皇帝能够快速了解文书大意，缓解繁文现象，使文书处理效率得到提高。明初时文牍主义盛行，宦官把持着朝政，明代贴黄制度的建立是为了缓解繁文现象，更是为了皇帝能够亲理朝政。明代的贴黄制度主要有三方面作用："公文的内容提要制度，文武官员的人事档案，为祝贺或谢恩的表，笺前贴黄。"① 虽然，明代的贴黄在《大明会典》的记载中主要是一种人事档案，但是，针对繁文现象诞生的贴黄制度在办公过程中起着内容提要、揭示公文主旨的作用。"命内阁为贴黄之式，即令本官自摄疏中大要，不过百字，粘附牍尾，以便省览。此贴黄之所由起。"② 繁文使办公效率大打折扣，贴黄只需要不过百字就可以将文章的大意论述清楚，提高了办公效率。贴黄可用作对公文正文的简要概括，方便皇帝了解公文大意。

### 1.3  奏事内容要求

明代的公文用语要求言词典雅、严谨，对于公文奏事的要求十分严格，针对各种奏事中出现的问题，明代制定了各项法律条令来杜绝此类现象。对于官员不履行奏请义务而擅自决定是否奏请的处罚"凡军官犯罪，应请旨而不请旨，及应论功上议而不上议，当该官吏处绞。若文职有犯，应奏请而不奏请者，杖一百。有所规避，从重论。若军务，钱粮，选法，制度，刑名，死罪，灾异，及事应奏而不奏者，杖八十。应申上而不申上者，答四十。若已奏已申，不待回报而辄施行者，并同不奏不申之罪。其合奏公事，须要依律定拟，具写奏本。其奏事及当该官吏，金书姓名，明白奏闻。若有规避，增减紧关情节，蒙准奏准施行，已后因事发露，虽经年远，鞫问明白，斩。"③ 严谨的奏事要求在客观上促进了明朝奏事务实风气的形成，这也是当代公文写作所要求的。

严谨又简洁的公文内容，在统治者处理朝政时是十分重要的，可以使一项国事得到及时有效的处理，这对一个国家的有效治理是十分重要的；国情

---

①  赵彦昌. 历代贴黄考 [J]. 山东档案，2008（1）：58.

②  顾炎武. 日知录集释 [M]. 河北：花山文艺出版社，1990：808.

③  怀效锋点校. 大明律（卷三）[M]. 北京：法律出版社，1999：38.

能够及时有效上传，政策能够及时准确发布，对于国家乃至这个国家的国民都是十分必要的。因此，明朝对于公文内容严格的要求对于国家的治理是十分有必要的。

## 2　对公文的书写要求

公文的内容一定是严谨而准确的，那么就要求在写作的过程中，严格按照这一标准来施行。于是，明朝统治者制定了相关的档案法来规范公文写作。通过严格的避讳制度、规范的字体要求与对写作中出现错误的严厉处罚，明朝的公文写作进一步完善，严格的公文写作要求使公文的内容更加严谨的呈现了，使公文的内容得到更加准确的传达。

### 2.1　书写注意避讳

避讳制度是中国古代皇权至上在公文格式中的一种体现。"所谓公文行文避讳制度，是指在公文行文中，凡遇本朝皇帝的名字、宗庙或其他对皇帝不祥、不敬的字，一律以其他字、词代替，或改字、或缺字、或空字，有的以同音字代替，有的用吉利字代替，甚至与皇帝名字发音近似的字也不准用。"① 在《大明律》第三卷中的上书奏事犯讳中有相关的记载。"凡上书若奏事，误犯御名及庙讳者，杖八十。余文书误犯者，笞四十。若为名字触犯者，杖一百。其所犯御名及庙讳声音相似，字样分别，及有二字止犯一字者，皆不坐罪。"② 上书奏事，只要犯了相关的忌讳，都会受到严厉的处罚。"凡进上位表笺及一应文字，若有御名，庙讳，合依古二名不偏，嫌名不讳。若有二字相连者，必须回避。写字之际，不必缺其点画。"③ 祝贺或谢恩的表、笺的写作中，难免会涉及御名等，这时也要严格遵守避讳制度。从上面的法条中，我们可以看出明代对于公文制书中犯讳错误的处罚是十分严厉的，体

---

① 赵彦昌. 明代档案管理制度研究［J］. 辽宁大学学报（哲学社会科学版），2011：75.
② 怀效锋点校. 大明律（卷三）［M］. 北京：法律出版社，1999：38.
③ 杨一凡点校，皇明制书［M］. 北京：社会科学文献出版社，2013：287.

现了明代皇权至上的思想。但避讳制度导致了大量文字狱的出现，给当时的文人墨客带来了不小的灾难。

## 2.2　书写避免错误

公文书写中常出现无意中因笔误而错写的问题，针对这一普遍问题，《大明律》中规定："若上书及奏事错误，当言原免而言不免，当言千石而言十石之类，有害於事者，杖六十。申六部错误，有害於事者，笞四十。其余衙门文书错误者，笞二十。若所申虽有错误，而文案可行，不害於事者，勿论。"① 加强对公文写作中出现错误的处罚，可以减少此类错误的出现。"凡奉制书有所施行而违者，杖一百。违皇太子令旨者，同罪。违亲王令旨者，杖九十。失错旨意者，各减三等。其稽缓制书及皇太子令旨者，一日笞五十，每一日加一等，罪止杖一百。稽缓亲王令旨者，各减一等。"② 由于误解制书的意图等原因而导致文书出现错误更是要受到处罚的，严重的还会影响政策的施行。因此，明政府对于此类错误的处罚是十分严厉的。针对公文写作中的错写、漏写、多写、次序颠倒等问题，需要使用对应的符号进行更改。这些符号的使用使公文在拟定过程中节省了时间，提高了工作效率，避免多次誊写。

## 2.3　写作字体要求

统一字体，在规范公文写作中起着重要作用。洪武年间规定，奏本要依《洪武正韵》的字体书写，黄册不许用纸浮贴，黄册字样皆细书。③ "弘治年间规定，题本的书写一律手楷书。到正统年间，表笺的手字有了新的规定，仿奏本书写要求，凡表笺字画，俱用《洪武正韵》写进。"④ 越来越规范的字体要求使明朝的公文写作更加规范，这对公文的办理是十分有利的。

公文书写是将公文的内容呈现出来的方式，严格要求公文写作的过程可

①　怀效锋点校. 大明律（卷三）[M]. 北京：法律出版社，1999：38.
②　怀效锋点校. 大明律（卷三）[M]. 北京：法律出版社，1999：38.
③　潘嘉. 中国文书工作史纲要 [M]. 档案出版社，1985：66.
④　孙书磊. 明代公文制度述略 [J]. 南京工业大学学报（社会科学版），2005：58.

以使公文得到准确的呈现，这在公文运转的过程中是十分重要的一个步骤。明政府设立的档案法中对于公文在写作过程中的忌讳、错误与字体进行了规定，这使得公文写作中出现的一些错误得到有效的规避，公文写作更加规范。

# 3  对公文的格式要求

"文书的格式主要包括文面规格、用字、封装、文字排列方式、每行字数、行式、字式（正楷、草书、字体大小）等许多方面。"①

明朝对公文的格式也是十分重视的，公文的格式不仅包括公文用纸的规格，还包括各种公文的格式要求。规范的用纸既有利于档案的保护，又使档案管理工作更加规范，规范的公文格式使具有传递信息和记录作用的载体更加规范。这些做法对于保证文书的准确性和规范性、防止政务传达错误具有重要意义。

## 3.1  用纸规格来源

明代的公文用纸制度，是在继承前代的基础上，进行了一些变化，对包括官府公文用纸的种类、规格以及来源等在内的各项内容做出了明确规定。规范的公文用纸要求既有益于公文规格统一，又为档案管理提供便利。

### 3.1.1  纸张规格

洪武十年（1377 年）朱元璋颁布了"天下诸司文移纸式"，严格规定，不同级别的衙门公文纸的规格各不相同，"十七年，奏定天下诸司文移纸式。凡奏本纸，高一尺三寸。一品二品衙门，文移纸三等，皆高二尺五寸。长五尺为一等。四尺为一等。三尺为一等。案验纸二等，皆长二尺五寸。高一尺八寸为一等。二尺为一等。三品至五品衙门，文移纸高二尺，长三尺。案验纸高一尺八寸，长二尺五寸。六品七品衙门，文移纸高一尺八寸，长二尺五寸。案验纸高一尺六寸，长二尺八寸。八品九品与未入流衙门，文移纸高一尺六寸，长二尺。案验纸高一尺四寸，长一尺八寸。官员任内公文纸皆如式

---

① 倪道善. 明清档案概论［M］. 成都：四川大学出版社，1990：127.

者，考为一最。不如式者，罪之。"① 在规定公文用纸的基础上，又将官员用纸的执行情况作为官员考核的一个方面。明朝统治者还根据不同公文的不同用途，规定了不同的公文用纸规格。"如大臣给朝廷上书陈言所用奏本，纸高为一尺三寸；赋役黄册，用纸规格要求长宽各为一尺二寸；官府向百姓发布告示的榜纸高四尺四寸，阔四尺，等等。"② 规范的用纸要求规范了文书写作。这些规定具有重要的意义，不仅使文书用纸统一了规格，而且为保管文书史料创造了十分有利的条件。

### 3.1.2　纸张颜色

明代的公文还可以根据公文用纸的颜色区分不同公文的用途。黄色的公文纸用于皇帝发布的诏令文书，黄色从唐朝开始作为一种尊色，因此使用黄纸作为皇帝颁布文书用纸，体现了皇帝在封建王朝崇高的地位。洒金纸用于发布外国的诏令文书，因为洒金纸比一般纸成本高、贵重，所以为了在对外颁布诏令时以示尊重而使用。明朝在宦官当政的时候，还使用过红纸用于大臣上奏时的文书。

### 3.1.3　纸张来源

"洪武二十六年定，凡每岁印造茶盐引由本盐粮勘合等项合用纸札，着令有司抄解。其合用之数如库缺少，定夺奏闻，行移各司府州，照依上年纸数抄造解纳。"③ 明代官府的公文用纸主要是各产纸地进贡而来。还有些纸是由各部门独自采买的。纳纸也是明代官府用纸的一大来源，明朝规定犯人、商人和考取医士者必须使用纳纸。纳纸极大地补充了公文用纸的短缺。

作为公文的载体，规范的用纸既有利于档案的保护，又使档案管理工作更加规范。明政府对公文纸制定如此详细的规定，既是为了体现官府森严的等级制度，又是为了使公文规格统一、整齐、美观，为档案管理提供便利。

---

① 李东阳. 大明会典（卷七十五）[M]. 扬州：江苏广陵古籍刻印社，1989：1208.
② 赵彦昌. 明代档案管理制度研究 [J]. 辽宁大学学报（哲学社会科学版），2011：77.
③ 李东阳. 大明会典（卷一百九十五）[M]. 扬州：江苏广陵古籍刻印社，1989：2646.

## 3.2 题本奏本格式

明代文书的格式有着定式，题奏文书要求尤为严格。奏本在明初作为正式的上奏文书。"国初定制，臣民具疏上于朝廷者为奏本，东宫者为启本，皆细字。后以在京诸司，奏本不便，凡公事用题本。其制比奏启本略小，而字稍大。皆有格式今列于后。"① 但后来因为奏本的格式等的不便，改为使用题本。"于后舍郑重而从简便，改用题本，则不然矣。"②

具体格式规定如下："题本，每幅六行，一行二十格，抬头二字，平行写十八字。头行衙门官衔姓名疏密，俱作一行书写，不限字数。年月下疏密同。若有连名挨次，俱照六行书写。奏本，每幅六行，一行二十四格，抬头二字，平行写二十二字。头行衙门官衔，或生儒吏典军民灶匠籍贯姓名疏密，俱作一行书写，不限字数。右谨奏闻四字，右字平行，谨字奏字，各隔二字，闻字过幅第一抬头。计纸字在右谨奏前一行，与谨字平行差小。年月下疏密同前。若有连名挨次，俱照六行书写。"③ 可以看出，明朝对于题奏本的格式要求是十分严格的。

## 3.3 抬头以示尊敬

明代在对于题奏本的格式进行规定的同时还对抬头制度进行了规定。"所谓文书抬头制度，就是在缮写文书时，将特定的词句或空一至数格、或另起一行平格、或另行高出数格书写，以示尊敬。"④ 明代的抬头制度包括双抬、单抬与平抬的要求。双抬和单抬就是要求在遇到一些特定词汇时，要另起一行，高出两格或一格。平抬或空抬用于地方官府在向平级或者上级机关行文时使用。平抬就是另起一行，平格书写，空抬就是空出一个或多个格后再书写。虽然抬头制度对于文书工作并无益处，但其对于我们研究古代档案的内容还是有一定帮助的。

---

① 李东阳. 大明会典（卷七十六）［M］. 扬州：江苏广陵古籍刻印社，1989：1208.
② 叶盛. 水东日记（卷十）［M］. 河北：花山文艺出版社，1986：34.
③ 李东阳. 大明会典（卷七十六）［M］. 扬州：江苏广陵古籍刻印社，1989：1210.
④ 冯惠玲. 我国封建社会文书抬头制度［J］. 历史档案，1985：126.

从上述规定中，可以看出明朝统治者对于公文格式的要求是十分严格的，固定纸张的规格，规范题本、奏本格式，这些做法对于保证文书的准确性和规范性、防止政务传达错误具有重要意义。同时有利于公文的规范管理，对于档案的整理是十分重要的，对于日后档案的利用也是大有益处的。

## 4　对公文的处理要求

政府公文能否被准确、及时地送达目的地，在一定程度上直接影响着政府的工作效率。作为一个高度集权的朝代，明朝每天有着无数的公文需要处理，为了不耽误政务的正常运转，明代对公文的处理有着明确的时间规定。

### 4.1　处理时限要求

"凡内外衙门公事，小事五日程，中事七日程，大事十日程，并要限内结绝。若事干外郡官司追会审，或踏勘田土者，不拒常限。"[①] 对于超出时限的、耽误公事的要处以严厉的惩处。"凡官文书稽程者，一日，吏典笞一十，三日加一等，罪止笞四十。首领官各减一等。若各衙门遇有所属申禀公事，随即详议可否，明白定夺回报。若当该官吏不与果决，舍糊行移，互相推调，以致耽误公事者，杖八十。其所属将可行事件不行区处，作疑申禀者，罪亦如之。其所行公事已果决行移，或有未绝，或不完者，自依官文书稽程论罪。"[②] 如果原本各衙门在收到下属部门的文书之后，立即进行讨论，并能够清楚地做出决断，进行回复，但主官员却优柔寡断，不能果断定夺，从而导致公文申告的内容实施被耽搁，则罚八十杖。如果下属原本可以直接做决定，却为了不担责任而上报上级官员，和他的上级官员同罪，亦罚八十杖。

### 4.2　邮驿时限要求

根据公文处理时限的要求，邮驿公文的时限也有相应的规定。"递送公

---

① 杨一凡点校. 皇明制书［M］. 北京：社会科学文献出版社，2013：4.
② 怀效锋点校. 大明律（卷三）［M］. 北京：法律出版社，1999：40.

文，照依古法，一昼夜通一百刻，每三刻行一铺，昼夜须行三百里。但遇公文到铺，不问脚数多少，需要随即递送。无分昼夜，鸣铃走递，前铺闻铃，铺司预先出铺交收。"① 对于耽误邮递行程的情况，依据稽留时间作出相应的处罚。"凡铺兵递送公文，昼夜须行三百里，稽留三刻，笞二十，每三刻，加一等。罪止笞五十。其公文到铺，不问角数多少，须要随即递送，不许等待后来文书。违者，铺司笞二十。"② 而对于耽误行程的也有相应的处罚措施。"凡官文书稽程者，一日，吏典笞一十。三日加一等。罪止笞四十。首领官各减一等。"邮驿时，耽误了行程也是要受到处罚的，并根据延误的时间量刑。"凡出使驰驿违限，常事一日笞二十。每三日加一等。罪止杖六十。军情重事，加三等。因而失误军机者，斩。"③ 公文的邮驿过程的及时有效，对于公文的及时办理是十分必要的，可以使公文得到及时的办理，政务得到及时处理。

明代每天有着大量的公文需要处理，为了政务能够得到及时的处理，明政府对公文的办理时间进行规定，并在公文邮驿的整个过程约束公文邮驿的时间，使得公文的办理更加及时，使国事的上传、政策的下达更加快速，也对政务的处理、国家的治理也具有重要的作用。

## 5 总结

明代设立的一系列制度，确实起到了很好的作用，规范了公文写作，提高了办公效率，使明代的公文事业更上一层楼，这对之后的清朝乃至现代建立公文写作制度都是很好的借鉴。明朝在规范公文写作的同时，还对一些妨碍公文规范的错误行为进行处罚，起到警诫的作用。《大明律》中对误写公文、同僚代判文书、盗窃、遗失等违法行为做出了严肃的处理，希望以此减少类似的行为，使明代的公文写作更加规范。一方面通过各项制度规范公文

① 杨一凡点校. 皇明制书［M］. 北京：社会科学文献出版社，2013：582.
② 怀效锋点校. 大明律（卷三）［M］. 北京：法律出版社，1999：126.
③ 怀效锋点校. 大明律（卷十七）［M］. 北京：法律出版社，1999：128.

写作，另一方面又通过法律的制定，处罚相关的违法行为。二者同时施行，使明代的公文写作得到很好的规范。明代档案立法中关于公文写作的规定占有很大一部分，只有首先规范了公文写作，才能为日后的档案管理打好基础，这也是明代档案立法如此成熟的一个表现。

# 档案信息资源开发

# 我国档案志愿服务社会保障机制研究<sup>①</sup>

## 朱　强

（南京政治学院上海校区信息管理系　上海　200433）

**摘　要：** 文章首先对档案志愿服务的国内外发展情况进行了概述，提出档案志愿服务相对其他类型志愿服务具有专业性、持续性和保密性的特点，之后分析了档案志愿服务主客体及其相互关系，最后分析得出档案志愿服务社会保障机制的关键要素，包括法律层面、人员层面、资金层面和精神层面的保障。

**关键词：** 档案　志愿服务　社会保障

随着我国综合国力的不断提升，志愿者队伍在不断壮大，其在抢险救灾、公益慈善等领域发挥着越来越大的作用，志愿服务的对象在不断扩展，志愿服务的层次也在不断加深，从一般性志愿服务到专业性志愿服务等。档案志愿服务就是在此背景下应运而生的。

## 1　档案志愿服务发展概述

相对于其他类型的志愿服务，档案志愿服务无论是从规模数量上还是从影响质量上看，都显得较为"小众"。

作者简介：朱强，男，1983 年生，南京政治学院上海校区信息管理系，讲师；中国人民大学信息资源管理学院档案学专业 2014 级博士生。

①　本文为 2017 年国家社科基金项目"新媒体环境下网络信息检索创新发展研究"（项目批准号：17BTQ016）阶段性研究成果。

## 1.1 档案志愿服务学术研究情况

笔者在中国人民大学中文学术资源发现平台，以"档案志愿服务"为关键词进行检索，共检索出 451 条相关文献。其中 2010 年达到一个高峰，这与 2010 年上海世博会中大量采用档案志愿服务的事实基本吻合，之后几年档案志愿服务学术研究趋于下降，但最近两年又呈现出显著的上升趋势，如下图所示。

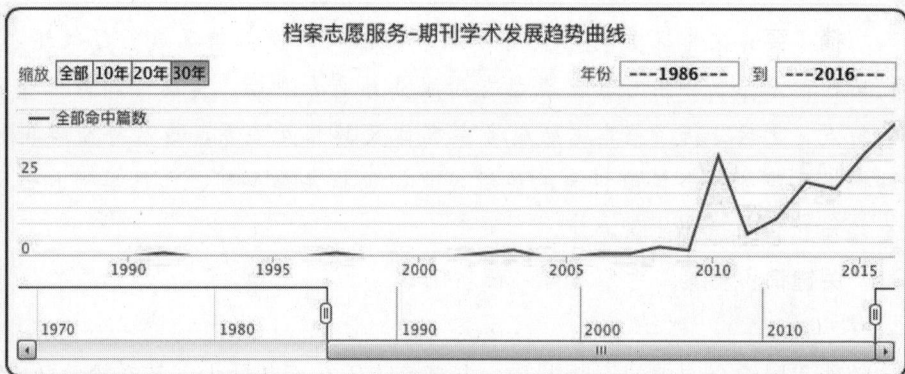

根据文献调研，笔者发现目前国内对档案志愿服务的研究多是以介绍其他国家档案志愿服务为主，如《美国的档案志愿服务》（张学斌，2015），《英国档案志愿服务发展初探》（张学斌，2014），《英国"档案志愿者"和美国"公民档案工作者"的思考》（闫静，2013）等；也有部分学者对我国档案部门如何开展志愿服务进行了研究，如《关于档案部门引入志愿服务的思考》（袁领娣、成佳秀，2015），《关于志愿服务进档案馆的探讨》（王海燕，2012）等；也有部分学者对中外档案志愿服务进行了比较研究，如《中英档案志愿服务对比研究》（辛美怡，2015）。在上述研究的基础上，部分学者对我国档案志愿服务研究情况进行了研究和综述，如《我国档案志愿者服务实践与研究评析》（李宗富，2015），《我国档案志愿服务实践与研究分析》（傅电仁、杨润珍，2015）等。总体来说，我国目前关于档案志愿服务的研究还处于比较初级的阶段，对档案志愿服务的产生、发展、衍变及其与其他社会活动之间的关系、档案志愿者类型等仍有许多值得研究的地方。

　　国外关于档案志愿服务的研究，相对来说比较广泛，关注的领域包括了档案志愿者主体研究，如 Leonard 和 KevinB 指出档案馆中志愿者主要类型为实习生和学徒，并比较了两者的优缺点[①]；档案志愿服务类型研究，Howlett 和 Steven 指出相比档案馆和博物馆，志愿者更有可能选择在图书馆中进行志愿服务，同时，女性相比较男性更倾向于成为志愿者[②]；档案志愿服务作用研究，如档案志愿者通过查阅战时信件发现了造成超过 100 人死亡的工厂灾难[③]等。由此，我们可以发现，国外在研究档案志愿服务时，更加侧重于对档案志愿者本身的研究，包括其成员构成情况、取得的志愿服务效果等。

## 1.2　档案志愿服务实践活动情况

　　档案志愿服务在很多西方国家开展较早，以美国与英国尤为典型。美国华盛顿特区的国家档案馆旧馆在 120 多年前就已开展志愿服务，但真正意义上的档案志愿服务则始于 1976 年美国建国 200 周年纪念活动[④]。英国平均 57% 的机构招募志愿者，而在档案部门中这一比例达 89%，此外，英国档案志愿者数量和服务时间一直保持平稳的增长趋势[⑤]。

　　我国开展档案志愿服务较晚，文献可查较早的档案志愿服务是 2005 年 4 月开始的"档案教育网"建设与维护，该网站是由高校档案工作志愿者在中国档案学会领导下，联合高校教师，利用业余时间和假期，在没有报酬的情况下建成的[⑥]。2010 年，作为上海世博会志愿者组织重要组成部分的档案志愿者总队及多个分队成立，共有 400 多名志愿者参加，以此为标志，我国档案志愿服务行动进入了一个新的发展阶段[⑦]。

---

① Leonard，KevinB. Volunteers in Archives：Free Labor，But Not Without Cost [J]. Journal of Library Administration，2012（52）：313－320.

② Howlett，Steven. Volunteering in Libraries，Museums and Archives [J]. Cultural Trends，2002，12（46）：39－66.

③ Cardiff，Wales. Letters reveal horror of factory disaster which left more than 100 dead [J]. South Wales Echo，2016（28）.

④ 张学斌. 美国的档案志愿服务 [J]. 中国档案，2015（8）：62.

⑤ 张学斌. 英国档案志愿服务发展初探 [J]. 档案，2014（10）：51－52.

⑥ 傅电仁，杨润珍. 我国档案志愿服务实践与研究分析 [J]. 档案时空，2015（8）：13.

⑦ 王岳岚. 上海世博会档案工作志愿者总队成立 [J]. 上海档案，2010（5）：5.

从上述研究中我们可以发现，我国档案志愿服务无论是在学术研究上还是实践工作上都存在较大的提升空间。档案志愿服务是促进社会进步的高尚事业，需要社会各方面的支持和参与，不仅仅是档案部门自己的"家务事"，而是涉及多个层次、多个方面的系统工作。本文拟从档案志愿服务的社会保障机制角度入手，探讨我国档案志愿服务相关问题。

## 2  档案志愿服务特点分析

档案志愿服务是众多志愿服务的一种，除了具有一般志愿服务的志愿性、无偿性、公益性和组织性的特点之外，还具有其自身的特点，结合档案志愿服务工作实际，笔者将档案志愿服务特点归纳为以下几方面：

### 2.1  专业性

档案是人类在社会实践活动中真实的原始记录，档案工作从形成、鉴定、保管、利用、保护、修复、编撰等各个环节都具有强烈的专业性，特别是电子文件的出现，使档案的专业性变得更加显著。因此，在开展档案志愿服务时，首先就需要考虑到专业性的特点。

### 2.2  持续性

相对于其他类型的志愿服务，如大型赛会、应急救助等志愿服务，档案志愿服务具有持续性的特点。以大型赛会志愿服务为例，一般大型赛会结束之后，志愿服务也就停止了。而档案志愿服务则不然，只要档案工作各个业务环节持续进行，那么志愿服务也会一直持续下去。因此，在开展档案志愿服务时需要考虑其持续性的特点，确保不因为志愿服务"断档"而影响到正常的档案工作。

### 2.3  保密性

档案志愿服务的保密性是由档案本身特点所决定的。我国档案根据密级划分一般可分为绝密、机密、秘密、内部和公开。档案馆保存的大部分永久档案，其密级都是很高的，虽然经过一段时间的保管之后，经过鉴定，部分档案可以解密降密，但仍有相当数量的档案是有密级的。因此，档案志愿服务就呈现出保密性的特点。

上述档案志愿服务的特点，决定了档案志愿服务相关的保障机制也应当符合专业性、持续性和保密性的特点。

# 3　档案志愿服务主客体分析

在认识了档案志愿服务的特点之后，还需要进一步分析档案志愿服务主客体及其相互关系，在此基础之上，才能有针对性地判断出影响档案志愿服务的关键因素。

## 3.1　档案志愿服务主体分析

志愿服务必须有愿意无偿投入时间和精力的个人才能得以实现，因而志愿者个体是档案志愿服务中不可或缺的主体要素之一；同时，志愿者组织通过一定方式将志愿者个体凝聚在一起，从而更好地发挥志愿服务的效果；结合我国现状，我国档案志愿者队伍主要是由各级档案局等档案行政管理部门牵头组织成立并运行①。因此，笔者认为档案志愿服务主体主要由三个要素组成，分别是：档案志愿者个体、志愿者组织和各级档案行政管理部门。

### 3.1.1　档案志愿者个体

按照马斯洛的需求层次理论，个人有生理的、安全的、社会的、自尊的和自我实现的五个基本需求层次，档案志愿者个体具有相同的需求。如果档案志愿者个体在参加档案志愿服务时，其基本的生活、安全等需求得不到满足，那么其在档案志愿服务时所起到的作用和发挥的价值必然会受到很大影响，而上述基本需求不是志愿服务组织所能单独提供的，必须由整个社会共同加以保障。此外，志愿者个体的性别、年龄、专业背景等差异都会成为影响档案志愿服务的重要因素，也是在开展档案志愿服务时所必须考虑的。

---

① 李宗富. 我国档案志愿者服务实践与研究评析 [J]. 档案管理，2015（5）：38.

### 3.1.2 志愿者组织

志愿者个体只有通过一定的组织，才能将个体的能量发挥到最大。从组织方式看，我国志愿者组织主要分为两大类，分别是中国青年志愿者和社区志愿者。中国青年志愿者是从属于中国共产主义青年团中央委员会的中国青年志愿者协会，它所组织的活动，往往以项目为主，在组织大规模的项目方面，青年志愿者有自己的优势①。社区志愿者是以街道为主体，以居委会为依托，动员社区居民为本社区内成员的物质生活和精神生活提供各种社会福利和社会服务的群众性服务活动组织，除了青年志愿者和社会志愿者之外，我国其他社会团体也有志愿者组织，如中国红十字会、中华慈善总会等，此外，还有一大批民间志愿者团体。

通过志愿者组织开展档案志愿服务，一方面，有利于保证档案志愿服务的专业性、持续性和保密性；另一方面，志愿者组织也有助于志愿者的权益保护。

### 3.1.3 各级档案行政管理部门

档案行政管理部门在档案志愿服务中起到主导和引领作用，通过行政力量可以为开展档案志愿服务提供有力的保障。一方面是统筹协调档案业务部门为档案志愿服务提供专业保障，如协调各级各类档案馆为志愿服务提供工作场所，协调档案专业高校师生提供专业指导和培训等；另一方面是统筹协调其他相关部门共同参与到档案志愿服务中，如沟通协调志愿者组织积极参加档案志愿服务，协调宣传部门加大对档案志愿服务的宣传报道力度，协调民政部门加大对档案志愿者个体的服务保障等。可以说，各级档案行政管理部门在档案志愿服务中起着极其重要的作用。

## 3.2 档案志愿服务客体分析

与档案志愿服务主体相对应，档案志愿服务客体也分别由三个方面构成，分别是：档案业务工作、档案志愿者成员和档案业务单位。

---

① 张祺乐. 论"志愿者"的权利保护［J］. 云南行政学院学报，2015（4）：162.

### 3.2.1　档案业务工作

从事档案业务工作是档案志愿者个体从事档案志愿服务的最主要形式，志愿服务的内容包括档案的收集、整理、编撰、利用等。根据目前国内外已知的档案志愿服务来看，其内容涵盖了几乎整个档案业务流程。如美国国家档案馆，可以选择成为员工助手，在档案工作人员的监督下，帮助检索资料、进行著录、输入数据、维护馆藏，或提供一些参考咨询和管理服务[①]。2009年中国福利会招募会史档案整理翻译志愿者，对该会保存的1938—1964年间形成的203卷英文档案进行整理、翻译和研究，并出版《中国福利会档案文献选编》[②]。值得注意的是，目前已经开展的档案志愿服务实践中，破损档案修复工作开展较少，除了与志愿者本身的能力素质有关之外，还与档案修复工作技术性较强有关。如何充分发挥志愿者力量从事档案保护和修复工作，是值得我们进一步研究的问题。

### 3.2.2　档案志愿者成员

档案志愿者成员是组成档案志愿者组织最基本的单元，志愿者个体在从事志愿服务时，其个体本身的权益也应当受到相应保护。在修订的《中国注册志愿者管理办法》第五章第十四条第九款中明确规定"各级团组织、志愿者组织应逐步建立志愿者权益保障机制。依据有关法律法规、政策规定维护志愿者正当权益，推动建立志愿者保险和应急基金，做好相关救助和慰问工作。如服务对象在接受服务过程中对注册志愿者造成损害，志愿者组织应当支持受损害的注册志愿者向有关服务对象追偿损失，并提供必要的帮助。"[③]因此，将档案志愿者成员纳入到志愿者组织当中，实现档案志愿服务的法治化、程序化。

### 3.2.3　档案业务单位

档案业务单位直接接受档案行政管理部门业务指导，主要包括档案馆和档案室。从目前已有的档案志愿服务情况来看，各级各类档案馆成为开展档

---

① 佚名. 在美国做档案志愿者 [J]. 陕西档案，2015（1）：7.

② 傅电仁，杨润珍. 我国档案志愿服务实践与研究分析 [J]. 档案时空，2015（8）：13.

③ 中华人民共和国民政部中华志愿者协会. 中国注册志愿者管理办法 [EB/OL]（2011－10－19）[2016－05－13]. http://cva. mca. gov. cn/article/zyfg/201110/20111000187774. shtml.

案志愿服务的主阵地。在各级各类档案馆开展档案志愿服务，既有利于促进档案业务的开展，又有利于提升全社会的档案意识。从实践来看，已有相当一部分档案馆主动参与档案志愿服务，如山东省档案馆制定了档案征集工作志愿者章程，明确了志愿者的义务、权利、奖惩措施；山东省潍坊市寒亭区档案馆制定了《寒亭区档案征集工作志愿者章程》，并面向社会招募档案征集工作志愿者①。

### 3.3 档案志愿服务主客体关系分析

档案志愿服务主客体之间相互影响、彼此促进，从而更好地推动和促进档案志愿服务的开展，具体体现在三个方面：

#### 3.3.1 档案志愿者个体促进档案业务工作进一步发展

档案作为社会实践的产物，本身就与人们的日常生活有着紧密联系，通过档案志愿服务，将档案志愿者个体与档案工作紧密地联系起来。档案工作者将档案工作知识和技巧传授给档案志愿者，档案志愿者在志愿服务中，进一步加深对档案工作的认识，通过自身的宣传，促进全社会档案意识的提高。特别是在互联网和自媒体时代，档案志愿者个体将生动的服务实践通过网络进行传播，可以实现"一传十、十传百"的传播效果，全社会档案意识的提高，反过来可以进一步促进档案业务工作发展。

#### 3.3.2 档案志愿者成员有助于进一步完善志愿者组织

根据研究，我们发现，目前我国档案志愿者主要来源于高校档案专业师生，档案志愿者在奉献、友爱、互助、进步精神的引领下开展档案志愿服务，既协助了档案工作的开展，又使志愿者组织服务范围更加丰富。主要体现在两个方面，一是扩大了志愿服务的范围，二是通过档案志愿者成员有意识地收集、整理、鉴定、保管自身在开展志愿服务活动中形成的各类档案，志愿者组织的记忆得到永久保存。

#### 3.3.3 实现档案行政管理部门和档案业务单位的良性互动

档案行政管理部门与档案业务部门之间一般都是业务指导关系。由于专

---

① 袁领娣，成佳秀. 关于档案部门引入志愿服务的思考［J］. 北京档案，2015（4）：23.

业的局限，使得档案业务部门往往是关起门来干活的状态，缺少来自社会的反馈，从而造成一定程度上档案工作与社会脱节的现象。而档案志愿服务的引入，使得档案行政管理部门和档案业务部门之间有了更多的社会反馈，档案政策好坏、档案工作成效高低等都可以通过档案志愿服务得到有效的反馈，从而促使档案行政管理部门和档案业务单位改进工作流程，提高工作效率，促使档案工作进一步融入整个社会活动当中。

# 4　档案志愿服务社会保障机制

通过分析档案志愿服务的特点、主客体以及其相互关系等，已经初步认识到档案志愿服务不仅仅是档案部门内部的事，而是需要整个社会的支持和保障。具体来说，主要包括以下几个方面：

## 4.1　法律保障机制

现代社会，任何一项事业的发展都离不开法律的保障，档案志愿服务所涉及的领域十分广泛，因此必须有适当的法律对档案志愿服务的范围、形式进行规范，对志愿者组织的地位、志愿者的权利义务进行明确。档案志愿服务作为众多志愿服务类型的一种，对档案志愿服务的法律保障与一般志愿服务是基本一致的。

世界上有许多国家对志愿者都有相关立法，如美国政府在 1973 年制定了《志愿服务法》，1989 年修订了《国内志愿服务修正法》，1990 年制定《国家和社区服务法案》，1997 年制定了《志愿者保护法》，2009 年 3 月美国通过了鼓励志愿者服务的《服务美国法》等[①]。

我国也有相关部门和部分省份对志愿者进行了立法，如《中国青年志愿者注册管理办法》《山东省青年志愿服务规定》等，但同时我们也注意到《中华人民共和国档案法》中却没有对档案志愿服务的相关规定。此外，档案志

---

① 沈蓓绯. 金融危机形势下美国青年志愿者精神高涨之动因探析 [J]. 青年研究，2010（2）：77－78.

愿服务保密性的特点也要求从法律层面对其加以保障。因此，从国家高度和专业角度制定、修改、补充档案志愿服务的法律法规，是确保档案志愿服务有法可依的先决条件。

## 4.2　人员保障机制

人员是实现档案志愿服务最为关键的环节，缺少了志愿者自发、自愿奉献自身的时间和精力从事档案活动，就没有档案志愿服务。同时，档案志愿服务持续性的特点，也要求档案志愿服务者队伍能够保持相对稳定。

结合实践，我们发现高校档案专业师生是档案志愿者庞大的后备队伍。档案专业师生除了具备专业知识外，还具备年龄优势，较易注册成为中国青年志愿者，从而在志愿者组织的统一安排和领导下，开展档案志愿服务活动。同时，可以将志愿服务活动与学生自身的利益结合起来，进一步激发青年学生成为志愿者的可能性。在教育部印发的《学生志愿服务管理暂行办法》第三章第九条规定"高校应给予自行开展志愿服务的学生全面支持，扶持志愿服务类学生社团建设，并将志愿服务纳入实践学分管理"，同时在第四章第十六条规定"学生在本学段的志愿服务记录应如实完整归入学生综合素质档案。教育部门分级逐步建立学生志愿服务记录档案信息管理系统，实现学生志愿服务记录信息化管理。"[①] 除了青年志愿者外，还需要充分发挥老年人群的志愿服务作用。以英国为例，根据英国相关规定，55～75 岁年龄段群体多临退或已退，开始将生活重心由工作转移到休闲娱乐。这些人之前因工作需要在查阅利用过程中逐渐发现档案的价值，开始由被动利用转向主动利用，这是其参与档案志愿服务的重要原因之一[②]。

## 4.3　资金保障机制

"三军未动粮草先行"，虽然志愿者是本着自愿、不索取报酬的态度开展

---

① 教育部. 教育部关于印发《学生志愿服务管理暂行办法》的通知［EB/OL］［2015－03－16］
［2016－05－13］. http://www. moe. edu. cn/publicfiles/business/htmlfiles/moe/s7060/201503/185406.
html.

② 张学斌. 英国档案志愿服务发展初探［J］. 档案，2014（10）：51－52.

志愿服务的，但如果没有足够的资金保障，缺乏基本的硬件支撑，是难以开展档案志愿服务的。从国外的成熟经验来看，社会捐赠是志愿者组织重要的资金来源渠道。因此，争取社会资金的支持也应成为我国志愿服务保障机制的重要组成部分①。以英国为例，英国的"国家档案馆之友"是1988年成立的慈善组织，旨在通过募捐支持各项志愿者活动，呼吁更多人参与支持国家档案事业。美国国家档案馆基金会是倡导公共教育的独立性非营利组织，自1992年起，通过募捐支持志愿者活动，教育、鼓励公众对国家历史文献遗产的深入理解，呼吁更多组织和个人成为基金会会员或赞助人②。

除了社会资金的保障外，档案行政管理部门通过协调财政部门，将档案志愿服务经费保障纳入年度预算，用于确保档案志愿服务基本软硬件设备齐全完整，并通过第三方审计机构，及时将档案志愿服务经费使用情况进行公开，从而在一定程度上吸引更多的人加入到档案志愿服务队伍中来。

同时，志愿者组织在从事档案志愿服务过程中，在符合相关法律法规的条件下，积极开发档案文化创意产品，从而实现档案志愿服务资金层面上的可持续发展。

### 4.4　精神激励机制

社会的认可和支持对于档案志愿者是巨大的精神激励，因而需要在社会层面对志愿者所作出的贡献予以褒奖。例如美国称公民档案工作者为利益共享者和局内人，他们无价的支持对档案事业成功至关重要，在帮助档案馆完成使命中发挥关键作用，更是对先进人物给予国家级表彰③。英国文档协会每年会颁发"档案志愿服务奖"，用以回报志愿者为档案部门所做的贡献，并进一步提升志愿服务实践④。

---

①　尚磊. 志愿服务保障机制构成要素分析［C］//亚太地区媒体与科技和社会发展研讨会. 2008：246.

②　闫静. 英国"档案志愿者"和美国"公民档案工作者"的思考［J］. 中国档案，2013（9）：55.

③　闫静. 档案事业公众参与特点及新趋势探析——基于英国"档案志愿者"和美国"公民档案工作者"的思考［J］. 档案学研究，2014（3）：83.

④　张学斌. 英国档案志愿服务发展初探［J］. 档案，2014（10）：51—52.

结合我国实际，根据档案志愿者所作出的贡献程度大小，分别授予不同层次褒奖，如国家荣誉、部门荣誉、专业荣誉等。同时，通过宣传报道档案志愿服务先进典型事迹，进一步激发全社会参与档案志愿服务的热情。黑格尔在《哲学史讲演录》"开讲辞"中说："那前此向外驰逐的精神将回复到它自身，得到自觉，为它自己固有的王国赢得空间和基地，在那里人的性灵将超脱日常的兴趣，而虚心接受那真的、永恒的和神圣的事物，并以虚心接受的态度去观察并把握那最高的东西。"档案志愿者的"精神"同样也是从"向外驰逐"回复到"自身"，去追求永恒而神圣的真善美。

## 5 小结

随着社会的不断进步和发展，档案志愿服务将逐渐成为补充一般档案工作的重要形式。同时，档案志愿服务在很多领域，如档案教育、档案意识普及等方面具有一般社会活动无法比拟的优势。因此，需要充分利用社会各方面保障机制，确保档案志愿服务持续健康发展。

# 数据挖掘技术在婚姻登记档案
# 分析中的应用研究

## 刘　珲

（南京市鼓楼区档案局　南京　210011）

　　**摘　要：** 文章采用大数据分析方法——数据挖掘技术，对鼓楼区 1980—2013 年婚姻登记档案目录数据作了详细分析，从年龄、婚姻存续期、职业、受教育程度、民族等方面分析了鼓楼区居民婚姻及其变化特征。

　　**关键词：** 婚姻登记档案　数据挖掘　聚类　关联

　　婚姻登记档案属于重要民生类档案，它不仅可以供外界查阅利用，还蕴含着区域内居民的多种婚姻信息。然而，目前挖掘此类"隐性"信息的工作还有待加强，婚姻登记档案资源的价值尚未充分体现。当前，在大型数据库中自动地发现有用信息的技术被称作"数据挖掘"①，利用该技术可以发现婚姻登记档案数据中的隐含信息。国际上，数据挖掘技术产生于 20 世纪八九十年代，发展至今主要应用于市场营销、金融、医学、工业生产、科学研究、工程诊断等领域；国内数据挖掘技术的起步略晚，但近年来也取得了一定的发展，在商业、科学研究、网络安全等领域都有应用②③，在图书馆数据处理

---

　　**作者简介：** 刘珲，男，1977 年生，汉族，安徽人，南京市鼓楼区档案馆馆员，硕士。

　　① ［美］Pang－NingTan, Michael Steinbach, Vipin Kumar. 数据挖掘导论［M］. 范明，范宏建，译. 北京：人民邮电出版社，2010：17.

　　② 张玉，郭会雨，陈建青. 我国数据挖掘研究现状分析——基于共词分析视角［J］情报科学，2011（10）：1593.

　　③ 黄华卿，张维，熊熊. 数据挖掘技术在商业银行客户关系管理中的应用分析［J］哈尔滨商业大学学报，2006（3）：40—43.

方面也有应用①②，但针对档案数据方面的应用实践并不十分丰富。本文以婚姻登记档案分析为例，深入探讨了数据挖掘技术在婚姻档案登记数据分析中的应用，并得出相关结论。

# 1　婚姻登记档案数据挖掘的技术方法

婚姻登记档案数据中蕴含着居民婚姻特征及其变化规律，这些特征和规律反映在婚姻登记档案数据上，即是某种属性的聚类特征或某些属性（通常是两种属性）的关联规则。属性聚类特征是某种属性的值域分类特征及变化情况，其分析是建立在聚类分析的基础上。属性关联规则是全部记录中同时频繁出现的两种属性值之间的联系，其分析是建立在关联分析的基础上。

## 1.1　属性聚类特征分析法

在婚姻事件中，根据某种属性的取值，对人群进行分类，分析分类情况及其变化，可以发现人群按照某种属性的分布特征以及演变趋势，进而找到婚姻变化存在的规律。该分析方法的基础是聚类数据挖掘，它是将全部数据按照某个属性进行分类，每个类的对象之间是相似的，但与其他类的对象之间是不相似的，可采用轮廓系数指标评估聚类质量。聚类算法有多种，本文采用"K－means"或"两步"聚类算法。例如，对全部离婚者按照婚姻持续时间（下文中称为婚姻存续期）进行分类，可以发现离婚者数量随婚姻存续期的变化规律，从而得出婚姻存续期对婚姻稳定性的影响特征。对历年离婚者按照出生年度进行分类，可以发现离婚者所属年代变化以及分类演变情况，得出婚姻变化易发人群分布的演变特征。

---

①　聂飞霞，付敏. 图书馆数据挖掘技术应用现状分析 [J]. 科技情报开发与经济，2013（13）：158－160.

②　李文阔，李永先. 数据挖掘在数字图书馆中的应用研究综述 [J]. 新世纪图书馆，2012（2）：30－33.

### 1.2　属性关联规则分析法

属性关联规则挖掘是分析并发现婚姻双方某些属性之间存在的联系，通过挖掘属性间的关联规则，可以找到人们的某些婚姻特征，如择偶习惯。属性关联规则是借助关联分析得出的具有强关联特征且有意义的规则。目前，用于关联分析的算法有多种，本文采用较著名的 Apriori 算法①。关联分析法是在全部可能的规则中，按照支持度和置信度的要求，筛选出支持度和置信度大于等于给定阈值的规则，即强关联规则，并可根据提升度指标对规则进行客观性评估，最终找出有意义的强关联规则。例如，在婚姻的职业特征分析中，通过发现结婚或离婚人群中最常见的职业关联关系，可以找出人们在择偶方面对彼此职业的要求，以及最不稳定的婚姻具有何种职业匹配特征。

## 2　婚姻登记档案数据挖掘的步骤

婚姻登记档案数据挖掘可以分成以下几个步骤②，见图 1。

图 1　数据挖掘的步骤

"数据准备"即挑选基础数据库作为数据挖掘的对象，并对其进行预处理。"建立模型"即使用某种数据挖掘算法，如聚类或关联，建立相应的数学模型，针对某种目标任务，对经过预处理的数据源进行分析。"结果输出"即输出数据挖掘得到的结果，通常以可视化的形式输出，如生成柱状图、饼状图或数据表格之类。"模型评估"是对形成的结果，进行准确性验证，如果挖掘的效果不理想，可以通过调整某些参数重新进行挖掘，直到形成清晰、准确、明了的结果。

---

① 王梦雪. 数据挖掘综述 [J]. 软件导刊，2013（10）：136.
② 王万荣. 数据挖掘技术的应用研究 [J]. 知识经济，2008（6）：104.

## 2.1 数据挖掘前的数据准备

### 2.1.1 基础数据库的选用

鼓楼区婚姻登记档案专题目录数据库包含 2013 年 3 月份之前全区历年形成的婚姻登记档案目录，共含有 30 个字段，属于结构化数据，其中 1980 年以后的婚姻登记档案目录数据库中，婚姻双方的各信息要素记录较为齐全，数据总量共有 32 万多条，数据信息包括登记者的出生年月、文化程度、职业、民族以及受理日期等。本文选择受理日期在 1980 年后的婚姻登记档案目录数据库，作为数据挖掘的基础数据库。

### 2.1.2 数据预处理

数据预处理是指对基础数据库的数据进行适当的修改，让数据更加适合数据挖掘，从而提高数据挖掘的效率和准确度。本文采用四种方法对基础数据进行预处理。

数据清洗。数据清洗是发现并纠正数据文件中可识别的错误，包括检查数据一致性、处理无效值和缺失值等。例如，基础数据库中"结婚"被表述为"结婚（文字形式）或 0011（代码形式）"两种形式，存在职业或学历为空的无效数据，出生日期与受理日期相差 100 年以上的错误数据，需修改此类数据或予以删除。

维规约。维规约的目的是通过减少样本的属性，把对事物特征影响很小或没有影响的属性去除，从而减少数据挖掘时的运算量，实现提高数据挖掘效率的目的。例如，基础数据库中包含家庭住址、籍贯等与数据挖掘目的无关的属性，应将其删除，减少需要处理的数据量，实现维规约的目的。

数值规约。数值规约是通过选择替代的、较小的数据表示形式来减少数据量。例如，基础数据库中关于职业的种类多达 2346 种，同类职业有多种不同的表述，如对安装工的表述有"安装、安装电工、安装工、安装技工、安装工"等。需对同类语义统一规范表述，使待处理的数据量从几千种降低到十几种，减少需要处理的数据量。

创建新特征。对基础数据库的某些特征（属性）进行变换，创建出新的特征，新特征对数据某些方面的表述比原始数据更准确。例如，在对婚姻存续期情况分析时，需要判断结婚和离婚登记是否属于同一对夫妇，但因缺少身份证号信息，所以创建"男方姓名＋男方出生日期＋女方姓名＋女方出生日期"新属性，通过新属性判断这些记录是否属于同一对夫妇，从而得到这一对夫妇婚姻的持续时间。

## 2.2　建立数据挖掘模型

建立模型是数据挖掘过程中的重要环节，本文采用 IBM SPSS Modeler 数据挖掘工具软件，建立婚姻登记档案数据挖掘模型。

### 2.2.1　IBM SPSS Modeler 数据挖掘工具

针对不同的任务须建立不同的模型，模型所涉及的理论知识也较为复杂。然而，当前专门针对数据挖掘领域开发的软件，已将采用不同算法的模型独立封装起来，并对用户提供接口，使得用户可以避开算法所涉及的复杂理论知识，只需根据需要选择已经封装好的不同算法模块，即可开展数据挖掘工作。例如，IBM SPSS Modeler 软件是 IBM 公司开发的一组数据挖掘工具，它可以把直观的用户图形界面与多种分析技术如聚类分析、关联规则结合起来，并引入了数据挖掘流的概念，实现在同一工作流环境中清理数据、转换数据、构建模型[①]。使用该软件可以建立所需的数据挖掘模型，进行相应的婚姻登记档案数据分析。

### 2.2.2　婚姻登记档案数据挖掘模型

离婚者所属年代聚类模型。使用 IBM SPSS Modeler 数据挖掘工具，选择"两步"聚类算法模块，输入历年离婚者出生年度数据信息，将模型参数最小聚类数和最大聚类数分别设置为 2 和 15，分别对男、女出生年度开展聚类分析，发现历年离婚者所属年代的聚类特征。

婚姻存续期聚类模型。选择"K－means"和"两步"聚类算法模块，输入离婚者婚姻持续时间数据信息，"K－means"模型参数聚类数设置为 30，"两步"模型参数最小聚类数和最大聚类数分别设置为 2 和 15，对离婚者婚姻

---

① 王惠中，彭安群. 数据挖掘研究现状及发展趋势 [J]. 工矿自动化，2011（2）：31.

持续时间进行聚类分析，发现婚姻存续期变化特征。

婚姻双方职业关联模型。选择"Apriori"关联算法模块，输入婚姻双方职业数据信息，将模型参数最低支持度设置为10%，最低规则置信度设置为50%，对婚姻双方职业属性进行关联分析，发现具有强关联特征的职业关联规则。

婚姻双方学历和民族关联模型。与婚姻双方职业关联模型类似，不同之处在于输入数据分别是婚姻双方学历和民族数据信息。

### 2.3　数据挖掘结果

#### 2.3.1　离婚者所属年代变化情况

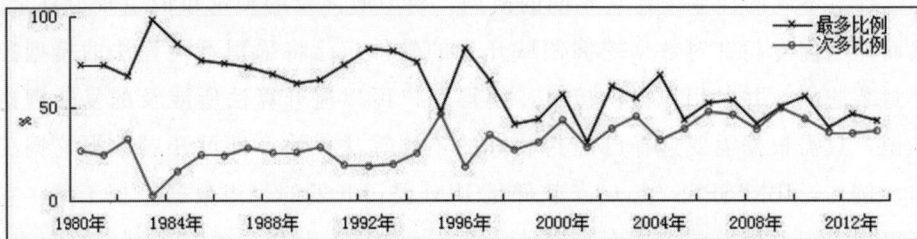

图2　历年离婚者最多类和次多类所占比例变化图

图2是"两步"聚类法数据挖掘的结果，每年离婚者按照出生年度主要分成包含离婚者数量"最多"和"次多"的两个类，每个类中的离婚者都属于相同或相近的年代。1997年之前，每年"最多"类包含的离婚者数量占当年全部离婚者数量的60%以上，远大于"次多"类包含的离婚者数量，但是，1998年后，这两类离婚者数量所占比例却十分接近。

### 2.3.2 婚姻存续期变化情况

表 1                                       离婚者数量随婚姻持续时间的变化情况

| 婚姻持续时间 | 离婚人数（对） | 婚姻持续时间 | 离婚人数（对） |
|---|---|---|---|
| 1～2 年 | 1466 | 10～11 年 | 97 |
| 小于 1 年 | 1325 | 11～12 年 | 61 |
| 2～3 年 | 999 | 12～13 年 | 35 |
| 3～4 年 | 725 | 13～14 年 | 32 |
| 4～5 年 | 564 | 14～15 年 | 27 |
| 5～6 年 | 397 | 15～16 年 | 21 |
| 6～7 年 | 307 | 16～17 年 | 20 |
| 7～8 年 | 205 | 17～18 年 | 19 |
| 8～9 年 | 177 | 18～19 年 | 11 |
| 9～10 年 | 127 | 19～20 年 | 5 |

表 1 是"K－means"聚类算法所得出的结果，婚姻持续 1～2 年时间段内离婚者数量最多，其次是持续时间在 1 年之内的，持续时间 3 年以上（包含 3年）每增加 1 年，相应持续时间段内的离婚人数逐步减少。采用"两步"聚类算法所得出的结果是，离婚者的婚姻持续时间被分成 4 个类，中心值分别是 0.91 年、4.14 年、8.45 年、15.4 年，每个类中的离婚者数量所占比例分别是 57.1%、30%、10%、2.9%。

### 2.3.3 婚姻双方职业关联规则

通过关联数据挖掘可以发现，结婚方面，具有强关联特性（置信度高）的规则是双方属同类型职业匹配规则，如〔蓝领〕→〔蓝领〕，详见表 2，双方属同类职业匹配的情况占全部结婚人数的 66%，历年中，此类情况所占比例呈增长趋势，且 2003 年之后，所占比例大幅上升。离婚方面，属强关联关系的仍然是双方同类型职业匹配规则，包括〔无业〕→〔无业〕、〔职业不固定〕→〔职业不固定〕、〔蓝领〕→〔蓝领〕、〔白领〕→〔白领〕4 种，这 4

种规则离婚人数与结婚人数的比例分别是 1. 54、0. 40、0. 14、0. 12，反映了不同职业匹配规则的婚姻发生离婚可能性的大小。

表 2　结婚双方职业关联规则

| 后项 | 前项 | 支持度% | 置信度% | 提升 |
|---|---|---|---|---|
| 男方职业类型＝蓝领 | 女方职业类型＝蓝领 | 56.37 | 80.82 | 1.42 |
| 女方职业类型＝蓝领 | 男方职业类型＝蓝领 | 57.01 | 79.90 | 1.42 |
| 女方职业类型＝其他从业人员 | 男方职业类型＝其他从业人员 | 11.13 | 71.59 | 5.94 |
| 男方职业类型＝白领 | 女方职业类型＝白领 | 17.25 | 66.23 | 3.48 |
| 男方职业类型＝其他从业人员 | 女方职业类型＝其他从业人员 | 12.05 | 66.14 | 5.94 |
| 女方职业类型＝白领 | 男方职业类型＝白领 | 19.05 | 59.96 | 3.48 |

### 2.3.4　婚姻双方学历关联规则

结婚方面，双方是相同学历的情况占 66％，且具有强关联特性的规则是双方属相同学历匹配规则，包括〔本科〕→〔本科〕、〔大专〕→〔大专〕、〔硕士〕→〔硕士〕。离婚方面，属强关联关系的仍是相同学历匹配规则，包括〔初中〕→〔初中〕、〔本科〕→〔本科〕、〔硕士〕→〔硕士〕，这 3 种学历匹配规则的离婚人数与结婚人数的比例分别是 1. 07、0. 07、0. 02，反映了不同学历匹配规则的婚姻发生离婚可能性的大小。

### 2.3.5　婚姻双方民族关联规则

排除结婚双方均是汉族的情况，在有少数民族人员的婚姻中，双方民族匹配规则属强关联关系的均是〔少数民族〕→〔汉族〕，其规则置信度均在 65％以上，有的甚至达到 100％，没有出现双方均是少数民族的强关联规则。

## 2.4　数据挖掘结果的评估

不同算法的数据挖掘模型，其评估方法不同。

聚类模型可采用轮廓系数评估数据挖掘的结果，轮廓系数为正，且越接近于 1，表明挖掘的效果越好。历年离婚者所属年代分析时，建立"两步"聚类模型，平均轮廓系数均大于 0.7。婚姻存续期聚类分析时，"K-means"聚类模型平均轮廓系数为 1，"两步"聚类模型平均轮廓系数为 0.7。

关联模型可采用提升度评估数据挖掘的结果，提升度大于 1 时，表明所发现的关联模型是有意义的（正相关）。在分析婚姻双方职业、学历、民族情况时，建立关联数据挖掘模型，所得具有强关联特征的规则提升度均大于 1，如图 3 种列出了婚姻双方职业强关联规则的提升度。

以上表明本文中数据挖掘的结果符合有关客观性评估指标的要求。

# 3　数据挖掘结果的解释

通过对上述数据挖掘结果的解释，可以发现婚姻登记档案数据中揭示的鼓楼区 1980—2013 年居民婚姻存在的特征。

## 3.1　离婚人群从以青年人为主转变成以中、青年人为主

从离婚人群分布看，20 世纪 90 年代中期之前，离婚者大多集中在同一年代，以 30～40 岁的年轻人为主，而 90 年代中后期至今，一项显著的变化就是，每年离婚者集中于同代人的情况不复存在，同一年份 30～40 岁的年轻人和 45～55 岁的中年人在离婚数量上几乎接近，这与早期离婚主要发生在青年人身上的情况已大不相同。

## 3.2　结婚时间越短发生离婚的可能性越大

离婚人数基本上随婚姻持续时间增长而递减，由此可见，结婚初期（通常在 4 年之内）婚姻关系处于不稳定时期，70％的离婚现象都发生在这个时期，这与通常所说"七年之痒"的说法大相径庭。持续七年左右的婚姻发生离婚的现象很少，仅占离婚总数的 7.7％；持续 5 年以上的婚姻关系基本步入稳定状态。

### 3.3　双方职业、学历相似的婚姻是主流

婚姻双方职业、学历等条件相似的婚姻占大多数，且近年来此类婚姻人口呈增长趋势，说明大多数人择偶倾向于选择与自身条件相当的人。如婚姻双方属同类职业或同等学历的情况均接近70％，尤其在职业方面，2003年后同类职业结婚的情况大幅突破前期均值60％，2013年第一季度甚至高达91％。

### 3.4　职业不稳定或低学历影响婚姻的稳定

根据不同关联规则对应的离婚人数与结婚人数的比例判断，发生离婚可能性大（即上述比例高）的人群包括：双方属无业或无固定职业的人员，以及双方学历在本科以下的人员。由此可见，职业不稳定和低学历是影响婚姻稳定的重要因素。如双方均是无固定职业的婚姻，上述比例为0.4，而当双方均是蓝领时仅为0.14，后者的婚姻显然比前者稳定。

### 3.5　少数民族与汉族之间的婚姻十分普遍

超过96％的少数民族居民的配偶是汉族人，而少数民族居民与本民族居民以及其他少数民族居民之间的婚姻都很少。这与婚姻的职业、学历特征不同，在职业和学历上，双方属于同类的婚姻关系是主流，而在民族方面，除汉族与汉族之间的婚姻外，其他少数民族均不是以本民族间的婚姻为主，而是以与汉族的婚姻为主。

## 4　结语

档案是社会历史发展的真实记录，其中包含大量有用信息，有显性的，也有隐性的，显性信息易于发现，隐性信息需要对档案数据深入分析才能发现，发现隐性信息是档案资源充分利用的必然要求。本文以婚姻登记档案分析为例，探讨了数据挖掘技术在婚姻登记档案分析中的应用，并得出鼓楼区居民近三十多年来婚姻存在的某些规律性特征，主要是为今后分析和利用档

案数据提供方法借鉴。随着档案信息化的深入发展、档案电子数据量的不断积累，基于数据分析开发和利用档案资源将会成为档案资源利用的又一重要途径。

# 档案信息化

# IA2.0 视域下档案网站建设策略研究

## 周林兴 刘 星

（南昌大学人文学院 南昌 330031）

**摘 要：** IA2.0 为档案网站的设计提供了新的思路，通过调查与总结当前网站在组织、导航、标识、检索四大系统中出现的问题，依据以用户为中心的理念，提出了组织系统应注重全局化，导航系统设计细节化，标识系统命名准确化，检索系统设置友好化的完善对策。

**关键词：** 信息构建 档案网站 用户体验

任何网站草创之时，设计者都意图避开"马太效应"所带来的负面效果，并通过用户访问率来避免其被"边缘化"。然而伴随着信息焦虑等系列负面因素的影响，如若网站不能保证用户的信息收益率，"30％的潜在用户"将会永远失去[1]。档案网站也不例外，因此，档案网站如何保证其社会影响力并尽量成为社会公众利用档案信息资源的有效途径，已成为业界所关注的一个重要研究课题。笔者认为可借助于 IA2.0（Information Architecture）理论，来对档案网站进行规划与建设，以此来达到提升其用户信息收益率的目的。因为其"以用户为中心"的理念不仅符合档案网站用户参与设计的愿望，满足用户获取档案信息与知识的需求，更能适应知识管理时代信息资源的组织与分配，如图 1 所示。

---

**作者简介：** 周林兴，男，南昌大学人文学院历史系档案学专业，博士，教授，江西省中青年骨干教师，江西省科学道德和学风建设宣讲教育专家，主要研究档案学基础理论、公共档案馆等。刘星，女，南昌大学人文学院历史系档案学专业，2014 级硕士研究生。

① 曾娜. IA 信息构建理论对我国档案网站发展的启示［J］. 档案管理，2006（1）：31－33.

图 1　信息构建 2.0 示意图

# 1　"在场"与"缺席"：国内档案网站现状调查

档案网站是数字档案信息服务的重要前沿阵地，肩负着让"经典成为通识"的责任，但目前多数网站已沦为"沉默的大多数"。因此，要想让用户感知其应有的诚意，让档案网站成为可以被大众接受的信息发源地，就必须打破"身份在场，但文化缺席"的尴尬。

## 1.1　组织系统："巴尔干化"现象凸显

目前，大多数档案网站的信息组织面临着"巴尔干化"①的趋势，碎片化现象严重。一方面，对于单个档案网站内部而言，档案信息资源分布混沌，内容界定模糊，版面信息拥挤。例如，某档案网站中将"历史博览"、"馆藏珍品"、"百件档案展示"、"专题档案"、"专题展示"等列为同级信息版块，

---

① 巴尔干化，原指因山脉的阻隔，而在地理空间上被分裂成许多相互无法沟通的微小部分。信息空间的巴尔干化是指信息空间形成的信息逻辑碎化，有用的信息埋藏在海量信息资源之中，被客观地分裂开来。

资源差异性小，分类标准欠佳。另一方面，对于大多数档案网站而言，同一信息资源的使用重复率高，部分缺乏自身特色。这是由于档案馆对自身的错误性定位，认为所属档案网站仅为实体的形象宣传网页，因此，对于有用信息的比重缺乏应有的权衡。笔者访问多家网站，发现在"政策法规"版块，每个网站都将同一份标准性文件上传公布，占据过多版面，材料雷同率高，缺乏必要的创新思维与合理的共享机制。另外，部分网站为了追求内容的丰富性，过多地采用动画、视频、高质量图片，忽略了网站硬件与软件的搭载能力，用户在打开网站时，易产生不流畅的体验，甚至出现文件无法打开的情况。例如，某档案信息网在首页嵌入了视频模块，但点击开始按钮，却无法播放，其设置视频的意义荡然无存。

## 1.2　导航系统："大众心理"误读

导航系统是网站信息资源的全局指挥者，是用户进入网站的"灯塔"。国内档案网站在导航功能上做得相对较好，但在细节上还要进一步完善。首先，层级分类过多，有时用户查找信息甚至要导航五次，这对用户的耐心是极大的挑战。其次，缺少对站内特色资源的导航，形成"有档无航"的现象。部分省份档案网站设置较为完善，如云南、内蒙古、海南等，东部与中部地区缺乏此类导航，特色资源导航如果缺失，就会使档案网站的休闲功能无从谈起。同时，导航的外观设计也有待改善。国外网站善于使用色块划分导航区域，色彩容易引起读者的共鸣，如新加坡国家档案网站，"公民档案管理员"导航下采用淡褐色，"老福特工厂记忆"采用墨绿色，"在线搜索"采用黑白色，给人一种老照片的亲切感；辽宁档案信息网，在这方面也做了改进，五个版块，分别采用青、紫、橙、蓝、绿色做底，既有科技感，又可感受其满满的诚意；而国内其他网站有的色彩过于繁杂，有的过于单调，在细节上缺乏人性化，有待于进一步完善。

### 1.3 标识系统:"符号语言"界定错位

"人为符号动物"①,标识系统即为此用,其对站内各种档案信息资源进行合理的描述,并给予恰切的名称。国内档案网站在标识系统的规范上,出现了诸多乱象。一方面,标识用词不统一,缺乏标准性,于同一类型的信息资源,命名可谓"满目琳琅"。如"政策法规"一词,在东部八省的档案网站中就有"综合法规""法规文件""法规标准"等多种名称,给人一种杂乱无章的感觉。另一方面,标识概念上的错误。如某档案网站在对"法规"与"法律"的界定上,存在混淆的认识,该网站同时设立了"档案法规"与"法律法规"两个同级类目,这样不仅在设置上出现交叉性错误,而且法规之下竟出现具有法律性质的文件,极大降低了网站的可信任度。另外,缺少对易混分类标识的解释。例如某网站中,存在"档案查询"与"资料查询"两个标识导航,何为"档案"?何为"资料"?网站设计者应作出明确的区分,而不是交由用户揣测琢磨。

### 1.4 检索系统:"傻瓜式检索"悬而未决

检索系统是与用户交互最为直接、最为频繁的系统。但检索系统自身的复杂性与用户信息素养的差异性,也使其成为四大系统中对用户培养最为依赖的环节。国内各大档案网站都提供检索功能,但用户处理具体问题时,检索效率仍然有待商榷。首先,检索种类相对简单,如图 2 所示,单一的检索方式对于用户稍有难度的提问难以解决,无法实现类似"百度"的傻瓜式检索。其次,检索输出有待完善。用户在检索时,经常会出现输出结果根本性错误、无法支持全文阅读或下载、检索条目出现"死链"等状况,严重降低了用户的满意度。国内网站多集中于简单的目录检索与全文检索,提供的检索输出服务为目录和全文资料,但部分网站只能提供其一。据统计,用户在浏览检索结果时,38.7%只能使用目录,37.07%只能选择全文,24.15%才

---

① 刘汝荣. 人是符号动物——卡西尔语言观反思 [J]. 外语学刊,2011 (1):6—8.

可同时选择全文和目录①，全文性在线浏览与下载功能的缺失，无异于给用户使用网上档案信息资源开了一张"空头支票"，用户的信息收益率必定无法提高。此外，网站关于检索的用户教育缺失严重，检索基本问题说明（FAQ）缺乏，专业性培养悬而未决，分段式教育尚无音信。

沿海八省档案网站检索功能现状统计表

| 具体情况及比例 | 提供关键字检索 | 比例 | 提供高级检索 | 比例 | 提供检索途径情况 | | | | | | 提供站外检索 | 比例 |
|---|---|---|---|---|---|---|---|---|---|---|---|---|
| | | | | | ≥4 种 | 比例 | 2-3 种 | 比例 | ≤1 种 | 比例 | | |
| 数量及百分比 | 8 | 100% | 5 | 62.50% | 2 | 25% | 4 | 50% | 2 | 25% | 1 | 12.50% |

图 2　沿海八省档案网站检索功能现状②

# 2　IA2.0 视域下档案网站建设策略研究

## 2.1　组织系统分配全局化

组织系统为四大系统的首要考虑因素，事关导航、标识与检索系统的设置，因此要全局性地考虑问题。

（1）重视信息的自组织方式。新的网络环境下，档案网站设计者要包容性地对待由新生集群智慧和族群聚合而成的自组织方式——分众分类。分众分类异于档案网站业已形成的僵化分类标准，重新赋予用户强烈的归属感，使其在寻找所需资源时，更加轻车熟路。著名的 NARA 网站就是最经典的例子，其将用户分为公民、联邦雇员、国会议员等七大类，加拿大 LAC 也将用户细化为"公众"、"政府人员"、"图书馆与档案馆人员"以及"出版商"四大类。网站若嵌入分众分类法的信息组织标准，首先要了解自身所掌握档案信息资源的特性，挖掘深层次内容；其次，根据本网站的受访记录，结合用

---

① 张莹. 面向公众的国内档案网站检索服务体系构建研究 ［D］. 济南：山东大学，2012：53.

② 沿海八省为辽、津、鲁、苏、沪、浙、闽、粤，其中江苏省与广东省档案信息网的高级检索功能虽存在，但截至定稿之日前，出现异常，无法使用。

户模型的反馈，综合各类大数据，划分用户的种类与需求；最后，在信息与用户之间，搭建不同的映射关系，让信息与用户都"活起来"。

（2）权衡各类信息的比重。包括信息本身内容与信息呈现方式两个方面。信息内容应立足于社会，回归于用户。据统计（问卷答案可多选），80.41％的用户选择民生档案，53.23％选择地方特色档案，51.02％选择革命档案，49.91％选择现行公文档案，48.24％倾向于各类团体档案①。因此档案网站设计者对于档案信息资源的分配应有的放矢，于政治性较强的资讯可适当删减，于公众自身的经济、健康等信息有关的档案应加大比重，于休闲娱乐的资料可酌情安置。此外，多媒体文件的数量也应有所考虑，一般情况下，图文比例保持1：3为最佳。在网站硬件搭载能力与数据传输可控制的前提下，可加入视频元素，位于首页的视频应严格控制其质量与数量，否则将严重拖延用户的打开时间与网页刷新速度。

（3）打破僵化的信息版块布局。国内大多数的档案网站布局呈现出"匡"字形结构，因为用户浏览页面时，最先关注的是上方和左方的信息，因此，可将特色档案资源以及事关民众切身利益的档案信息放置于此。其次，信息版块之间的衔接要遵从一定的思维逻辑，政府性的文件最好与民生性、休闲性的信息分置，图片类信息可与故事类档案相邻。例如 NARA 在设置信息版块时，除了首要的文件记录查询之外，"退伍军人档案"、"教师档案"紧随其后，这样设置可避免用户查找信息的范围跳跃性过大，符合大众循序渐进的思维习惯。

### 2.2 导航系统设计细节化

"导航的设计不仅仅是导航菜单的外观设计，它渗透到用户定义、信息结构、界面布局等各个方面"②。导航系统在一定情况下，是衔接组织系统与标识系统的中介，在设计时应注重细节，体现承上启下的作用。

---

① 张莹. 面向公众的国内档案网站检索服务体系构建研究 [D]. 济南：山东大学，2012：49.
② 王愉，徐晓彤，郁涯. 网站导航的评价标准分析 [J]. 北京印刷学院学报，2012（1）：68—71.

（1）导航层级设计灵活，数量控制合理。同一层级、上下层级、全部层级在遵循一定逻辑性前提下，须贴合用户认知与使用习惯，合理安排。在版面允许的情况下，可使用嵌套式设计，使顶层与下属层级出现在同一界面，层级关系一目了然。如若需要紧凑的界面设计，也可分开放置，但要注意一键式"返回主页"的设置。同时，要严格控制导航层级的数量，谨慎规划层级关系，遵循内容的逻辑性。过多的页面查询，容易引起用户焦躁与抵触的心理，三级类目以内较为合理，四级为临界值，再多即"过犹不及"，因此要平衡数量设置与用户心理之间的关系。

（2）丰富导航种类，增加特色导航。网站规划者务必要留意导航种类的完善，搭载面向用户需求的情景导航，诱导使用者发掘更多站内乃至站外信息资源；增加辅助性的补充导航，可深层次解答用户的疑难。此外，特色导航设置也不容忽视。站内特色信息资源是吸引用户的点睛之物，特色导航的建立可以增加网站的独特性与吸引力。省级档案网站大多已启用了相关的导航，增加了符合本省风俗民情的档案资源，丰富了用户在网站功能上的使用选择，但在特色资源的选择上，应注意区分相邻省份的差异性。

（3）位置分布合理，扣合用户心理。据分析，用户视线移动路径与界面呈现"F"型[①]，据此，设计者可将导航列表置于用户习惯性的浏览路线上或者附近区域，即网站主页的上方与左方，"投机取巧"，避开使用者的视觉"盲点"。

## 2.3　标识系统命名标准化

标识系统的完善是实现信息可视化的重要举措。在"缩小相对抽象的信息内容与用户之间的距离感"[②] 的同时，又要保证用户在使用时能够区分同类信息资源，因此标准化是关键。

（1）链接标识标准化。链接标识即网站中所含链接的外在名称与表述，

---

① 严冠湘，杨志峰，何芳. 基于视线追踪技术的网络用户信息行为研究 [J]. 计算机光盘软件与应用，2013（17）：73—74.

② 江正华. Web2.0 环境下的 IA2.0 理论探析 [J]. 图书馆理论与实践，2014（3）：46—54.

有时也被认定为是对导航的一种定义，因此设计时需要遵循清晰简洁、脉络通畅的原则。统领全局的链接标识是否统筹全面，表达指向链接的含义是否可以承上启下，相近字词的使用是否恰切等等细节都须仔细斟酌。

（2）标题标识通俗化。标题标识即网站中划定的信息区域的名称，要将专业性的术语转化为公众易接受的表达，就务必要赋予信息通俗化的"姓名"。应避免出现过多专业或者外文名称，因为此举会增加用户的陌生感，如RSS、BBC等，若必须出现专业性词汇，应设置必要的辅助性解释，可使用埋置链接的方式，就近阅读解释，方便易操作。另外，要善于使用"家常话"，语言的魅力可以拉近用户与档案网站的距离，辽宁档案网使用"我们的XX"、"期待您的参与"等词，无疑给网站亲民度加分不少。

（3）标识用词统一化。各级档案机构可协同商议，打破各自为政的传统做法，突破地域空间的限制，制定统一标准。同类信息资源的规范化、统一化命名，不仅有利于打破各家网站"信息孤岛"的空气墙，完善各大网站的自身建设，更有利于提高整体的用户服务质量，增加行业的竞争性。

### 2.4    检索系统使用友好化

（1）检索服务体现个性化。档案网站的检索系统应该关注用户的关键词组配情况、需求的层次差异以及对检索工具的具体使用情况等问题，并且能够自动保存和智能分析用户的定制服务与隐性需求，跟踪用户的搜索记录。如图3所示，针对每个用户建立一个模型，分析用户的历史数据，这样对于用户的每一次访问，都不会将其认定为一个陌生的访客对待，不仅节约用户时间，亦能统计出用户的兴趣点所在，推送个性化服务。

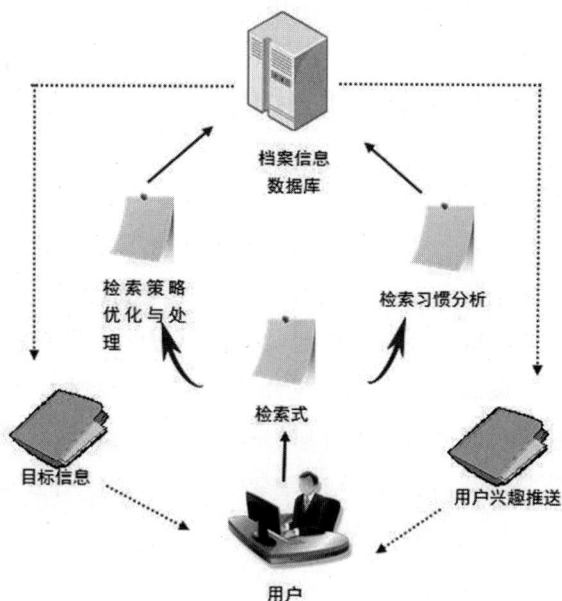

图3　面向用户的检索模型示意图

（2）用户培养体现专业化。在使用检索工具时，"有25%的用户仅使用一个关键词进行检索"①，我国此类用户则高达58%，因而在常规化的检索策略与繁杂的信息资源索取之间，用户的信息素养就成了突破口。据此，对初次接触高级检索方式的用户，可提供必要且专业的检索FAQ帮助面板，提供适合用户所需的基本检索服务，并对目标档案信息资源的概况作必要解读，既方便了用户，同时亦减轻工作人员工作的压力。如果条件允许，可以开设相关的课程，邀请用户长期跟进学习。

（3）检索输出体现精准化。据有关学者调查，在检索工具的四个评价标准（检索结果准确性、检索速度、输出数量、简单易用）中，37.9%的问卷者选择了准确性，其余依次为18.9%、16.5%、26.7%②，可见用户对于精确度的重视，这也是检索系统核心功能的体现。另外，在提高查准率的前提

①　Ricardo Baeza－Yates，Berthier Ribeiro－Neto．Modern Information Retrieval ［M］．北京：机械工业出版社，2011．

②　张莹．面向公众的国内档案网站检索服务体系构建研究 ［D］．济南：山东大学，2012．

下，应同时提供目录和全文资料的输出服务，并允许下载打印。

## 3　结语："信息喧嚣"时代的反思

Steve Krug 在《不要让我思考》一书中曾提到，"当用户访问页面时，每个问号都会加重用户的认知负担，累积起来的干扰足以使用户抓狂"①。信息时代，数据的无序化组织常态时刻挑战着用户的承受能力，因而信息建筑师们在设计档案网站时，更应设身处地地站在用户角度，而不是设置层层壁垒，间接地将用户阻挡于网站门外。档案网站固然存在行政性，但"使用政府网站越频繁的人，越容易对政府产生好感"②，并且网站信息构建理论也愈加成熟，如何正确地借鉴与利用、"净化"繁杂的网络资源、普及档案网站的利用率，仍是档案网站工作者不懈努力的目标所在。

① Steve Krug. 不要让我思考 [M] DeDream，译. 北京：机械工业出版社，2007.
② 陆涵之. 从美国政府网站建设看中国政府网站的发展 [J]. 新闻世界，2014 (1)：77－78.

# 我国数字档案馆建设现状与发展策略研究

## 吴健鹏

（南京政治学院上海校区军事信息管理系　上海　200433）

**摘　要：** 当前我国数字档案馆建设处于基层实践初获发展，国家政策顶层推进，路径模式各不相同，问题机遇并存共生的境况。数字档案馆建设中政策与现实之间存在差异，法规标准有待完善，技术瓶颈限制发展，社会效益发挥不足等多方面的问题，应当通过因地制宜设计发展路径，统筹规划补全法规标准，充分实践相关技术，充分利用信息与网络手段加强推广等策略予以解决，实现其蓬勃发展。

**关键词：** 数字档案馆　实践　策略　技术

　　数字档案馆是"各级各类档案馆为适应信息社会日益增长的对档案信息资源管理、利用需求，运用现代信息技术对数字档案信息进行采集、加工、存储、管理，并通过各种网络平台提供公共档案信息服务和共享利用的档案信息集成管理系统。"[①] 它是信息技术与档案工作交互融合的产物，具有深厚的发展潜力和广阔的发展空间，在档案专业领域、社会公共服务与信息技术应用等诸多方面具有深远影响。

---

**作者简介：** 吴健鹏，男，南京政治学院上海校区军事信息管理系，硕士研究生。

① 国家档案局. 数字档案馆建设指南（档办〔2010〕116号）.

# 1　我国数字档案馆建设现状

## 1.1　基层实践初获发展

我国数字档案馆建设始于 20 世纪 90 年代末期深圳数字档案馆、青岛市数字档案馆等各基层档案馆的探索实践中，持续至今已经获得初步发展。期间经历了"以档案自动化管理为核心内容的初始阶段，逐步加大档案基础设施和信息资源建设投入的发展阶段，档案网络体系初步成型、实现档案信息资源交换共享的网络化建设阶段"。①

建设数字档案馆是提升档案工作效率的积极方式。办公自动化已成为一个不可逆转的趋势，意味着越来越多的工作将从传统环境中转变到数字环境中进行，产生的文件数量也将以可观的倍数增长。这对档案工作的效率提出了更高的要求。无论是传统档案工作的八项环节，还是数字环境下产生数字文件的相关工作，都必须做到便捷、高效。数字档案馆集成、快速的信息化环境是优化档案工作、提升处理效率的恰当选择。积极建设数字档案馆是充分实现信息技术与档案工作有效融合的良好前提。

建设数字档案馆是实现档案资源利用效益社会化的有效途径。在信息社会，档案管理工作不再是"为了保管而保管"，所有档案资源都必须通过利用者的有效利用而最终实现其价值。因此，如何最大程度地发挥档案资源在安全可靠前提下的社会效益，成为考量档案工作成效的重要指标。数字档案馆的建设可以充分利用传统档案数字化、数据库、网络共享服务等手段，将档案信息即时、无损、便捷地推送到有需求的利用者手中。这是对于传统档案服务模式的重大飞跃，可以更好地发挥档案资源的社会价值。

当前，我国大部分数字档案馆的主要任务是对传统档案馆原有的馆藏资源进行数字化，同时开展数字环境下生成的电子文件的归档工作。前者主要包括通过计算机录入、扫描、缩微、数字存储等技术将原有的档案资源与目

---

① 王芳. 数字档案馆学 ［M］. 北京：中国人民大学出版社，2010：22－24.

录转化为数字形式，实现数字环境下的存储利用。后者的主要工作是采用前端控制措施，通过与电子政务系统等相关信息系统的结合，对数字环境下产生的电子文件进行收集和归档。

由于国内数字档案馆相关技术应用不够充分，基础设施建设不够完善，目前数字档案馆建设大多局限于自身的发展——虽然能够通过网络对档案资源进行一定程度的开发利用，但并不能提供丰富、完善、标准化的数字档案资源以达成构建网络化、规范化数字档案馆体系的目标。当前数字档案馆建设虽然已经初步获得发展并取得了一定成果，但其实践仍有待深入发展。

## 1.2　国家政策顶层推进

建设数字档案馆是确保传统档案工作对接未来发展的必然要求。档案工作的发展前景是形成全国乃至全球联动、标准规范一致、档案信息资源共享的系统化、网络化的体系。这一体系不仅服务于档案工作本身，更与国家政务、百姓民生、社会发展等息息相关。

数字档案馆建设初期就得到各级政府的重视和支持。例如，国家首个数字档案馆研究开发项目——深圳数字档案馆的建设，不仅在项目初期得到了政府对"文件中心"建设项目拨地8000平方米的支持，更在"十五"期间被列为市一级信息化重点建设项目，得到大力扶持。① 政府的重视和政策的倾斜对深圳市数字档案馆的成功建设起到了重要的推动作用。随着时代的发展，当前在国家层面已经开始全面重视和规划档案信息化建设以及数字档案馆建设，并出台相关政策，从顶层积极引导其建设发展。

国家档案局2002年推出了《全国档案信息化建设实施纲要》，作为国内加快档案信息化基础建设的基石。国家"十一五"、"十二五"、"十三五"规划均有涉及数字档案馆建设的内容。"十三五"规划提出数字档案馆下一步建设的具体目标：到2020年，达到全国50%的县城建成数字档案馆或启动相关建设项目。全国省级、地市级、县级国家综合档案馆收藏永久档案数字化

---

① 国家档案局档案馆室司综合调研组. 跟上时代发展大潮提高档案服务质量——深圳市数字档案馆调查报告［J］. 中国档案，2001（12）：22—23.

的比例，分别达到 30％～60％，40％～75％，25％～50％。2010 年，国家档案局出台了《数字档案馆建设指南》用以指导数字档案馆建设，2014 年发布与其配套的《数字档案馆系统测试办法》，提出对数字档案馆进行测试的具体操作方法。2015 年上半年，国家档案局技术部正式启动数字档案馆系统测试工作。鉴于数字档案馆工作发展的实际，2014 年国家档案局还出台了《数字档案室建设指南》，并于 2016 年出台《数字档案室建设评价办法》用于指导数字档案室建设，以期为数字档案馆建设奠定更加坚实的基础。

这些政策从顶层推进了数字档案馆建设，实现了传统档案工作的转型升级，同时更引导、促进了档案事业的创新发展。

## 1.3　路径模式各不相同

数字档案馆建设是档案领域顺应数字时代发展趋势，结合档案工作发展实际，力图实现对多种档案资源进行整合管理的探索模式。建设数字档案馆的主要目的是通过充分利用现代信息技术的高效、便利、快速等特性，将档案资源转变为可以被广泛、长远、即时利用的数字信息，并将这些信息置于安全可靠、规范合理的管理下，在满足传统档案工作需求的同时，实现档案信息更加广泛的社会服务价值，充分发挥档案资源的潜在价值，最终通过构建全国性的档案信息资源体系，使档案成为"建构社会和历史记忆的积极因素"[①]。数字档案馆的建设目的是明确的，但当前我国数字档案馆的发展路径与建设模式呈现不同区域、不同等级、不同类型的数字档案馆之间相对独立、各不相同的特点。

我国幅员辽阔，各地区经济、民生、科技、政策法规等现实情况存在显著差异。这一基本国情使得各地区建设数字档案馆时所面临的基本情况各不相同，导致各数字档案馆的发展规划各不相同。从规划立项，到统筹设计、具体实施、日常运维等各个方面都要根据当地实情组织实施。

我国目前三个主要的档案馆类型——综合档案馆、专业档案馆和企事业

---

① 特里·库克. 铭记未来——档案在建构社会记忆中的作用 [J]. 李音，译. 档案学通讯，2002 (2)：74—78.

单位档案馆之间在服务对象，档案资源建设重心以及期待实现的目标等方面存在着天然的差异。① 同样，在当前数字档案馆建设的现实条件下，对这三类档案馆的档案资源进行数字化后建设而成的数字档案馆，在承担的社会职责和奉行的工作原则等方面并没有发生本质变化，依然存在差异。不隶属于同一管理体系的客观条件更加剧了不同类型的数字档案馆在资源建设时呈现各自为政的特点。

### 1.4　问题机遇并存共生

数字档案馆建设的重要意义不仅体现在档案工作领域，更辐射到社会工作、公共服务等更广泛的范围，影响着国家、政府以及广大人民的生活。当前，我国数字档案馆建设仍处于初级发展阶段，实践过程中涌现出众多亟待解决的问题，例如数字档案资源的凭证价值问题，管理体制陈旧问题，数字档案安全性问题，相匹配专业人才储备问题等。这些问题都影响和限制着数字档案馆的发展，虽然其中部分问题得到了学界的重视和研究，但解决问题的实践仍有待发展。

同时，上述问题背后又蕴含着众多机遇。例如怎样把握信息技术快速发展的时代潮流，实现档案工作由传统方式向现代化、数字化的转变，同时更大程度地发挥档案的社会价值等。建设数字档案馆是解决类似问题的绝佳契机，我国数字档案馆建设应抓住契机，明确发展策略，促进档案事业向纵深发展。

## 2　我国数字档案馆建设发展策略

### 2.1　政策与现实间存差距，应因地制宜

国家制定的政策与特定数字档案馆建设现实之间存在着较为明显的差距，需要在数字档案馆建设中受到重视，积极协调弥补，因地制宜开展工作，才

---

① 宋涌. 我国数字档案馆建设研究［D］. 天津：天津大学，2008.

能实现数字档案馆建设的有效推进。

虽然《全国档案信息化建设实施纲要》《全国档案事业发展"十三五"规划纲要》等总体计划、政策的推出促进了数字档案馆的建设发展，但由于地区经济发展水平、信息基础设施状况、各地实际操作执行思想等各方面的不同，各数字档案馆的建设所面临的情况和问题各不相同——有的是项目资金的不足，有的是政府部门的忽视，有的是政策规定的不切实际，有的则是对于数字档案管理工作的经验缺乏。这些具体问题在数字档案馆建设过程中无可避免，必须得到解决。

在我国数字档案馆建设的前期实践中，许多成功试点得出一个共同规律：数字档案馆的建设需要在整体的方针思想的指导下，结合本地实际情况，各单位通力协作，因地制宜地设计一条与当地社会、经济、科技及档案工作发展水平相适应的道路。例如，广东顺德市通过政府垂范，根据本市事业单位的工作职能性质等定位相似的原则，实现了城市建设档案室与市档案馆的合并，为数字档案馆的建设铺平了道路；上海闵行区将区域内的专业档案进行集中保管，之后建立档案目录中心和区域性的档案信息资源共享平台，实现了档案资源的整合。[①] 此类实践都是当地政府机关与事业单位分析了本地档案工作的实际情况特点后，通过全面协作，为数字档案馆建设所做出的努力，也是数字档案馆建设因地制宜的具体体现。

## 2.2 法规标准有待完善，应统筹制定

法律法规、标准规范等成文规定是一个领域发展成熟的标志。但与数字档案馆建设所涉及的各方面工作相关的明确条文尚有待完善，需要全面统筹，增加与实际情况相适应的各类规定。

我国档案工作是在《中华人民共和国档案法》的总体框架下进行的，而每一阶段的工作是在《全国档案事业发展"十三五"规划纲要》等类似规范性文件的指导下开展的。2004 年，与档案工作相关的国家标准只有《档案分

---

① 刘婵婵. 21 世纪初中国档案资源整合的研究 [D]. 沈阳：辽宁大学，2012.

类标引规则》等 7 个，档案工作的行业标准只有 18 个。① 随着 2004 年《中华
人民共和国电子签名法》、2010 年《数字档案馆建设指南》、2014 年《数字档
案室建设指南》、《数字档案馆系统测试办法》、2015 年《电子档案移交与接
收办法》、2016 年《数字档案室建设评价办法》等一系列法律法规、标准规
范的相继推出和颁布，数字档案馆建设发展的框架得以初步构建。但数字档
案馆建设相关工作的指导思想、工作原则、工作范围、工作流程以及数字档
案馆建设过程中的技术规范，数字档案的存储标准、保存期限、人员设置等
各个方面仍需要进一步的明确化与标准化。各数字档案馆在具体建设的实现
过程中产生各自的准则与规范，需要区域性、全国性的纲领性文件统领方向。

　　在数字档案馆建设积极推进之时，统筹成功经验，制定切实相关的法规
标准，明确目标一致的发展规划，出台配套合理的政策制度，形成广泛认可
的行业规范，是确保数字档案馆建设健康有序发展的可靠保障。坚持以我国
1998 年提出的信息化建设"统筹规划、国家主导、统一标准、联合建设、互
联互通、资源共享"的二十四字方针为精神引领，结合数字档案馆建设的经
验和实际，注重从实际出发，结合档案学经典理论，全面考量优劣得失，充
分重视档案工作的特殊性质，进行有关内容的制定，是规范数字档案馆建设
事业发展的有效之举。

### 2.3　技术瓶颈限制发展，应充分实践

　　当前数字档案馆的快速发展得益于信息技术的快速发展，但也正是其中
关键技术应用的瓶颈限制了数字档案馆建设前进的脚步。在数字档案馆的建
设发展中应当采用"大胆创新，小心实践"的态度积极进行探索。

　　21 世纪信息技术以难以想象的速度向前发展，不仅催生了数字档案管理
工作这一新兴领域，更令越来越多的技术被不断地应用于数字档案馆的建设
过程中。在 20 世纪末，我国传统档案馆数量已经在 3700 个以上，其内部档
案文件体量巨大，亟待通过数字档案工作拓展其效用。② 但由于当前档案工

---

① 向立文. 馆藏档案信息数字化建设应坚持的几个基本原则 [J]. 档案学通讯，2004（1）：
44－47.

② 陈勇. 传统档案馆与数字档案馆的比较研究 [J]. 档案学通讯，2004（6）：48－51.

作的特殊性质，以海量档案资源高效数字化、可靠存储、安全备份、快速利用、深度挖掘以及数字环境下不同形式档案的自动归档等为代表的各类技术实现问题是摆在当前数字档案馆建设工作面前的难题。数字档案管理工作每一个关键环节中都存在着不同程度的棘手问题，在很大程度上影响着数字档案馆建设发展的前景。

相应的技术解决方案并不是无迹可寻，但在许多情况下都由于档案工作在保密等方面的特殊要求，对于未经考证的技术的安全性、可靠性的担忧在很大程度上成为影响档案工作者采用和实践新技术的第一要素。例如，云备份就是针对海量档案数字资源备份问题的一个有效解决方法，可以实现完善的本地备份、同城备份以及异地备份。但许多数字档案馆在建设时，却以档案安全保密工作难度增加的缘由推迟考虑。[①] 所有信息技术都具有其优势，也必然存在一定缺点。数字档案馆建设工作对于信息技术的选取和实践不能因噎废食——要在确保安全保密等基本要求的前提下，明确其工作重点，注重核心工作效益，以此为标准，大胆选择新技术、新方法，进行小心谨慎的实践探索，在完成对结果的评估后，再决定是否予以采用和推广。

## 2.4  社会效益发挥不足，应加强推广

所有档案工作最终都要通过利用而实现其价值。数字档案馆的一大优势是便于利用者进行全时、高效、便捷的利用。但目前数字档案馆社会效益的发挥却十分不足，应通过网络、新媒体等途径，整合数字档案资源，加强宣传推广，实现充分利用。

数字档案工作社会效益的实现主要通过信息服务进行，而当前数字档案馆服务模式主要处于从"基于档案馆业务工作的馆员中心模式"向"基于数字档案信息资源开发和提供利用的资源中心模式，也即网站服务模式"的转变过程中。[②] 该时期数字档案馆利用服务工作的特点在于能够通过网站将档案利用者与数字档案资源连接起来，其缺点是在网站熟知度有限、档案馆公

---

① 陶水龙. 档案数字资源云备份策略的分析与研究 [J]. 档案学通讯，2012 (4)：12—16.
② 刘明. 数字档案馆信息服务模式研究 [J]. 档案学通讯，2007 (5)：13—17.

众影响力不高的情况下，不能充分发挥数字档案资源的潜力，这导致许多传统档案馆不为人知、门可罗雀的景象在数字环境下再次上演。

数字档案资源的共享利用是数字档案馆建设中不可或缺的部分。[①] 对于这一部分的实现，数字档案工作者可以依托网络环境下新媒体，例如移动手机客户端等新利用模式，推广数字档案馆及其内部的数字档案资源。档案机构需要加大对于数字档案资源网络宣传和利用的关注，采用例如开设微信公众号、增加微博广告投入等手段吸引利用者的目光，实现其记录历史、传承文化、服务政治、科学教育等各方面的社会效益。

# 3　结语

积极推进数字档案馆的建设旨在通过这一方式，在满足传统档案工作需求的同时，达成实现档案信息更广泛的社会服务价值、充分发挥档案资源的潜在价值的长远目的，发挥其提高档案工作效率、档案资源效益社会化、确保传统档案工作对接未来发展的重要意义。

当前我国数字档案馆建设正处于基层实践初获发展，国家政策顶层推进，路径模式各不相同，问题机遇并存共生的发展境况之下，存在着政策与现实之间存在差异，法律制度有待完善，技术瓶颈限制发展，社会效益发挥程度不足等各方面的问题，需要通过因地制宜设计发展路径，统筹规划补全相关条文，大胆尝试、小心实践相关技术，充分利用信息与网络手段进行推广等方式解决，以实现中国数字档案馆建设的蓬勃发展。

---

① 张宁. 基于国外最佳实践对我国数字档案馆建设的几点思考 [J]. 档案学通讯，2010（4）：
49—53.

# 档案学术评论

# 基于内容分析法的近十年国内
# 文书学研究综述

## ——以档案学 CSSCI 期刊为样本

何志丽　　周　铭

（云南大学历史与档案学院　昆明　650091）

**摘　要**：本文通过内容分析法，对中国知网检索到的 2007—2016 年档案学 CSSCI 期刊中我国文书学研究的相关论文，从研究主题、时间与刊物分布、作者特点、所获资助、研究类型等方面进行统计和分析，梳理了近十年国内文书学研究的现状，并针对所存不足提出努力方向。

**关键词**：内容分析法　文书学　综述　国内研究

## 1　引言

文书学是一门以文书和文书工作为研究对象，研究文书和文书工作的理论、原则、方法及其产生、演变和发展规律的应用性学科。近十年国内文书学研究虽取得丰硕成果，但缺乏针对此研究的综述性成果，更未有运用量化方法进行的全面总结。档案界是国内文书学研究的中坚力量，其研究能从一定程度上反映文书学研究现状。本文旨在利用内容分析法，以档案学 CSSCI 期刊为样本，通过定量与定性结合的方式，从各个角度分析近十年国内文书学研究的现状，以期填补学界空白，并为后续研究提供更多借鉴与参考。

**作者简介**：何志丽，云南大学历史与档案学院图书情报专业硕士研究生；周铭，云南大学历史与档案学院副教授，硕士研究生导师。

## 2　研究设计

### 2.1　研究方法

本文主要采用内容分析法，它是一种对具有明确特性的传播内容进行客观、系统和定量描述的研究技术。[①] 它通过对信息内容"量"的分析，找出能反映信息内容的一定本质又易于计算的特征，从而克服定性研究的主观性和不确定性，达到对信息"质"的更深刻、更精确的认识。[②] 其实施步骤为：提出研究问题、确定研究范围、抽样、选择分析单元、建立分析类目、进行内容编码、解释结论、信度分析。[③] 本文将依据此步骤对论文进行分析与处理。

### 2.2　研究对象

研究以中国知网检索到的档案学 CSSCI 期刊（《档案学通讯》《档案学研究》）论文为研究来源，时间跨度为 2007 年 1 月 1 日至 2016 年 12 月 30 日。为使检索更全面，采用主题检索，确定了三个检索主题词：文书、公文、文件，输入检索式"'文书'或含'公文'或含'文件'"，匹配为"模糊"的检索方式，共搜索到相关论文 572 篇，此即为研究对象总体范围。然后逐一浏览论文的题目、摘要、关键词、引言和结论，来推断其主题是否属于文书学研究范畴，剔除无关主题的论文和一些通讯、报道及广告后，最终确定 381 篇论文为研究样本。

### 2.3　类目与分析单元

本文从研究主题、研究者（第一作者）特点、研究所获资助、研究类型

---

① Krippendorff K. Content Analysis：An Introduction to Its Methodology [M]. Beverly Hills，CA：age，1980：1—40.

② 周黎明，邱均平. 基于网络的内容分析法 [J]. 情报学报，2005（10）：594—599.

③ 邱均平，王曰芬，等. 文献计量内容分析法 [M]. 北京：北京图书馆出版社，2008：12.

四个类目对样本进行统计分析，重点对研究主题加以展开。并以每篇独立的论文作为分析单元，通过认真阅读论文全文，了解其主要特点，归纳其主要观点，并咨询专家意见，将其按表1内容编码体系进行分类。

表 1　　　　　　　　　　　研究类目编码表

| 类目 | 子类目 | 编码 | 篇数<br>（百分比） | 合计篇数<br>（百分比） |
|------|--------|------|------------------|---------------------|
| 研究主题 | 历史文书学 | A1 | 75（19.7%） | 381<br>（100%） |
| | 文书工作史 | A2 | 36（9.4%） | |
| | 机关文书处理学 | A3 | 40（10.5%） | |
| | 文书管理现代化 | A4 | 143（37.5%） | |
| | 文书写作学 | A5 | 27（7.1%） | |
| | 其他 | A6 | 60（15.8%） | |
| 研究者<br>特点 | 大学或科研机构人员 | B1 | 332（87.1%） | 381<br>（100%） |
| | 文书或档案从业者 | B2 | 49（12.9%） | |
| | 其他 | B3 | 0（0%） | |
| 研究<br>所获<br>资助 | 国家级 | C1 | 47（12.3%） | 381<br>（100%） |
| | 省部级 | C2 | 29（7.6%） | |
| | 大学 | C3 | 6（1.6%） | |
| | 企业 | C4 | 0（0%） | |
| | 无 | C5 | 291（76.4%） | |
| | 其他 | C6 | 8（2.1%） | |
| 研究<br>类型 | 理论研究 | D1 | 380（99.7%） | 381<br>（100%） |
| | 实证研究 | D2 | 1（0.3%） | |

## 2.4　结果信度分析

为了检验内容分析法中量化结果的客观性，本研究对结果进行了信度分析，采用李克东教授提出的内容分析信度公式：$R = n \times K / [1 + (n-1) \times$

K]① 进行计算。其中，R 为信度，K 为平均相互同意度，$K=2M/(N1+N2)$，其中 M 为两个评判员完全同意的栏目，N1 为第一评判员所分析的栏目数，N2 为第二评判员所分析的栏目数。然后，以研究者本人为第一评判员 A，另邀请第二、第三助理评判员 B、C 分别进行内容归类划分。通过计算得出的 KAB≈0.8649，KAC≈0.9032，KBC≈0.6818；信度 R≈0.9303，具体计算过程在此不予详述。根据所得结果，信度 R>0.90，说明本研究信度水平属于可接受范围，可按作者所划分的类目进行分类。

# 3 研究结果与分析

## 3.1 两刊研究成果分布及变化分析

根据对 381 篇有效论文的汇总统计，近十年《档案学通讯》《档案学研究》文书学研究论文发表的年度分布总体情况，如表 2 所示。

表 2　　　　　　　　文书学研究论文年度分布表

| 期刊名称 | 2007 年 | 2008 年 | 2009 年 | 2010 年 | 2011 年 | 2012 年 | 2013 年 | 2014 年 | 2015 年 | 2016 年 | 总计 |
|---|---|---|---|---|---|---|---|---|---|---|---|
| 档案学通讯 | 33 | 22 | 26 | 19 | 19 | 22 | 28 | 27 | 25 | 20 | 241 |
| 档案学研究 | 14 | 12 | 10 | 18 | 13 | 15 | 15 | 11 | 19 | 13 | 140 |
| 总计 | 47 | 34 | 36 | 37 | 32 | 37 | 43 | 38 | 44 | 33 | 381 |

从表 2 可看出，《档案学通讯》文书学研究论文的数量远高于《档案学研究》，这与两刊在中文社会科学引文索引（CSSCI）图书馆、情报与文献学学科中的排名是吻合的。

---

① 李克东. 教育技术学研究方法 [M]. 北京：北京师范大学出版社，2003：231－232.

**图1：文书学研究论文年度变化图**

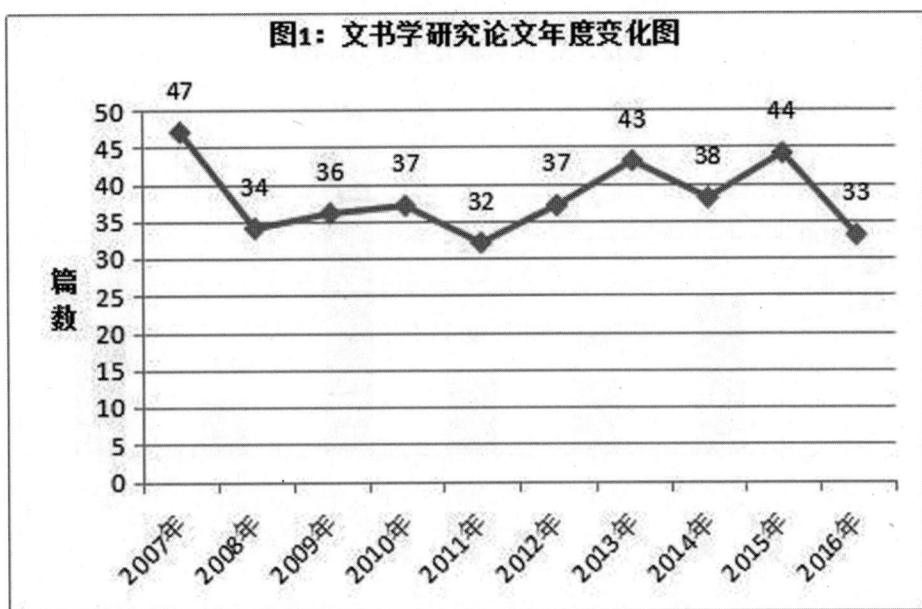

同时，由图1可看出，近十年两刊上发表的文书学研究论文数量升降变化不大，说明该学科近十年始终处于稳步发展状态。

## 3.2　研究主题分析

依据前文确定的内容分析编码体系，认真阅读381篇研究样本的摘要、关键词和主要内容等，对研究内容进行统计与分析，得出近十年我国文书学研究的主题涵盖六大类别：（1）历史文书学；（2）文书工作史；（3）机关文书处理学；（4）文书管理现代化；（5）文书写作学；（6）其他。具体情况，如图2所示。

**图2：文书学研究主题分布图**

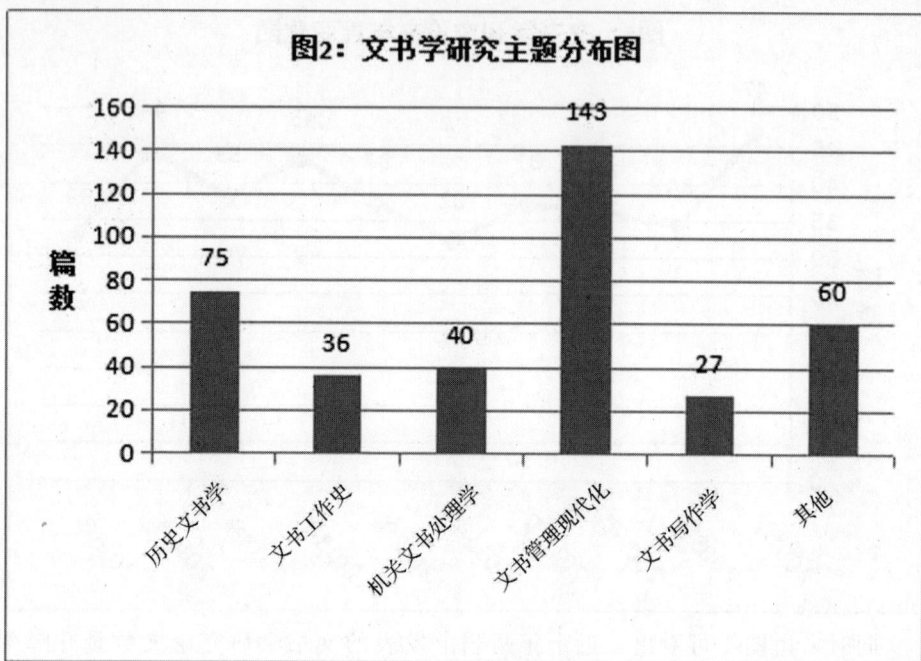

从图 2 可看出，目前研究的热点是文书管理现代化，占发文总量的 37.5％，这与目前我国文书工作信息化趋势相符合；其次是历史文书学，占发文总量的 19.7％；而机关文书处理学、文书工作史、文书写作学只分别占发文总量的 10.5％、9.4％和 7.1％，处于稍低一些的发展水平；其他零散主题的研究也占据了 15.8％的比例。以下依次展开分析。

### 3.2.1　文书管理现代化研究

文书管理现代化，研究电子计算机及通信技术在文书生成、办理、存储、检索、归档以及安全保密等环节中的推广应用，目的是建立自动化的文书信息系统，达到文书工作标准化、科学化的目的。该主题涵盖以下内容：（1）电子文件实体管理研究。主要对电子文件的收集、立卷、归档与整理、鉴定、保管与保护、著录、检索与利用等进行研究，如章燕华等以杭州市的归档与移交情况调查为基础，总结了当前电子文件归档与移交的现状，提出了科学规范归档与移交的有效策略;① 赵屹、陈晓晖通过将电子公文流程与传统公文流程进行比较,研究了它的新特点及其对管理产生的新要求;② 马林青指出了建立电子文件分类方案应当遵循的原则,并对其建立方法进行了详细说明;③ 李学广从电子文件全程管理的角度探讨了长春市机关及长春市档案馆在 OA 环境中文件、档案的全过程管理模式。④（2）多媒体和新媒体文件管理研究。主要探讨多媒体和新媒体文件的特点、技术、所涉理论等。如赵跃对归档政务新媒体文件的动因、主体、内容与策略进行了研究;⑤ 王素立、刘国华提出了数字图像类型电子文件的特征,分析了能够反映其本质特征及其相关技术要素的关联要素。⑥（3）电子文件技术研究。重点对电子文件技术的特点、功能和使用方法等展开研究。如朝乐门在调查分析电子文件管理系统标准符合性测试方法的基础上,提出了电子文件管理系统的测试方法论及须遵循的基本原则;⑦ 赵屹阐述了工作流技术在电子公文流程管理中的优势,分析了它的实现方法及功能;⑧ 崔鹏、赵国俊论述了开源软件对电子文件格式选用的影响,指出支持开源程度将成为今后选用电子文件格式的主要考虑因素。⑨

---

① 章燕华,邵力,魏红. 建设电子文件归档与移交的策略研究——基于杭州市的调查与思考 [J]. 档案学通讯,2010 (2):37－41.

② 赵屹,陈晓晖. 电子公文流程与传统公文流程的比较研究 [J]. 档案学通讯,2010 (4):35－38.

③ 马林青. 电子文件分类方案的建立原则与方法研究 [J]. 档案学研究,2015 (3):77－81.

④ 李学广. OA 环境中文件、档案全程管理模式的探讨 [J]. 档案学研究,2012 (1):61－66.

⑤ 赵跃. 挑战与应对:我国政务新媒体文件归档若干问题思考 [J]. 档案学通讯,2016 (3):80－86.

⑥ 王素立,刘国华. 数字图像类型的电子文件一致性保证策略 [J]. 档案学通讯,2011 (5):53－55.

⑦ 朝乐门. 电子文件管理系统的测试方法研究 [J]. 档案学通讯,2014 (6):57－60.

⑧ 赵屹. 工作流技术及其在电子公文流程管理中的应用 [J]. 档案学通讯,2008 (6):41－44.

⑨ 崔鹏,赵国俊. 开源软件对电子文件格式选用的影响 [J]. 档案学通讯,2007 (5):56－59.

### 3.2.2　历史文书学研究

历史文书学，主要研究我国历代文书的种类、体式、文体、用语、制成材料及其史料价值，目的是揭示历史文书发展的一般规律，更好地利用它为当代社会服务。纵观 75 篇研究样本，可看出其研究内容分为：（1）历史文书种类研究。主要对各类别的历史文书进行研究，特别是展开了对敦煌文书、黑水城文书、吐鲁番文书、徽州文书、锦屏文书等地方性文书的研究。如王会斌分析了战国时期各个类别令书所构成的令书种类体系，阐述了战国令书之间的各种关系；① 陈书奇介绍了历子在五代的发展情况，提出了历子在选人赴选和奖惩黜陟中的作用；② 侯吉永分析了从清代的文章式敕书到民国的中心语式任命状的基本情况，揭示了任命性文书行文程式的变化历程；③ 赵彦昌、李兆龙以时间为序对保存在国内外的吐鲁番文书的编纂成果进行了全面汇总，梳理了它的历史沿革；④ 龙令洌、陆景川从起源背景、抢救保护、内容价值、成果影响等方面介绍了锦屏文书。⑤（2）历史文书演变研究。重点对历史文书演变的原因、历程、规律等进行研究。如何庄认为古代公文文种变迁受制于中央集权的程度、地方行政层级的变迁、等级制度的严密程度等三个因素；⑥ 丁玲玲通过对民国历次公文程式修改中通用文种的变化进行分析，总结出这一时期通用文种演变的规律。⑦（3）历史文书写作、体式研究。主要包括历史文书的书写、格式、标准化等研究。如沈蕾、孙爱萍提出民国国民政府时期的公文面页和稿面格式设计，可以对公文办理过程进行有效记录和控制；⑧ 沈刚提出秦代国家不仅对文书书写进行日常督责，而且还

---

① 王会斌. 战国令书种类之诸项关系论析 [J]. 档案学通讯，2016（5）：39—44.

② 陈书奇. 五代地方官员日常考绩文书历子初探 [J]. 档案学通讯，2015（5）：47—50.

③ 侯吉永. 民国时期的任命状文书考述 [J]. 档案学通讯，2013（3）：41—44.

④ 赵彦昌，李兆龙. 吐鲁番文书编纂沿革考（上）[J]. 档案学通讯，2013（6）：94—97.

⑤ 龙令洌，陆景川. 锦屏文书的起源、抢救、研究成果及影响 [J]. 档案学研究，2016（2）：37—46.

⑥ 何庄. 古代公文文种变迁原因探析 [J]. 档案学通讯，2012（3）：42—46.

⑦ 丁玲玲. 民国时期通用文种演变的规律研究 [J]. 档案学通讯，2011（2）：40—43.

⑧ 沈蕾，孙爱萍. 文件处理单和发文稿纸前溯——民国时期的公文面页和稿面 [J]. 档案学通讯，2010（4）：41—43.

从技术角度对规范行政文书提供帮助。① （4）历史文书内容研究。着重研究某本或某篇历史文书的具体内容、特点、意义等。如梁继红归纳出《三王世家》包含的文种，认为它们反映了中国古代早期官文书引叙来文的样貌形态；② 杨倩从文体论的角度分析《文心雕龙》中的公文写作内容，对其中所蕴含的与公文写作相关的原则、具体技法等理论进行了关注。③

### 3.2.3　机关文书处理学研究

机关文书处理学，研究我国现行机关、企事业单位及团体中文书与文书工作的理论、原则与技术方法，以此提高国家机关与各类组织的工作效率。该主题涉及以下内容：（1）机关文书及其处理研究。主要研究机关文书及文书工作的相关概念、处理技能、所涉规范等。如王洪泉提出答复请示事项，可用"批复"，也可用"函"和"通知"，究竟用哪个要据情而定；④ 李力指出了《党政机关公文处理工作条例》存在的不足，认为公文处理工作需提高行文效率和管理效率；⑤ 程大荣统计分析了《国务院公报》所刊载的"意见"的使用频率、发文机关、发文形式等，引发了对"意见"处理规范化的思考。⑥ （2）文书管理研究。主要探讨文书管理的模式和方法，重点是文书立卷与归档研究。如刘淑妮、石慧敏通过分析我国现行档案保管期限表在应用过程中的不足，提出了完善建议；⑦ 黄建军探讨信息时代背景下各类社会组织中文件管理模式的优化战略，揭示了文件管理模式的构成要素。⑧ （3）文档一体化研究。主要研究文档一体化的支撑理论、进程、障碍和意义等。如薛四新、张利结合文档一体化管理的实践应用需求，提出档案鉴定学基础理

---

　　① 沈刚. 秦简所见秦代行政文书标准化问题 [J]. 档案学通讯，2014 (2)：17—20.

　　② 梁继红.《史记·三王世家》的文书学释读 [J]. 档案学通讯，2014 (3)：37—41.

　　③ 杨倩.《文心雕龙》的公文写作理论及其价值 [J]. 档案学通讯，2013 (3)：38—40.

　　④ 王洪泉. 用"函"、"通知"亦可答复"请示"[J]. 档案学通讯，2009 (6)：39—41.

　　⑤ 李力. 论行文程序——兼论《党政机关公文处理工作条例》程序性规范之不足 [J]. 档案学通讯，2016 (5)：49—53.

　　⑥ 程大荣. 从《国务院公报》看"意见"处理的规范化 [J]. 档案学通讯，2015 (1)：35—38.

　　⑦ 刘淑妮，石慧敏. 优化机关文件材料归档范围和文书档案保管期限的思考 [J]. 档案学研究，2013 (2)：18—21.

　　⑧ 黄建军. 信息时代社会组织文件管理模式优化研究 [J]. 档案学通讯，2013 (5)：62—66.

论在电子文件全过程管理中的应用方案;① 张晓娟、余伟指出当前电子文件生命周期理论和文件连续体理论,成为数字环境下文档一体化管理的新支柱;② 赵伯亚探讨了企业实现文档一体化相关问题,论述了阻碍其最终实现的四个瓶颈。③

### 3.2.4　文书工作史研究

文书工作史,主要研究从古至今文书工作的起源、演变、组织、制度与作用,目的是总结文书工作的发展规律,为现行文书工作进一步发展提供历史借鉴。该研究主要包括以下类别:(1)文书工作制度研究。重点研究历代文书工作各环节制度的内容、演变等。如赵彦昌、黄娜从简牍的出土情况和论文的记载来研究简牍文书的制作、运行、保管等制度;④ 刘融、朱嘉林主要介绍了清朝中央国家机关公文稽察注销制度的基本内容;⑤ 韩雪松详细介绍了伪满洲政府颁布的省级公署细密而殖民化的文书制度和收发规则;⑥ 刘希庆指出敦煌悬泉置壁书内容反映了西汉从中央到地方均存在的官文书的分抄制度以及官文书的下行路线和报告制度。⑦(2)文书工作发展及规律研究。主要对各时期文书工作的发展历程、特点及呈现的规律等展开研究。如沈蕾、王巧玲、朱建邦对20世纪30年代以来中国公文工作效率研究和实践探索历程进行了归纳分析;⑧ 于健慧回溯了我国行政公文制度化管理的历史过程和沿革,提出相关路径来完善行政公文制度化管理;⑨ 吴荣政认为中国档案事业五千年发展史的根源主要在于有从未中断的史官、文书档案官员和编史修

---

① 薛四新,张利. 论档案鉴定理论在文档一体化中的应用 [J]. 档案学通讯,2009(4):92—94.
② 张晓娟,余伟. 文档一体化管理的理论基础及实现机制 [J]. 档案学通讯,2009(6):30—35.
③ 赵伯亚. 谈企业实现文档一体自动化的几个瓶颈问题 [J]. 档案学研究,2007(3):32—33.
④ 赵彦昌,黄娜. 简牍文书制度研究 [J]. 档案学通讯,2011(2):94—98.
⑤ 刘融,朱嘉林. 清朝中央国家机关的公文稽察注销制度述论 [J]. 档案学研究,2007(6):14—18.
⑥ 韩雪松. 伪满省级公署公文文体与文书制度研究 [J]. 档案学通讯,2015(3):95—99.
⑦ 刘希庆. 敦煌悬泉置壁书中所见西汉官文书制度 [J]. 档案学通讯,2014(2):39—42.
⑧ 沈蕾,王巧玲,朱建邦. 我国公文工作效率研究和实践探索历程述评 [J]. 档案学研究,2012(6):24—26.
⑨ 于健慧. 行政公文制度化管理的缺失及其完善——基于公文演进历程的思考 [J]. 档案学通讯,2010(1):84—87.

志制度。① （3）文书工作者思想和实践研究。该部分以文书工作者为中心，介绍其思想与实践，评价其价值与地位。如孙婷婷将许同莘作为研究对象，认为他在实践中丰富并发展了文书学档案学思想，具有超前的公牍观与公牍思想；② 马伏秋、刘旭光认为我国文书学学科开创人之一周连宽的文书学思想具有鲜明特色和一定影响。③ （4）文书工作重大事件研究。着重介绍文书工作大事件下文书学的发展与演变。如张会超认为文书档案连锁法是民国时期文书档案改革的深化，提高了行政效率，促进了行政事务的发展；④ 黄伟、马伏秋指出书吏改革是清末新政的重要一环，并以书吏为中心考察了民国时期的公文与行政效率改革。⑤

### 3.2.5　文书写作学研究

文书写作学，主要研究文书写作的规律与各类文书的撰写技巧，以提高文书的质量。这是所占比例最小的一个研究主题，近十年研究重点主要在各文种的选用、具体写法、写作模式、适用情况上。其中，最具代表性的是针对某类公文写作的研究，如张南平、黄小玲界定了任免类公文的定义，区分了它的使用范围，概括了它的写作模式，并针对使用中经常出现的错用、混用现象提出了区分、选用文种的方法。⑥ 研究的另一个重点是对公文的某部分撰写进行探讨，如吴新元提出了公文正文的撰写方法，指出应以"主旨、依据、分旨"三大要素为固定段名，按照文本结构、词语标志、语言形式、内容评价等系统组合规则，循格撰制公文正文。⑦

### 3.2.6　其他

381篇研究样本中，"其他"类占15.8%，这说明我国文书学研究中有大量成果是"散而杂"的。如张小慰、王岚、王英玮、熊朗宇、谢丽等学者对

① 吴荣政. 中国古代档案事业发展的文化体制探源 [J]. 档案学通讯, 2007 (4)：84－87.
② 孙婷婷. 许同莘的文档实践及其思想研究 [J]. 档案学通讯, 2016 (5)：24－28.
③ 马伏秋, 刘旭光. 论周连宽档案学思想的特色及影响 [J]. 档案学通讯, 2015 (5)：33－36.
④ 张会超. 文书档案连锁法的重新审视 [J]. 档案学研究, 2011 (6)：85－89.
⑤ 黄伟, 马伏秋. 论清末新政中的档案管理人员改革——以书吏为中心考察 [J]. 档案学通讯, 2014 (3)：96－101.
⑥ 张南平, 黄小玲. 任免类公文的写作模式、具体写法与文种选用 [J]. 档案学通讯, 2012 (2)：34－37.
⑦ 吴新元. 三段式公文正文写作格式导论 [J]. 档案学通讯, 2012 (5)：41－44.

"文件""档案""记录""论文"等基础概念进行界定与辨析，从它们产生的原因、具有的价值、具体的运行形态等不同角度入手，阐述了其内涵、外延以及在数字化环境下的新发展；蒋冠、王良成、侯衡、安小米、孙舒扬、白文琳等学者从不同视角论述了对"RECORDS""ARCHIVES"等专业术语的翻译与理解，界定它们的概念，对其究竟是对应"文件"还是"档案"提出了自己的看法；冯怡、蒋冠、徐新雨、黄新荣、张宁、刘精精、望旺等学者阐述了美国、日本、荷兰、英国、加拿大等国文书及文书工作的主要特征、发展情况、取得的经验及与中国的情况对比等；孙芳芳、吴品才、刘亚萌、桑毓域、祝庆轩、袁也等学者就文书学的一些基础理论进行了研究，例如对文件生命周期理论、文件连续体理论、文件横向运动理论等的研究。除此之外，近十年还有学者对文书的法律效力、文书工作者的修养、文书学的高等教育等问题进行了探索。

### 3.3　研究者（第一作者）特点分析

本文将两刊文书学研究论文第一作者分为大学或科研机构人员、文书或档案从业人员、其他，共三种类型，如图3所示。

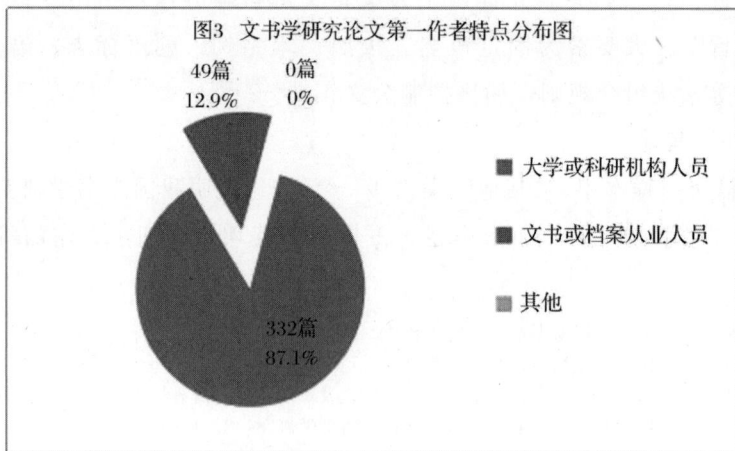

图3　文书学研究论文第一作者特点分布图

49篇　　0篇
12.9%　　0%

■ 大学或科研机构人员

■ 文书或档案从业人员

■ 其他

332篇
87.1%

从图3可看出，研究者大多集中在大学和科研机构，少部分来自文书和档案实践部门，而其他人员尚未涉足这一研究领域。由此可见，近十年国内文书学研究所得多为理论性成果，两刊的定位也更侧重其学术性，且与其他学科的交叉研究较为薄弱。

同时，笔者通过统计，分析出《档案学通讯》与《档案学研究》在第一作者特点上也存在差异，具体如表3所示。

表3　　　　　　　　　　　两刊论文第一作者特点分布表

| 研究者特点<br>期刊 | 大学或科研<br>机构人员 | 文书或档案<br>从业人员 | 其他 | 总计 |
|---|---|---|---|---|
| 档案学通讯 | 233篇（96.7%） | 8篇（3.3%） | 0篇 | 241篇（100%） |
| 档案学研究 | 99篇（70.7%） | 41篇（29.3%） | 0篇 | 140篇（100%） |

从表3可看出，《档案学通讯》的第一作者绝大多数为大学或科研机构人员，实践工作者很少；而《档案学研究》的第一作者除大学或科研机构人员外，有相对多的一线从业者。上述特征与两刊的特点吻合：即中国人民大学主办的《档案学通讯》更偏重理论性，作者和受众多为学术界人士；而群众性学术组织中国档案学会主办的《档案学研究》，理论性和实践性都要兼顾，受众和作者不仅有学术界人士，而且有相当部分来自基层工作组织。

## 3.4　研究所获资助分析

笔者将381篇论文获得的资助分为：国家级资助、省部级资助、大学资助、企业资助、无资助和其它，然后进行分布统计，结果如图4所示。

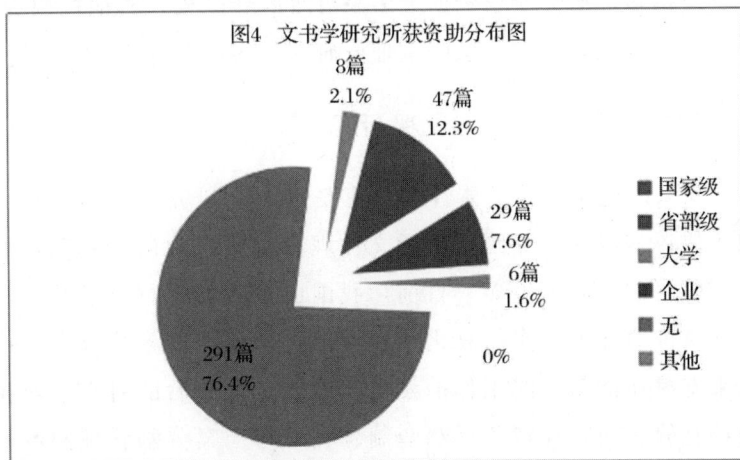

图4　文书学研究所获资助分布图

总体来看，共有90篇论文获得了资助，占总数的23.6％，其中，国家级资助最多，其次是省部级资助，大学资助占少量比例，其他资助如航天基金资助项目等也占据一定比例。说明文书学研究已得到各级政府和高校的一定关注，特别是取得了国家层面的重视，发展平台较大。但同时企业尚未对其资助，说明企业对文书学研究的关注度有待提高，文书学研究对经济活动的价值需被充分认识和发掘。

### 3.5　研究类型分析

从表1可以看出，381篇论文中只有1篇采用实证研究的方法，其他380篇都是理论研究。说明我国文书学研究方法单一，绝大多数都是基于理论的定性研究，缺乏基于调查和数据的定量研究，导致研究结论的说服力不够强，其合理性难以验证，且研究的广度和深度也受到限制。

## 4　结论与展望

总体来看，近十年国内文书学研究成果数量每年变化不大，发展较为平稳；研究主题较为丰富，热点突出，但新兴领域研究的原创性有所缺乏，研究视角也不够多元；第一作者多集中在高校和学术研究机构，实践工作者发表的论文相对不多；研究所获资助大多来自政府和高校，其他机构资助偏少，企业尚未有任何资助；研究方法侧重理论研究，实证性有所欠缺。笔者建议：

### 4.1　深化电子文件实体管理研究

目前，新兴的电子文件实体管理研究是文书学研究的热点与重点，但近十年我国主要还是以欧美等国的电子文件理论和实践为研究基础，而结合国内文书工作的原创性研究不多。目前，我国已在大力推行电子政务，各级机关和企事业单位的文书工作信息化在加速推进，急需更多结合本土特色的创造性理论来支撑和推动实践工作的发展。因此，在今后的研究中，我们应当结合中国特有的文档管理特色（双套制、文书与档案分割管理制度、档案集中统一管理制度等），从实际需求出发，提出可行的深层次理论，完善和发展符合中国国情的电子文件实体管理研究体系。

## 4.2　拓宽文书学研究视角

目前，文书学的多学科研究视角还未形成大气候。事实上，研究视角不同，立足点就不同，从而产生的研究成果就自带不同新意。因此，我们不仅应从档案学、文书学、秘书学等角度进行研究，还应该从情报学、文学、史学、法学、行政学、民族学等视角对文书及文书工作进行多方位探索。例如从法学角度研究专门的法律文书，从古代史角度研究中国古文书，从情报学角度研究文书信息化，从民族学角度研究少数民族文书，从文学角度研究文书写作学等。

## 4.3　加强理论与实践的融合

仅从两刊来看，我国文书学研究者多为大学或科研机构人员，一线从业人员较少，同时，企业尚未对文书学研究进行资助，说明近十年文书学研究存在一定程度的理论与实践脱节，应用性有所欠缺。因此，在今后的研究中，一是应该挖掘实践工作者的科研潜力，予以更多研究资助和发表论文机会，将其在实践中总结的经验升华成科学理论；二是学术界应该以解决文书工作实际问题为目的来展开研究，明确研究的导向性；三是应该加强文书学研究理论对实践工作的指导，充分发掘它能带来的经济效益和社会效益，从而取得社会各界的信任与支持，拓宽资助渠道。

## 4.4　推广文书学实证研究

目前，我国文书学研究以定性的理论研究为主，主要是通过文字性描述呈现研究现状并提出解决方案和理论，但如何更科学、规范地证明结论的合理性，是需要解决的问题。一个重要方法就是引入实证研究，即通过展开实际调查取得数据并进行分析。它以提出研究问题、阐述研究依托理论、介绍研究过程、描述现象及解释现象为研究步骤，来验证研究者提出的理论或方案的可行性。这是一种定量与定性结合的规范性研究方法，区别于单纯的理论研究，已在社会科学研究领域广泛应用，在今后的文书学研究中可加强推广。

# 档案知识服务研究述评

## 闫　冬　张皓晨

（中国船舶工业集团公司　北京　100044；

周口市档案局　河南周口　466000）

**摘　要：** 文献调查表明：相关档案知识服务研究可以分为三个发展阶段，目前在档案知识服务实现等方面取得了一定研究成果，但是还存在研究热度不高问题，远落后于图情专业；借鉴图情专业多，档案学特色少；理论研究多，实践研究少等不足。

**关键词：** 档案　档案学　知识服务　知识管理　述评

## 1　研究历史

1994 年特里·库克在《电子文件与纸质文件观念：后保管及后现代主义社会里信息与档案管理中面临的一场革命》一文中提出"档案工作者由实体保管员向知识提供者的过渡，正是档案界为应答电子时代的挑战，由保管时代向后保管时代过渡的要求"，标志着知识服务的萌芽①。两年后，在其 1996年在第 13 届国际档案大会所做的《1898 年荷兰手册出版以来档案理论与实践的相互影响》的报告中，知识服务被明确提出，并被列为后保管模式思想

**作者简介：** 闫冬，男，2016 年研究生毕业于中国人民大学信息资源管理学院档案学专业，现就职于中国船舶工业集团公司人力资源部，主要研究方向为档案学基础理论、企业档案和人事档案。张皓晨，男，2014 年本科毕业于郑州大学信息管理学院档案学专业，现就职于河南省周口市档案局办公室，主要研究方向为档案学基础理论。

① 特里·库克著，刘越男译. 电子文件与纸质文件观念：后保管及后现代主义社会里信息与档案管理中面临的一场革命 [J]. 山西档案，1997（2）：7—13.

的组成部分①，此后档案知识服务相关研究逐渐铺开。进入 2000 年，相关研究逐渐增多，对其成果作进一步分析有利于把握界内研究重点，发现研究问题，厘清未来研究方向。

## 2 研究成果

通过文献研究，笔者认为依据研究深度和研究范围，相关档案知识服务研究可以分为三个阶段：第一阶段为起步期，从 1998 年至 2005 年；第二阶段为初步发展期，从 2006 年至 2009 年；第三阶段为深入发展期，从 2010 年至今。

### 2.1 起步期：1998 年至 2005 年

1998 年至 2005 年是档案知识服务研究的起步时期，相关研究成果呈现研究深度浅化、研究范围窄化、理论性较弱的特点。研究内容主要包括知识服务兴起的背景、知识服务的内涵概念、知识服务与传统信息服务的关系、档案知识服务的实现等。

#### 2.1.1 知识服务兴起的背景

徐欣娅认为，后工业社会中，人类社会的核心资源将是知识资源而非物质资源，信息、知识和智力逐渐成为社会发展的决定力量，"知识产业将会成为未来社会的主导产业，知识服务将成为社会主流"②。赵广军、邵东风认为，知识服务是面对社会主义市场经济体制逐渐建立起来、大众档案信息需求日增的必要回应。③ 周加刚、翟新、盖立起认为，随着知识经济、网络化、电子化的发展，信息的地位及其产生、传播、共享得到极大提升，但与之产生的信息数量与质量的矛盾，导致大量零散的、未经加工的信息无法满足利用要求，因此需要"提供一种激励机制、一种中介机构，使得大量而无序的

---

① 特里·库克著，黄霄羽译. 1898 年荷兰手册出版以来档案理论与实践的相互影响 [C] /第十三届国际档案大会报告集. 北京：第十三届国际档案大会组委会学术规划部，1996：87−114.

② 徐欣娅. 档案知识服务与档案信息资源开发辨析 [J]. 机电兵船档案，2002 (5)：8−11.

③ 赵广军，邵东风. 档案馆也应提倡"知识服务" [J]. 档案天地，2003 (2)：36.

信息在经过整序、加工、控制后，以适宜的形式传递给利用者，提高人们解决问题、处理问题的能力，并改善人的智力结构"①。杨光认为，在"以知识资源的占有、配置、生产、使用、分配为最重要因素的知识经济时代"中，档案馆拥有的大量信息资源是知识创新的基础，而如何实现信息充分地服务知识创新就是知识服务需要解决的问题。②

综合上述比较具有代表性的观点，我们可以发现，知识服务的兴起最主要的背景是知识经济时代下，虽然信息、知识成为社会中最重要的力量，但信息数量剧增，信息质量无法充分保证，社会客观的利用需要无法得到满足。

### 2.1.2 知识服务的内涵概念

齐建明认为，知识服务的内涵包括两个核心要素，第一促进社会了解档案馆藏、档案与档案工作，第二档案工作人员须全面把握馆藏档案。③ 周加刚、翟新、盖立起认为，知识服务是一种认识和组织服务的理念，即"以信息知识的搜寻、组织及重组的知识和能力为基础，根据利用者的问题和环境，融入利用者解决问题的过程中，提供能够有效支持知识应用和知识创新的服务"；徐欣娅认为，"知识服务是在信息服务的基础上将信息知识化的过程"；杨光认为，档案知识服务是基于"档案馆的服务功能和专门知识基础"的一种价值取向，具体体现在"'知识'的价值和'服务'的价值"，因而档案知识服务工作将以高效深入地满足用户需求代替"以规模化的档案资源收藏与组织"，并"建立弹性工作体系和柔性服务机制"以发展知识型服务。

对知识服务的内涵概念、档案馆知识服务的内涵概念的讨论从未停止。孟歆从三方面对知识服务进行概述：知识服务就宗旨而言，属于主动服务；就形式而言，属于过程而非实物；就性质而言，具有目标性、全过程性、增值性。④ 毕娟认为，知识服务首先是一种理念，是以"信息知识的搜寻、组

---

① 周加刚，翟新，盖立起. 对现代档案馆（室）知识服务的思索 [J]. 经济师，2003（8）：262
—263.

② 杨光. 高校档案馆知识服务之我见 [J]. 高校图书情报论坛，2005（4）：57—59.

③ 齐建明. 档案馆也应提倡"知识服务"[J]. 秘书工作，1998（11）：36.

④ 孟歆. 档案部门的知识服务 [D]. 江苏：苏州大学，2005.

织、分析及重组的知识和能力为基础"，以解决问题为导向，并能提供信息增值服务。① 丁恩多认为"知识服务是一种面向知识创新、知识传播与知识应用的服务方式"。② 周美兰认为"档案馆知识服务应是在运用馆藏档案信息显性知识的同时，大量吸收并运用馆外各种非档案信息和档案人员头脑中的隐性知识，加以集成提炼、虚拟整合，实现显、隐性知识之间的循环转化，满足档案用户个性化的需求，为其解决问题提供有效的智力支持"。③

知识服务的定义虽然尚未统一，但以上有关档案知识服务内涵概念的观点与知识管理层面的知识服务基本相同：均将知识服务视为一种具有服务性的过程，其基础均是提供者依靠的显性知识（馆藏档案）、隐性知识以及有关知识组织等技术，其对象均是用户和用户需求等。

### 2.1.3 档案知识服务与传统信息服务的关系

周加刚、翟新、盖立起、周美兰、赵丹阳等均探讨了知识服务与传统信息服务的关系，可以通过表1进行说明。

表 1 知识服务与传统信息服务关系表

|  | 知识服务 | 传统信息服务 |
|---|---|---|
| 区别1：核心理念 | 知识服务是基于知识管理的集成化、专业化、个性化服务，是以解决用户问题为直接目标，通过对用户知识需求和问题环境的分析，向用户提供经过智能化处理的符合用户需求的知识产品的过程 | 信息服务是基于用户简单提问和基于文献物理获取而向用户提供分散的、复杂的、不一定能够直接应用的信息单元的服务。其核心能力是信息组织、检索和传递 |
| 区别2：驱动力量 | 用户目标驱动，焦点和评价标准为是否捕获和析取关键知识内容，是否通过服务解决了利用者问题 | 信息提供驱动，焦点和评价标准为是否完成信息资源的获取和传递 |

① 毕娟. 档案馆知识服务的思考与实现 [J]. 北京高校档案学术论文汇编，2006：148—152.
② 丁恩多. 数字档案馆知识管理研究 [J]. 科技情报开发与经济，2006（2）：9—11.
③ 周美兰. 以人为本实现档案馆知识服务 [J]. 内蒙古民族大学学报，2009（6）：139—140.

续表

| | 知识服务 | 传统信息服务 |
|---|---|---|
| 区别3：服务内容 | 面向知识内容的服务，根据用户需求的分析依次形成知识产品，并就质量进行评价；以咨询报告、调研报告或问题解决方案等向用户提供知识产品和技术支撑 | 面向对象的服务，关注用户的简单需求和文献物理获取；以书目、文摘、索引或综述等向用户提供信息的存储位置及获取方式 |
| 区别4：工作中心 | 面向解决方案的服务，通过对信息和知识的查询、分析、组织，致力于帮助用户形成和完善解决方案 | 满足于具体信息、数据或文献的提供 |
| 区别5：服务特点 | (1) 动态性：知识服务是融入用户之中并贯穿整个决策过程的服务；<br>(2) 增值性：面向增值的服务，对现成文献进行加工形成新的具有独特价值的信息产品，通过显著提高用户知识应用和知识创新效率来实现价值，通过直接介入利用过程的最困难部分和关键部分来提高价值；<br>(3) 手段上：注重多元化、自动化和网络化；<br>(4) 模式上：注重集成化和动态化 | (1) 固定性：信息服务基于固定过程或固定内容；<br>(2) 非增值性：基于资源占有及规模等来体现价值；<br>(3) 手段上：基于信息机构的服务，大众化的服务；<br>(4) 模式上：基于固有资源或系统的服务，依靠大而全的系统 |
| 联系 | 知识服务与信息服务两者有着密切联系，而非简单的替代关系。信息服务是知识服务的基础，知识服务是信息服务发展的高级阶段和必然趋势，"可以说某种信息服务没有知识含量或不需要信息含量，若增大了知识含量就是知识服务了"① |

### 2.1.4　档案知识服务的实现

齐建明指出，档案馆要在实际工作中开展知识服务，需要做到"一个强

---

① 柯平. 新世纪图书馆需要知识管理和知识服务 [J]. 新世纪图书馆，2005 (6)：13－15.

化，两个提高"，即强化宣传力度、提高档案人员的服务意识、提高档案管理人员的业务能力和素质。杨光较之前者更系统地阐明了档案部门实现知识服务的三个基本条件，分别是知识服务团队、基于社会组织的知识库以及信息技术。李成国的观点较为全面，他认为档案馆要从"丰富馆藏、优化馆藏""进行体制创新，改变目前的行政管理模式""加快档案馆的信息化建设""以人为本，构建档案馆的新型人才体系"四个方面开展知识服务，他提出引入竞争机制，树立产业意识，档案馆不仅要保存机关文书档案，更要拓宽馆藏范围使其具有地域特色，构建图情档信息共享平台使其为知识服务准备物质基础，① 这些观点在十年后的今天依然具有现实意义。徐欣娅认为，建设包含与档案相关的非馆藏信息和档案人员的隐性知识的档案知识库是实现档案知识服务的重点。齐虹从"档案知识服务理念的确立""档案信息服务机制的创新""档案知识服务模式的发展""融入新的事业合作圈""档案专业教育结构的调整"讨论了知识服务在档案管理中的实现。②

孟歆在其硕士论文中对档案知识服务的实现进行了较为体系化的论述，从技术条件——数据挖掘技术、数据库技术和数字化技术、Web 技术、信息安全技术，管理条件——档案管理流程的重组、档案知识库的建立、档案管理机制的调整，工具条件——基于 Internet 的档案网站、基于 Intranet 的内部局域网、数字档案馆，环境条件——知识共享环境、人员条件进行分别说明。同时，阐述了档案馆开展知识服务的可能性和必要性，较为新颖地探讨了知识服务在建档、知识服务思想对档案学理论的挑战、档案职业的重新定位、知识服务部门的竞争与合作态势四个方面引发的变革。

由此看出，该阶段对档案知识服务实现的讨论尚处于较浅层次，形式化的理论较多，将实践可行性、技术手段纳入考虑范畴的观点仅刚刚"萌芽"。

### 2.1.5 知识服务引发的档案反思

殷薇指出，知识经济时代的档案管理，需要更新档案管理概念，将档案部门的核心功能定位于档案服务与开发能力，推动档案管理向知识管理发展，

---

① 李成国，徐凌. 论新形势下档案馆的知识服务 [J]. 兰台内外，2005 (5)：29.
② 齐虹，石慧敏. 知识服务及其在档案管理中的实现 [J]. 北京档案，2002 (8)：20－22.

档案服务向知识服务发展。① 徐欣娅提出了"档案知识服务产品还能称之为档案吗"的思考，并从客观现实与主观行为的客观性两方面给出了肯定的答案。周毅就知识服务引发的思考提出了四个具有代表性的问题，即"档案来源的范围问题""对档案情报价值的认识问题""信息资源的综合管理问题""档案工作者的定位问题"。② 胡誉耀提出了企业图书、情报、档案一体化的知识服务的概念。③ 张晖就高校档案服务指出，在知识经济时代，现代网络化信息服务无法取代知识服务，无法从根本上改变竞争态势。④ 徐鸿从"东方人则着重于人与人的关系，而知识的流传则会通过很多非显性过程得以维持和进行"的角度，对档案工作所要提供的知识服务不等同于档案信息资源开发的问题进行了思辨。⑤

这一时期相关讨论还有知识服务的类型，包括专业化服务、个人化服务、知识管理服务、参考咨询服务、团队化服务；知识经济时代档案馆的定位，即基于馆藏优势，利用信息化、网络化手段，面对用户的终身学习开展知识服务；档案信息资源服务等相关概念与知识服务的区别联系。

总体来看，2000 年至 2005 年是档案知识服务研究的起步时期，文献统计情况呈现出发文数量有限、核心期刊论文较少、研究热点集中等特征。有关知识服务兴起的背景、知识服务的内涵概念、知识服务与传统信息服务的关系、档案知识服务的实现等主要问题的讨论表现出理论性、实践性较弱，模式化较强，研究不够深入等特点，这与知识管理、知识服务初步兴起有直接联系。从发文数量、研究热点和研究进程上看，档案学界与情报界水平相近，但已经开始出现落后于图书馆学界的趋势。

### 2.2 初步发展期：2006 年至 2009 年

2006 年至 2009 年是档案知识服务研究的初步发展时期，相关研究成果

---

① 殷薇. 更新档案管理概念 开发利用知识资源 [J]. 现代企业教育，2000 (6)：39.
② 周毅. 知识服务——档案管理部门的新目标 [J]. 中国档案，2002 (5)：48−50.
③ 胡誉耀. 企业图书、情报、档案一体化的知识管理 [D]. 湖南：湘潭大学，2004.
④ 张晖. 信息化环境下的高校档案信息服务 [J]. 湘潭师范学院学报，2004 (6)：139−140.
⑤ 徐鸿. 论我国档案工作的知识管理走向——从"后保管模式"谈起 [J]. 档案学研究，2004 (6)：13−15.

的研究深度开始增加，研究范围逐渐拓展，理论性不断提升，档案领域针对性日益明显。研究内容主要包括档案知识服务的特点、档案部门实施知识服务的可行性、档案知识服务的实现、档案知识服务的模式等。

### 2.2.1　档案知识服务的特点

毕娟认为信息化背景下，档案知识服务出现了以下三个新特点："基于专业化和个人化的服务""注重网络环境下的信息服务方式的转变""前瞻性、研究性"。冯湘君将档案馆知识服务与图书馆知识服务进行对比，得出档案知识服务在系统构建上最明显的特点是建立特色数据库以为用户了解案卷、全宗间历史关系提供多维视角。① 马玉杰等从知识服务出发，指出其"以用户为中心""以创新服务为中心""服务内容个性化""服务人员专家团队化""服务方式多元化"的特点。②

### 2.2.2　档案部门实施知识服务的必要性与可行性

毕娟认为网络环境下，用户的信息意识、信息观念不断增强，带来的是对高知识的要求，档案馆作为服务部门必须作出回应；档案馆实施知识服务的优势在于积淀已久的档案信息资源和长期以来形成的档案服务精神。王萍、赵丹阳从知识经济时代知识成为最基础的经济资源和最主要的生产要素、知识获取"有限"而知识需求"无限"的矛盾、"档案价值实现滞后"③ 三个角度说明档案馆知识服务的动因，即必要性，后者在硕士论文中将这三点重新概括为"人类社会进程的历史必然""档案事业发展的自身要求""用户获取知识的广泛需要"④。然后从档案馆自身条件，包括知识管理理念铺垫、信息资源支撑、用户需求拉动、关键技术支持、人才保障论述了档案馆实施知识服务的可行性。马玉杰等认为"丰富的馆藏为档案馆开展知识服务提供信息资源保障"，"档案馆具备开展知识服务所需的人才和技术保障"，"知识管理的实施为档案馆知识服务的开展提供环境保障"。

---

① 冯湘君. 档案馆与图书馆知识服务的比较分析 [J]. 图书馆工作与研究，2006 (4)：19—21.
② 马玉杰，郑悦，白石. 档案馆开展知识服务的可行性与服务模式探讨 [J]. 档案学通讯，2009 (6)：42—45.
③ 王萍，赵丹阳. 档案馆随需应变知识服务模式 [J]. 档案学通讯，2009 (4)：84—87.
④ 赵丹阳. 数字档案馆知识服务模式及其评价研究 [D]. 吉林：吉林大学，2009.

由此可见，档案部门实施知识服务的必要性和可行性研究在档案界内基本达成共识，即时代要求——知识经济时代，知识的重要性凸显；利用要求——知识供求之间存在矛盾；发展要求——实施知识服务是档案部门自身发展的客观要求，这些是必要性。资源支持——档案部门馆藏资源丰富；技术支持——信息技术尤其是数字档案馆和档案网站逐步建立；理念支持——知识管理在档案部门的开展为知识服务提供了思想基础和环境支持，有利于调整组织架构，扁平化而非层级制的结构为知识服务开展提供便利，这些是可行性。

### 2.2.3　档案知识服务的实现

毕娟从理念、档案资源、信息技术、服务形式、队伍建设五方面构想档案馆知识服务的实现，其中理念上既包括总体上服务理念的树立，也要求档案人员服务理念的形成，档案资源上强调丰富馆藏、开放利用，信息技术上从档案信息资源管理系统、数据库、检索体系提出了基本的技术实现要求，服务形式上突出档案编研，队伍建设上强调人员对信息技术的掌握。孙逊提出从"调整服务战略，实施组织机构的扁平化""发挥馆藏资源特色，形成特色档案知识库""进行需求分析，建立用户反馈机制""创造档案馆新文化，实现人员角色转变"[①] 四个方面说明档案馆如何实现知识服务。周美兰提出"以人为本"的原则，并在此基础上说明构建档案知识资源、建设档案网络系统、创建档案知识服务模式、优化档案知识服务管理，并具体解释了"拓宽知识受用范围"和"降低知识利用成本，提高知识利用率"，进而从信息技术层面提出"建立标准化档案知识服务平台""构建档案知识服务技术平台""构建基于 Web Services 技术的网络平台""构建档案知识库""构建语义网"[②] 五个方面以促进档案知识服务的实现。程利勋，王海会从系统平台、技术支撑、资源空间、保障体系、调控机制分析了档案知识服务的实现。[③]

另外，还有学者从更为具体的角度，更加具有针对性地探讨了档案知识服务的实现问题。冯湘君深入实现技术层面，具体从档案知识服务构建档案

① 孙逊. 知识经济背景下档案馆的知识服务功能探析 [J]. 兰台世界，2008 (20)：4－5.
② 周美兰. 基于 Internet 的档案馆知识服务探析 [J]. 湛江师范学院学报，2009 (1)：133－135.
③ 程利勋，王海会. 论档案知识服务 [J]. 兰台世界，2009 (24)：6－7.

检索数据库使用的元数据格式标准，介绍 MARC AMC 与 EAD；从"档案馆在构建知识服务平台时，侧重点应放在描述、组织档案历史联系特征信息的特色数据库上，以突出档案馆知识服务的独特性"，采用虚拟排序技术，"提供来源、事由和时间三个检索入口"，具体探讨了档案馆知识服务的特征数据库和历史特征数据库的构建问题。周世玉认为，基层人员应更加注重"技术性要求"，"提前介入，全过程参与"，"服务机关工作、实现良性互动"，[①] 相对其他针对知识服务下档案工作者向知识服务提供者转变的讨论[②③]较具代表性。李静、张剑针对语义网环境下知识服务过程中存在的不足，提出建立基于 Ontology 的用户档案模型系统，实现语义网技术与知识服务的结合。[④] 于春明从档案智能检索技术、多媒体技术、元数据技术、数据抽取技术、数据挖掘技术、数据仓储技术、数据推送技术，讨论了知识服务系统的构建。[⑤]孟歆从"档案利用者需求分析和知识资源的合理评估""知识开发和知识获取""知识挖掘与整理""知识分类检索""知识检查和更新"探讨了作为知识服务基础的档案知识库的建设问题。[⑥] 王应解探讨了档案知识组织对实现档案知识服务的基础作用。[⑦]

　　综合相关研究，我们可以发现这一时期关于档案知识服务实现的研究，无外乎思想理念、馆藏资源、信息技术、人员素质四个方面，这与孙逊提出的档案馆知识服务功能的构成要素，即档案知识资源、档案工作人员、档案利用者、技术支持，基本一致。

### 2.2.4　档案知识服务的模式

　　这一时期档案馆知识服务模式研究较多，但众多研究者包括张捷[⑧]、李

①　周世玉. 档案信息化进程中基层档案工作者的角色定位 [J]. 山西档案, 2006 (S1)：103.
②　刘璐. 谈企业档案工作者从传统服务向知识服务角色转变的必然性 [J] 广东档案, 2009 (6)：40－41.
③　郭莉. 企业档案部门的知识服务 [J]. 北京档案, 2009 (6)：28－29.
④　李静，张剑. 基于语义网技术的知识服务策略研究 [J]. 情报杂志, 2006 (11)：103－105.
⑤　于春明. 基于知识管理的企业档案开发利用研究 [D]. 吉林：吉林大学, 2007.
⑥　孟歆. 结合知识管理浅议档案知识库的建立 [J]. 兰台世界, 2007 (24)：44－45.
⑦　王应解. 档案知识组织初探 [J]. 档案学通讯, 2008 (2)：23－27.
⑧　张捷. 论数字档案馆与数字图书馆知识服务优化整合模型构建 [J]. 档案, 2008 (6)：25－27.

超①、周美兰、郑慧萍②、马玉杰等，其结论成果基本相近，可以将档案知识服务模式基本总结为表2。

**表 2** 　　　　　　　　　　　　　　　**档案知识服务模式**

| 名称 | 内容 |
|------|------|
| 知识型参考咨询服务 | 又称参考咨询服务、知识信息导航服务，以用户提问为出发点，利用档案工作人员的智力进行问题的分析、解决，直接支持档案用户的知识获取和知识创新。<br>包括传统参考咨询服务模式、网络参考咨询服务模式、数字档案馆分布式协作参考咨询模式。 |
| 虚拟型知识服务 | 又称网络型知识服务，主要有门户网站、虚拟化顾问公司等形式。可视为知识型参考咨询中的网络参考咨询服务模式、数字档案馆分布式协作参考咨询模式。 |
| 合作式知识服务 | 又称集成化服务、团队化服务，协作单位可根据各自的优势建立特色数据库，根据协议在协作网共享知识，以达到双赢。<br>包括两种方式：一种是依靠团队力量来组织和提供服务；另一种是加入到用户团队中，知识服务团队将资源开发、信息组织、参考咨询等方面的人才组成工作小组。 |
| 个性化知识服务 | 又称专业化知识服务，是能够满足用户个体知识需求的一种服务，即根据用户提出的明确要求提供服务，或通过对用户个体、使用习惯的分析而主动向用户提供其可能需要的知识服务。 |

---

① 李超，徐震，等. 档案知识服务研究［J］. 山东档案，2009（1）：23—25.
② 郑惠萍. 数字档案馆知识服务模式探究［J］. 兰台内外，2009（2）：19.

续表

| 名称 | 内容 |
|------|------|
| 用户自助服务 | 又称用户自我服务模式，属于一种单向服务，即用户根据自己的需求，通过访问数字档案馆主页获取自己所需文献或相关信息的过程。服务提供者根据以往服务的经验及对利用者需求内容的分类，对低层次且重复性大的需求，借助先进的技术手段为利用者提供标准化服务和解决方案，并由利用者采用自助服务的方式满足其需求。 |

事实上，对于档案知识服务模式在这一时期的研究中基本确定，只是由于分类标准的差异，造成档案知识服务模式名称上的五花八门，除上述表格中的各种模式外，还有人提出"档案专职顾问服务""档案参考咨询服务""档案自助服务"等，其实质大体一样。总体上看，档案知识服务从服务形式上看，可以分为传统档案知识服务、网络档案知识服务（含个性化知识服务），其依据是用户是否使用信息技术或是否实地到馆寻求知识服务；从档案资源利用方式上看，可以分为用户自助服务、交互知识服务。

需要另外说明的是，王萍、赵丹阳提出的随需应变知识服务模式。该模式分为两个方面，即档案馆方面和用户方面。就档案馆而言，一是拓宽档案信息收集范围，极大地覆盖信息知识以构建知识库；二是分析用户信息，开展个性化服务；三是建立专家库；四是进行服务方式的集成以供用户自主选择。就用户而言，需要编制个人信息，使用知识库并进行反馈；选择服务模块，做出服务情况反馈；使用专家库。该模式的研究较之上文提到的各种模式，更为具体明确，更具有可操作性。

### 2.2.5　其他

冯湘君从档案知识资源挖掘与档案知识服务关系的角度提出"档案知识资源的挖掘和发现还有利于档案馆知识服务理念与模式的确立"，"档案知识组织是为档案用户提供知识服务的基础"。张捷提出数字档案馆与数字图书馆知识服务优化整合模型，尝试突破信息系统与用户信息利用过程相对隔绝的局限。周美兰提出档案馆知识服务"以人为本""充分服务"的原则。李超等提出档案馆知识服务的核心思想包括主动服务、知识创新、知识共享。张宗华探讨了培育和发展数字化档案知识服务市场，提出"建立惠及人民大众的知识服务体系"，"建设具有高度公信力的档案信息披露机构"，"促进国内服务市场融入国际市场"。① 刘永以较为抽象的视角，从"数字档案信息空间""数字档案信息空间组织模式""基于数字档案信息空间的知识服务系统"论述了知识服务与数字档案信息服务的关系。②

　　此外，这一时期档案知识服务研究出现了两个新的热点，即数字档案馆和后保管范式。在数字档案馆研究方面，丁恩多提出"数字档案馆知识服务是以传统档案馆知识服务为起点，综合利用多种信息技术、网络技术为用户提供网络化、数字化的知识与价值的过程"。"数字档案馆应开展基于高速信息网的知识服务，通过知识组织和知识服务建立其'专业'地位和市场。"郑惠萍提出数字档案馆知识服务内容包括知识挖掘、知识组织、知识开发。赵丹阳以量化的思想提出"数字档案馆知识服务模式评价"这一命题，并阐明了评价指标体系的设计和模糊综合平均的方法。刘国华、郝伟斌认为面对知识服务的挑战，数字档案馆应该引入知识网格，作为知识创新和服务的平台。③ 王彩虹、聂伟基于企业信息化建设，从法规标准和体系建设的角度，探讨了档案知识服务体系构建。④

　　在后保管范式研究方面，齐虹曾较早地提出"新来源观和宏观鉴定是实现知识服务的手段和保证，而知识服务则是三者的核心和精华"。孟歆分析了知识服务思想下档案鉴定理论的转变原因和条件，以及带来的档案利用方式的变化。⑤ 徐拥军以档案后保管范式与知识管理的关系为切入点，论证作为档案后保管范式的核心和最终目的的知识服务体现了关注知识价值、重视提供知识、强调应用知识的思想理念，⑥ 并从服务理念、服务目的、服务主体、资源基础、服务方式、服务手段、服务策略、服务过程、服务时效九个方面

　　① 张宗华. 培育和发展数字化档案知识服务市场 [J]. 学术论丛，2008 (44)：130-131.
　　② 刘永. 数字档案管理中的知识发现与知识服务 [J]. 档案学研究，2008 (5)：51-53.
　　③ 刘国华，郝伟斌. 知识网格与数字档案馆研究 [J]. 档案学通讯，2008 (1)：66-68.
　　④ 王彩虹，聂伟. 基于企业档案信息化平台的知识服务 [M]. 北京：中国档案出版社，2008：539-543.
　　⑤ 孟歆. 从档案知识服务角度谈档案鉴定理论的变革 [J]. 机电兵船档案，2007 (6)：25-26.
　　⑥ 徐拥军. 档案后保管范式与知识管理 [J]. 档案学通讯，2008 (2)：27-31.

系统论述了知识服务与传统档案服务的区别。①

　　总体来看，2006 年至 2009 年是档案知识服务研究的初步发展时期，文献统计情况呈现出发文数量增加、核心期刊论文增多、研究范围扩大等特征。有关档案知识服务的特点、档案馆实施知识服务的可行性、档案知识服务的实现、档案知识服务的模式等主要问题的讨论表现出研究深度开始增强、理论性不断提升、逐渐关注技术问题等特点。这也与知识管理、知识服务进一步发展有紧密联系。

　　从发文数量、研究热点和研究进程上看，虽然档案学界不仅进一步落后于图书馆学界，也开始逐步落后于情报学界；有些在第一阶段已经被长期研究的问题，依然是这一阶段讨论的主要内容，反映出研究面仍然有待拓宽的现状；并且对于档案馆知识服务的必要性与可行性这一逻辑上应出现在第一研究阶段的问题，思考较为滞后。但是值得肯定的是，相关研究更具有档案学的特色，研究内容更具有档案学的针对性，尤其是伴随着数字档案馆、档案知识管理和后保管范式研究的发展，档案知识服务的研究反映出了新思路和新方向，其中的代表学者有姚乐野、蔡娜②。

## 2.3　深入发展期：2010 年至今

　　2010 年至今是档案馆知识服务研究的深入发展时期，相关研究成果的研究深度进一步增强，研究边界逐渐明确，理论性进一步提升。研究的主要内容集中在档案知识服务的实现，包括数字档案馆与实体档案馆。

### 2.3.1　数字档案馆知识服务的实现

　　郑晨阳针对军事历史研究，提出在数字档案馆环境下，首先要以知识服务为导向，剖析档案知识服务的需求。其次要以需求为牵引，构建数字档案馆知识管理平台，其中要制定档案知识资源的标准，建立 XML 电子文件标准、核心数据标准、档案知识资源管理标准；建立档案知识资源管理平台，收集、组织档案显性知识集群，挖掘隐性知识，构建专项信息资源平台和专

---

① 徐拥军，陈玉萍. 传统档案服务向知识服务过渡研究 [J]. 北京档案，2009 (4)：16－18.
② 姚乐野，蔡娜. 基于知识管理的数字档案馆建设策略研究. 四川大学学报，2008 (2)：124－128.

题知识资源平台；采用知识资源的高效管理手段，"基于知识元的资源组织模式实现知识资源的有效整合"，"运用数据挖掘、数据融合技术实现知识资源的深度分析"，提供显性知识和隐性知识的知识地图导航。最后要以服务研究为目的，创新数字档案馆的知识服务模式，包括根据用户特定需求，"分类制定知识服务推送"；探索用户行为模式，"聚集关联知识服务推送"；围绕特定领域，"垂直门户知识服务推送"；依据用户的研究任务，"智能代理知识服务推送"。①②

　　袁继军、胡凤华以编研工作为切入点，具体研究编研服务这一数字档案馆知识服务的方式，总结了馆藏资源数字化、电子文件归档、搜索引擎搜索、"基于元数据等共享共建标准的馆校际共享信息"四种编研素材获取方式，提出"按照知识的分类及知识元之间的相互关系形成立体交叉的知识体系"建立知识管理信息组织的方式，通过素材、专项、专题的层次结构概念建立知识关系。此外还提出了数字档案馆知识服务应树立"大档案""大发展"的理念，注重打造面向服务的技术基础，加强人员培养。③

　　杨力、姚乐野认为"基于知识管理的数字档案馆服务体系强调知识服务的实现"，提出"一个中心、两个基本点、一个突破点"——"以知识服务为中心，以业务服务和基础服务为两个基本点和以增值服务为突破点"，其中知识服务包括特色专题服务和参考咨询服务。④

　　韩海涛在档案馆知识服务研究初步发展阶段中涉及的档案知识服务模式的基础上，明确了数字档案馆条件下各模式的具体类型，例如个性化服务模式的具体类型有电子邮件服务、即时呼叫服务、页面定制服务、推送服务⑤。

　　王玲借鉴图书馆领域 RSS 的研究成果，介绍了 RSS 技术的特点以及在数

　　① 郑晨阳. 基于军事历史研究的档案知识服务创新［J］. 军事历史研究，2010（S1）：174—177.

　　② 郑晨阳，曹蓉蓉. 数字档案馆知识管理与知识服务研究［J］. 档案与建设，2012（7）：12—14.

　　③ 袁继军，胡凤华. 浅论数字档案馆的知识服务［J］. 兰台世界，2010（4）：25—26.

　　④ 杨力，姚乐野. 基于知识管理的数字档案馆服务体系构建［J］. 档案学通讯，2010（1）：58—60.

　　⑤ 韩海涛. 数字档案馆知识服务模式研究［J］. 天津科技，2010（6）：62—63.

字档案馆知识服务中的应用，提出 RSS 技术是开展个性化服务、建立资源共享和增值服务的重要技术支撑。[①]

胡凤华、袁继军提出数字档案馆知识链模型，他们认为知识链模型"有助于档案信息资源的增值，当用户利用档案知识服务成果并同自身隐性知识进行集成应用时，新的知识就被创造了"，并在此基础上提出了"以知识链模型为核心、知识服务战略规划为导向、知识服务技术模块为支撑、知识服务组织管理模块为保障、知识服务科学评价模块为监督"的数字档案馆知识服务体系框架。其中知识服务战略模块负责知识服务的宏观指导，知识服务组织管理模块通过数字档案馆程序化、规范化、制度化的管理来负责知识服务体系的运行，知识服务技术支撑模块即为知识链各个环节的工具，知识服务科学评价模块负责方案、过程、成果、效益的评价。最后提出数字档案馆知识服务框架的初步实践，将数字档案馆知识链管理过程与知识编研工作平台流程有机结合。[②]

### 2.3.2 实体档案馆知识服务的实现

#### 2.3.2.1 综合档案（馆）知识服务的实现

李翠屏通过档案馆知识服务系统的基本架构、档案馆知识服务系统的实现路径、档案馆知识服务系统的实现平台来论述档案馆知识服务系统，通过推进"以用户为中心"的工作理念，加强知识服务的技术建设，建设知识型档案工作队伍，推进馆藏与服务的知识化、档案馆网站的知识化建设构想来论述档案馆知识服务的基本策略，深入探讨了由用户需求调研、档案信息的知识组织、档案知识开发、档案知识推送推动档案馆知识服务系统的实现路径的落地，并提出将档案网站建设为知识网站。[③]

李加才在综合档案馆知识服务实现策略的基础上，进一步构建了档案馆开展知识服务的系统机构模型，具体包括"构建满足用户需求的知识库""构建支撑档案馆知识服务的技术平台""构建便于利用的知识服务平台""构建

① 王玲. 基于 RSS 技术的数字档案馆知识服务研究 [J]. 北京档案，2012 (11)：37－38.

② 胡凤华，袁继军. 基于知识链的数字档案馆知识服务体系框架 [J]. 档案与建设，2014 (2)：4－7.

③ 李翠屏. 档案馆知识服务研究 [D]. 山东：山东大学：2010.

全方位的知识服务保障体系"，另外还比较创新地展开了面向用户的档案馆知识服务实现流程："登录用户个性化页面"→"检索信息或递交问题"→"返回检索结果或分析用户问题"→"制定问题解答策略并返回"→"用户利用信息反馈"→"档案知识推送服务"。①

连刚强②、张丽③，叶小泮④，孙艳丽⑤，田收⑥，廖洁倩⑦等人基本上都是从服务观念、技术支撑、资源建设、平台建设、人才培养、用户反馈、共享环境对档案馆或档案部门知识服务的实现进行论述。

2.3.2.2　高校档案（馆）知识服务的实现

陈少毅提出高校档案馆基于用户需求的知识服务创新措施，重视信息技术，推广档案机读目录数据库体系；树立知识服务理念；建立知识服务的管理机制，建立动态的、内部明朗的结构组织；建立档案人才库，推动继续教育和岗位培训。⑧ 朱萍⑨、沈海红⑩和杨菊洪⑪、王俊琦⑫等分别从高校开展知识服务的可行性，提高档案部门的创新能力，将知识服务的模式、实现途径和高校现状结合进行讨论。邱迎春⑬、陈奕⑭等探讨了高校人事档案知识服务，认为高校人事档案在管理体制、信息化、服务意识方面存在缺陷，需要通过经费投入、人事档案数据库建设、人事档案服务平台和队伍建设的加强

---

① 李加才，张苏婷．综合档案馆知识服务及其实现策略研究［J］．档案与建设，2011（9）：20－23．

② 连刚强．关于新时期档案部门知识服务的若干思考［J］．神州民俗，2011（4）：144－146．

③ 张丽．档案馆知识服务功能探析［J］．黑龙江档案，2011（3）：42．

④ 叶小泮．高校档案馆开展知识服务的实施策略［J］．黑龙江档案，2011（6）：63．

⑤ 孙艳丽．网络环境下档案馆的知识服务系统构建与实现策略研究［J］．现代情报，2012（11）：64－67．

⑥ 田收．少数民族档案资源的知识服务体系建设构想［J］．黑龙江档案，2013（6）：59．

⑦ 廖洁倩．基于知识管理的高校档案信息资源开发利用及知识服务研究［J］．中国信息技术教育，2014（2）：65－67．

⑧ 陈少毅．基于用户需求的高校档案馆知识服务探析［J］．兰台世界，2010（24）：47－48．

⑨ 朱萍．对高校档案馆开展知识服务的思考［J］．档案管理，2013（2）：56－57．

⑩ 沈海红．高校档案服务如何向知识服务过渡［J］．青海教育，2012（9）：94－95．

⑪ 杨菊洪．基于知识管理的高校档案服务创新［J］．浙江档案，2010（11）：32－33．

⑫ 王俊琦．高校档案知识服务模式探析［J］．中州大学学报，2012（3）：98－100．

⑬ 邱迎春．高校人事档案管理中的知识服务路径研究［J］．办公室业务，2011（12）：23－24．

⑭ 陈奕．高校人事档案知识服务新思路［J］．衡阳师范学院学报，2014（4）：170－173．

开展高校人事档案知识服务。吴亚娟①、杨敏②分别对职校档案知识服务的途径、教学档案的知识服务进行了介绍。冯桂珍提出了"企业档案部门＋高校研发团队＋高校档案模式"的高校档案馆为企业提供档案知识服务的模式。③张丽针对科研档案，探讨了知识服务模式与效益评价，明确了服务深度、广度、人性化三个指标。④

高校档案作为档案学研究的重要组成部分，具有其独特的属性，但就目前高校档案知识服务的研究成果而言，重复有余，创新不足。

### 2.3.2.3 企业档案（馆）知识服务的实现

徐拥军以丰富的案例就企业档案知识服务，回答了"实施企业档案知识服务的必要性""企业档案知识服务的理论依据"两个基础性问题，并从服务理念、目的、主体、方式、手段、策略、过程七个方面详细阐释了企业档案知识服务的实践方法。⑤ 在《基于知识服务的档案管理模式的理论探索》一文中，第一次较为系统全面地阐明了档案知识服务理论与内涵，徐拥军、周艳华、李刚首先基于广东移动的案例提出了"基于知识服务的档案管理模式"（"RMBKS"模型），说明了该模式的理论探索——"基于知识服务的档案管理模式的提出背景"，其次从定义与模型、思想理念与价值追求、基本活动、支撑活动四个维度介绍了该模式的内涵，最后以编码化知识管理模式、档案后保管范式为分论点，阐述了该模式的理论依据。⑥ 同样是基于广东移动的实践，兰祝刚、周艳华、李刚从操作层面，以基本活动、支撑活动、总体成效介绍了"基于知识服务的档案管理模式的主要实践"，以理念与模式的创新、业务与制度的创新、技术与方法的创新介绍了"基于知识服务的档案管理模式的创新之处"，最后论述了推广的意义。⑦ 张辉针对电力行业论述了基

---

① 吴亚娟. 谈档案知识服务内涵及实现方法 [J]. 黑龙江史志，2012（19）：38－39.

② 杨敏. 教学档案后保管时代的探析 [J]. 科技视界，2014（5）：242.

③ 冯桂珍. 构建档案知识服务模式的思考 [J]. 兰台世界，2012（32）：74－75.

④ 张丽. 科研档案的知识服务模式与效益评价 [J]. 兰台世界，2013（11）：48－49.

⑤ 徐拥军. 企业档案知识服务的理论依据与实践方法 [J]. 档案学研究，2010（5）：55－59.

⑥ 徐拥军，周艳华，李刚. 基于知识服务的档案管理模式的理论探索 [J]. 档案学通讯，2011（2）：24－28.

⑦ 兰祝刚，周艳华，李刚. 基于知识服务的档案管理模式的实践与思考 [J]. 中国档案，2011（7）：44－51.

于知识服务的档案管理。①

### 2.3.3　档案知识服务实现的技术

刘晓亮针对档案知识服务网站存在的"基于档案内容的元数据使用不足，档案知识组织缺乏深度""检索方式、质量有待加强""个性化服务应用欠缺""网站间资源共享不力"的问题，提出了从档案知识库、知识组织、知识检索、个性化与多元化服务、知识集成方面着手解决，② 在档案知识服务体系中构建知识资源建设层、知识网络整合层、知识服务应用层③。马朋杰介绍了档案知识服务中数据挖掘的目的、算法、过程、作用。④ 王婷婷提出档案馆用户服务模式平台，即档案学科主题门户，并进一步指出"它的实现必须建立在成熟的数字档案馆基础上的。它不同于普通的档案门户网站"，其"更侧重于对档案学科领域内的资源进行科学组织和优化配置"。⑤ 高大伟介绍了知识推送这一企业档案知识服务的网络化方式，分别说明了基于知识订阅、基于用户情景分析、基于业务流程的企业档案知识推送。⑥ 王兰成、李小青认为，档案馆为了提供更高水平的知识服务，有必要在完善信息组织与导航设计的基础上，构建更加个性化、更具可用性的 Web 档案馆信息空间以满足用户需求和交互发展模式。⑦ 邓秀琼、刘文英进行了基于知识服务导向的档案管理软件利用功能研究。⑧ 刘永在知识构建与知识服务、档案信息空间的知识化组织的基础上，分析了嵌入式档案知识服务的思路。⑨

### 2.3.4　其他

除了档案馆知识服务的实现外，李玉宁论述了数字档案馆知识服务动力

① 张辉. 基于知识服务的档案管理模式的理论探索 [J]. 中国集体经济，2014 (7)：68-69.
② 刘晓亮. 基于知识服务的档案网站构建分析与探讨 [J]. 兰台世界，2010 (22)：16-17.
③ 刘晓亮. 知识服务型档案网站构建研究 [J]. 北京档案，2010 (10)：16-18.
④ 马朋杰. 数据挖掘与档案知识服务研究 [J]. 山东档案，2012 (6)：33-36.
⑤ 王婷婷. 网络环境下的档案用户服务模式研究 [D]. 江西：南昌大学：2012.
⑥ 高大伟. 企业档案知识推送问题研究 [J]. 兰台世界，2013 (35)：16-17.
⑦ 王兰成，李小青. 知识服务中 Web 信息构建技术及应用研究 [J]. 浙江档案，2013 (4)：22-25.
⑧ 邓秀琼，刘文英. 基于知识服务导向的档案管理软件利用功能研究 [J]. 兰台世界，2014 (32)：39-40.
⑨ 刘永. 档案信息服务工程之知识服务 [J]. 档案管理，2012 (2)：4-9.

要素与机制，连刚强思考了知识服务为档案部门带来的变革，张丽阐释了档案馆知识服务功能的定位，郑晨阳、曹蓉蓉展望了数字档案馆知识服务的建设方向。胡凤华从实践层面进行了数字档案馆知识服务人才素质建设分析，强调通过入门、培训、练兵三层次的素质建设，引入人才的知识、智力和创新能力等边三角形关系图，引进了霍尔三维结构①。齐海彬将档案馆知识服务放在生态学视域下进行了研究，强调了知识服务的整体性②。曾莉陈将知识服务理念引入大众文化传播视野下的档案文献编纂。③ 李洪喜从档案在职人员和在读学生两个方面分析了知识服务背景下档案从业者的素质培养。④ 胡凤华、袁继军提出了"档案知识服务学"这一概念，并尝试构建研究范围和内容。⑤ 黄华坤⑥和王运玲、温波⑦都结合大数据对档案知识服务进行了研究，前者结合国土资源档案和广东省国土资源档案集群服务平台建设开展了详实地论述。孟歆结合档案建档工作，分析了知识服务思想下开展建档工作对档案学理论的挑战。⑧

　　总体来看，2010 年至今是档案知识服务研究的深入发展时期，文献统计情况呈现出发文数量明显超过过去十年之和，核心期刊论文进一步增多的趋势。研究的主要内容集中在档案知识服务的实现，包括数字档案馆与实体档案馆的讨论，表现出研究深度进一步增强、研究边界逐渐明确、理论性进一步提升等特点。

　　从发文数量、研究热点和研究进程上看，关于档案知识服务的内涵、与

---

①　胡凤华，袁继军. 数字档案馆知识服务人才素质建设分析 [J]. 兰台世界，2013 (35)：27－28.

②　齐海彬. 生态学视域下档案馆知识服务研究 [J]. 兰台世界，2013 (14)：94－95.

③　曾莉陈. 大众文化传播视野下的档案文献编纂理念研究 [J]. 北京档案，2010 (8)：17－18.

④　李洪喜. 知识服务背景下档案从业者素质培养的思考 [J]. 齐齐哈尔医学院学报，2010 (13)：2137－2138.

⑤　胡凤华，袁继军. 略论档案知识服务学研究 [J]. 兰台世界，2014 (17)：6－7.

⑥　黄华坤. 大数据时代的国土资源档案创新管理研究 [J]. 国土资源信息化，2014 (3)：42－45.

⑦　王运玲，温波. 大数据时代下档案信息资源的知识服务 [M]. 北京：中国文史出版社，2014：359－363.

⑧　孟歆. 探析知识服务思想下档案部门的建档工作 [J]. 兰台世界，2012 (35)：61－62.

传统信息服务的区别等"老问题"仍被部分研究人员研究，从侧面反映出目前相关研究仍然有待突破，而数字档案馆和知识管理应当被更多的人重视、学习。

## 3 问题与不足

虽然档案学界对档案知识服务研究取得了不少成绩，但也存在明显的问题和不足。

第一，研究热度不高，远落后于图情专业。正如本文所言，从档案馆知识服务研究的第一阶段开始，在发文数量上档案学界就已经落后于图书馆学界，但尚与情报学界相差不多。可是之后，档案学界与图情专业差距越来越大，这固然与档案学专业研究人员数量少于图情专业的事实有关。然而，截至2015年4月，中国期刊全文数据库中与本文研究主题相关的文章尚不足二百篇，应该引起我们的思考。

第二，借鉴图情专业多，档案学特色少。图情专业对知识服务的研究早于档案学界，研究成果也更加成熟。但档案学界过多地借鉴图情专业的研究成果，例如知识服务的模型，缺乏与档案馆实际情况、与档案学特色的结合，无法全面反映知识服务在档案事业中的发展规律和实践经验，更无法对未来档案馆开展知识服务提供充足有效的指导，长此以往恐怕无异于饮鸩止渴。

第三，理论研究多，实践研究少。有关档案馆知识服务的研究往往浮于理论层面，缺少对实践案例的研究，导致对知识服务与信息服务管理等已被研究过的问题"炒冷饭"；有关知识服务的实现也多从思想、技术、资源、人才等宏观层面进行论述，缺少可操作性的研究。

# 21 世纪以来《档案法》修订研究述要

## 苏亚云

（辽宁大学历史学院　沈阳　110136）

**摘　要：**进入 21 世纪以来，我国学术界对于《档案法》修订的研究主要侧重于从整体上分析 1996 年版《档案法》相关内容，并对具体条款产生质疑，对《档案法》立法思想及原则、《档案法》与其他法律衔接问题和《档案法》修订草案也进行了多方位的探讨，无论是宏观研究，还是微观研究，均为《档案法》修订工作的顺利开展贡献了各自的力量。在未来的《档案法》修订工作中，要深化《档案法》的研究内容，扩大研究范围，注重《档案法》与其他法律的衔接，丰富研究手段，修订出较为完善的《档案法》。

**关键词：**《档案法》　修改　修订　完善　意见

随着电子文件的大量涌现、档案工作的不断开展以及其他法律条文的不断修订，1996 年修订的《档案法》已不能妥善指导当今档案工作，对《档案法》进行第二轮修订迫在眉睫。国家档案局于 2007 年开始《档案法》第二轮修订工作，经过近十年的反复讨论和修改，终于在 2016 年 6 月 25 日完成，制定并公布了《〈档案法〉修订草案（送审稿）》全文，并向社会各界征求意见。在《档案法》第二轮修订工作期间，学术界产生了一批优秀的研究成果，为推动《档案法》第二轮修订工作的顺利完成注入了醇厚的新鲜力量。

---

**作者简介：**苏亚云，女，河南人，辽宁大学历史学院 2016 级档案学专业研究生，主要研究中国档案史、档案法规学。

# 1　绪论

进入新世纪以后，人们对《档案法》的最主要的研究内容莫过于对《档案法》第二轮修订工作的探讨。由于《档案法》第一轮的修订是本着"可改可不改，不改"的原则进行，因此修订的内容不彻底。随着时间的延长，条款内容的不适应性逐渐明显，再加上电子文件的大量涌现以及《中华人民共和国政府信息公开条例》的颁布，使得《档案法》第二轮修订工作必须尽快提上日程。因此，国家档案局于 2007 年正式启动《档案法》第二轮修订工作。

2007 年，国家档案局成立《档案法》修订草案起草工作组，于当年 3 月开始征求社会各界人士对《档案法》第二轮修订的意见。2008 年，《档案法》修订草案起草工作组将各界人士的意见汇总，初步制定出《档案法》修订草案初稿，再次征求民众意见。"2009 年 3 月、6 月和 9 月，国家档案局先后三次组织听取立法机构、法学专家、中央国家机关和地方档案部门对《档案法》修订草案初稿的意见，对《档案法》修订草案初稿进行了修改完善。"① 会后，《档案法》修订草案起草工作组汇总听取的意见，对《档案法》修订草案初稿进行细致修改。2010 年 5 月 7 日，国家档案局将修改后的《〈档案法〉修订草案（初稿）》提交给国家档案局局务会审议，通过后，印发了《〈档案法〉修订草案（征求意见稿）》，正式大范围地向全国征求意见。2012 年，《档案法》修订列入国务院立法工作计划。"2012 年至 2015 年，在国务院法制办的支持下，《档案法》修订连续列入国务院立法工作计划。9 年来国家档案局组织各地方、各层面的《档案法》修改座谈会 50 余次，组织有关机构和专家学者对修法存在的重点难点问题展开研究论证，并与国家有关部门反复沟通协商。"② 2015 年 5 月，国家档案局再次将修改后的《〈档案法〉修订草案》送往全国各地征求意见，并于当年 8 月 18 日召开《档案法》修改座谈

---

① 张楠.《档案法修订草案（征求意见稿）》起草完成［N］. 中国档案报，2010－08－09（1）.
② 《中华人民共和国档案法》修订草案（送审稿）起草说明［J］. 中国档案，2016（7）：15.

会，与全国各界代表人士就《〈档案法〉修订草案》中的内容进行讨论，再次汇集民众的意见。随后，对《档案法》进行多次修改，制定出《〈档案法〉修订草案（送审稿）》，共 9 章内容，在 1996 年版《档案法》的基础上进行大幅度的修改，于 2015 年 10 月 12 日通过国家档案局局务会议的审定。该草案增添了《档案的权属和处置》《档案信息化与电子档案管理》和《档案工作的监督与管理》这三章内容，并将原《档案法》的第三章《档案管理》修改成《档案的形成和管理》，广泛涵盖了档案工作的各个方面。

2016 年 2 月 17 日，中国法学会在北京组织召开了《档案法修订草案（送审稿）》专家研讨会暨中国法学会 2016 年第 6 期立法专家咨询会，会议成员一致认为"《档案法修订草案（送审稿）》框架结构合理，内容丰富，已经具备了比较好的立法基础"。但是，"建议从档案的概念界定、分级分类管理、电子档案建设、档案馆的管理、与《保密法》《政府信息公开条例》的关系、法律责任等方面进一步修改完善"①。2016 年 5 月 25 日，国家档案局正式公布《〈档案法〉修订草案（送审稿）》全文内容，并下发《关于〈中华人民共和国档案法〉修订草案（送审稿）公开征求意见的公告》，又一次广泛征求意见。2016 年 11 月 7 日，第十二届全国人民代表大会常务委员会第二十四次会议上通过《中华人民共和国档案法》（2016 年修正版），该法对 1996 年版《档案法》的常规修订，修改内容有限，以更好地适应当前档案工作发展的需要，共 6 章内容。中华人民共和国国家档案局官方网站在 2017 年 3 月 29 日专门公布了《中华人民共和国档案法》（2016 年修正版）。

自 2012 年《档案法》修订被正式列为国务院立法工作计划预备项目之后，国务院法制办、国家档案局、中国法学会和其他组织、个人均对《档案法》修订工作的顺利开展和修订内容的完善提出了很多的意见和建议。相信通过国务院法制办、国家档案局和其他社会各界相关人士的共同努力，《〈档案法〉修订草案（送审稿）》在民众共同的意见下，将会被修改得更为完善，新的《档案法》终将会被修订出，也期待新修订的《档案法》能够更好地指

---

① 国家档案局政策法规司. 中国法学会组织召开《档案法（修订草案送审稿）》专家研讨会. [EB/OL]. http：//www. saac. gov. cn/xxgk/2016－03/09/content 132302. htm，[2016－03－09].

导社会各组织"依法治档",推动档案工作的顺利开展。

## 2 文献统计分析

在中国知网,利用高级检索,检索条件为"篇名",检索式为"档案法+修改／修订/完善",检索时间范围为"2000 年 1 月 1 日至 2017 年 5 月 1 日",匹配为"精确",对其进行组合检索,检索结果,如表 1 所示(已删除重复发表的论文和非学术性报道性的论文、报纸)。

表 1　　　　　"档案法+修改／修订/完善"检索结果列表

| 数据库 | 检索式(篇名) | 检索结果(篇) |
|---|---|---|
| 中国学术期刊网络出版总库、中国硕博学位论文全文数据库、中国重要会议论文全文数据库、中国重要报纸全文数据库 | 档案法+修改 | 95(含 73 篇期刊论文、4 篇硕士学位论文、7 篇会议论文和 11 篇报纸文章) |
| | 档案法+修订 | 21(含 15 篇期刊论文、1 篇硕士学位论文和 5 篇报纸文章) |
| | 档案法+完善 | 16(含 15 篇期刊论文和 1 篇会议论文) |

从检索结果可以看出,学者们较为喜欢用"修改"一词来探讨《档案法》第二轮修订工作应探讨的内容,较少使用"修订"和"完善"这两个词语。在这些检索结果中,有些论文的篇名既包含"修改"一词,也包含"完善"一词,这种情况的论文有 6 篇期刊论文和 1 篇会议论文。除此之外,7 篇会议论文中有 3 篇已经发表在期刊上。因此,检索结果共计 122 篇学术论文,其中有 97 篇期刊论文、5 篇硕士学位论文、4 篇会议论文(删除已发表过的 3 篇会议论文)和 16 篇报纸文章。其中,这 16 篇报纸文章中,有 15 篇是《中国档案报》上的优秀文章。可见,《中国档案报》尤为重视《档案法》第二轮修订工作的相关内容,为民众积极推送最新的《档案法》第二轮修订工作的主要内容,对民众的档案信息需求积极认真地负责。

### 2.1 时间分布

为便于探讨上述检索结果的时间分布情况,按照期刊、硕博论文、会议论文和报纸这四类论文来源用折线图分别表示,如图 1 所示。

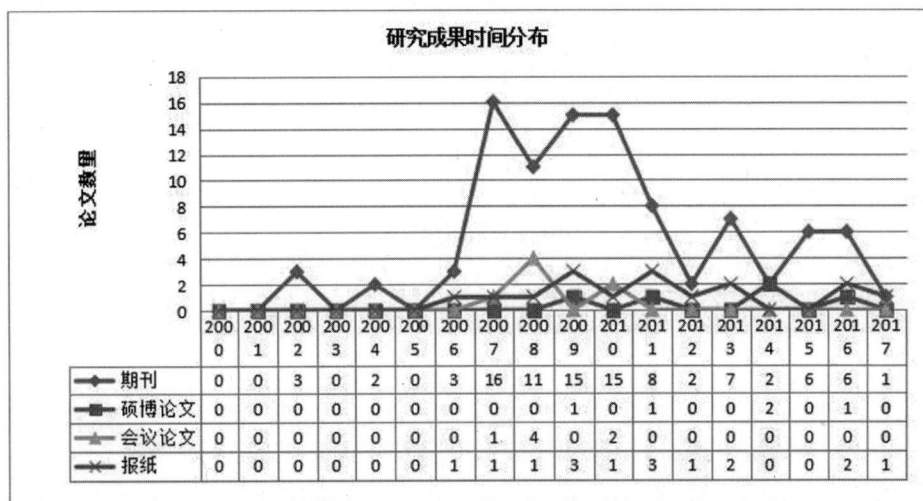

图 1　研究成果时间分布折线图

研究成果时间分布

| | 2000 | 2001 | 2002 | 2003 | 2004 | 2005 | 2006 | 2007 | 2008 | 2009 | 2010 | 2011 | 2012 | 2013 | 2014 | 2015 | 2016 | 2017 |
|---|---|---|---|---|---|---|---|---|---|---|---|---|---|---|---|---|---|---|
| 期刊 | 0 | 0 | 3 | 0 | 2 | 0 | 3 | 16 | 11 | 15 | 15 | 8 | 2 | 7 | 2 | 6 | 6 | 1 |
| 硕博论文 | 0 | 0 | 0 | 0 | 0 | 0 | 0 | 0 | 0 | 1 | 0 | 1 | 0 | 0 | 2 | 0 | 1 | 0 |
| 会议论文 | 0 | 0 | 0 | 0 | 0 | 0 | 0 | 1 | 4 | 0 | 2 | 0 | 0 | 0 | 0 | 0 | 0 | 0 |
| 报纸 | 0 | 0 | 0 | 0 | 0 | 0 | 1 | 1 | 1 | 3 | 1 | 3 | 1 | 2 | 0 | 0 | 2 | 1 |

由图 1 可知，有关《档案法》修订的研究成果在 2007 年之前一直处于低迷的发展状态，这 6 年间有 4 年没有发表一篇关于《档案法》修订的论文。直到 2007 年，研究《档案法》修订的期刊论文数量达到高峰，共计 16 篇，会议论文和报纸也有抬头之势，虽然只是各有 1 篇，但也是进步。这是因为在 2007 年，国家档案局开始对《档案法》进行第二轮修订，并向社会各界征求修改意见，并在其后的几年内多次召开关于如何修改《档案法》的座谈会，学术界开始出现对《档案法》修改或修订的研究热潮，在 2007 年到 2011 年之间表现得最为明显。经过多年的探讨，在 2016 年 5 月，国家档案局制定了相对完善的《〈档案法〉修订草案（送审稿）》征求社会各界的意见，这一年，部分学者对《〈档案法〉修订草案（送审稿）》进行了探讨，并取得了相对不错的成绩，折线趋势有所上升。由此可见，在国家档案局发布对《档案法》修改或修订通知时，关于《档案法》修改或修订的研究成果较多，该年份也是活跃期。

## 2.2　期刊分布

这 122 篇学位论文里，期刊论文有 97 篇，占总量的 79.51%，可见期刊是学术界谈论《档案法》第二轮修订内容的主要阵地。这 97 篇期刊论文中有

82篇论文发表在档案学期刊上，3篇发表在图书情报期刊上，5篇发表在综合性学报上，还有7篇发表在其他领域期刊上。可见，档案学期刊是相当重视《档案法》第二轮修订工作的。下面主要对这82篇档案学期刊论文的期刊分布情况进行分析，如图2所示。

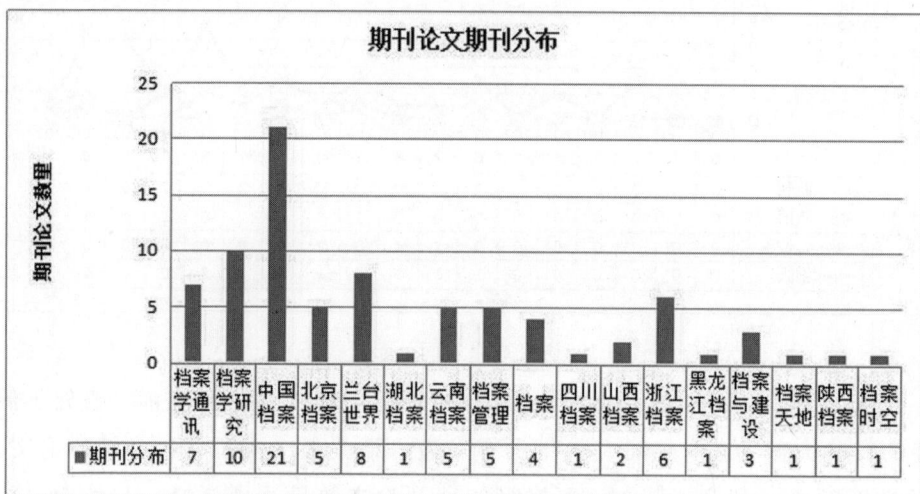

图2　期刊论文期刊分布柱状图

期刊论文期刊分布

| | 档案学通讯 | 档案学研究 | 中国档案 | 北京档案 | 兰台世界 | 湖北档案 | 云南档案 | 档案管理 | 档案 | 四川档案 | 山西档案 | 浙江档案 | 黑龙江档案 | 档案与建设 | 档案天地 | 陕西档案 | 档案时空 |
|---|---|---|---|---|---|---|---|---|---|---|---|---|---|---|---|---|---|
| 期刊分布 | 7 | 10 | 21 | 5 | 8 | 1 | 5 | 5 | 4 | 1 | 2 | 6 | 1 | 3 | 1 | 1 | 1 |

这82篇档案学期刊论文共分布在17种档案学期刊中，以《中国档案》上的发文量最多，共21篇，其次是《档案学研究》《兰台世界》和《档案学通讯》，分别是10篇、8篇和7篇。《北京档案》《云南档案》《档案管理》《档案》《浙江档案》这5种档案学期刊上发表的论文也相对不少，剩下期刊的发文量较少。由此可见，《中国档案》《档案学研究》《档案学通讯》《北京档案》《兰台世界》《云南档案》《档案管理》《档案》《浙江档案》极为重视《档案法》的第二轮修订，尤其是国家档案局主办的《中国档案》更是引领了《档案法》修订内容的潮流。

## 2.3　主题分布

这122篇学术论文，按照研究主题可大致分为整体分析（对《档案法》第二轮修订的总建议、文献综述）、具体条款（即对1996年版《档案法》某一条款和某方面内容的质疑）、法律衔接（《档案法》与其他法律的关系）、立法思想及原则、某视角分析（从某一视角谈论对《档案法》的认识，如隐私权、知情权、国家治理、市场经济等视角）、修订草案和其他，具体情况，如表 2 所示。

表 2　　　　　　　　　　　　学术论文主题分布表

| 项目　　主题 | 整体分析 | 具体条款 | 法律衔接 | 立法思想及原则 | 某视角分析 | 修订草案 | 其他 | 总计 |
|---|---|---|---|---|---|---|---|---|
| 篇数（篇） | 43 | 19 | 5 | 11 | 25 | 11 | 8 | 122 |
| 比例（％） | 35.25 | 15.57 | 4.10 | 9.02 | 20.50 | 9.02 | 6.56 | 100 |
| 备注 | （1）有些论文对 1996 年版《档案法》中的多个主题进行探讨，若对每个主题的论述都较为浅薄，就归于"整体分析"，若较为侧重于某个主题，则归入该主题类别；<br>（2）其他主要是一些研究主题仅有一篇论文的文章；<br>（3）除不尽的数字，一律保留 2 位小数（四舍五入） | | | | | | | |

由表 2 可知，当前对《档案法》第二轮修订内容的探讨，较为侧重于对 1996 年版《档案法》整体问题的分析、某视角的分析和具体条款的质疑，整体分析最多，占总量的 35.25％。对《档案法》的立法思想与原则、与其他法律的衔接问题和对《档案法》修订草案的认识，探讨得较少。总而言之，学者们对于《档案法》第二轮修订内容的探讨，主题多样，既从宏观的角度进行整体分析，也从微观的角度对某一条款进行具体分析，并将《档案法》与其他法律相联系，多角度、多方位地研究 1996 年版《档案法》内容，积极投身于《档案法》第二轮修订工作当中。

## 3　主要研究成果

根据上述文献统计分析可知，当前对于《档案法》修订内容的探讨，主要是围绕《档案法》第二轮修订进行的，主要包括对《档案法》第二轮修订的总建议、对 1996 年版《档案法》某条款的质疑、从某视角谈论对 1996 年版《档案法》的认识、《档案法》立法思想及原则、《档案法》与其他法律衔接问题和对《档案法》修订草案的认识等。下面对其主要研究成果分别论述。

### 3.1　对《档案法》第二轮修订的总建议

学者们对《档案法》第二轮修订内容研究最多的就是如何从整体上把握《档案法》的修订内容，并发表了大量的意见。吴诗淼、文振兴从档案法律关系入手，分析了 1996 年版的《档案法》的"档案法律关系主体、客体和内容（权利、义务）存在的问题，并提出档案法律关系主体上要增加公民或其他组织为档案行政主体、明确档案业务约束对象和利用约束对象范围，客体上要完善档案定义、健全档案行为，内容上要保障档案法律主体权利与义务均衡、完善权利义务监督保障体系等修改策略"①。宋扬从《档案法》修改的实践出发，认为在《档案法》第二轮修订过程中只有处理好"权力与责任、权利与义务、行政监管与市场调节机制、条条与块块、紧迫性与科学性"② 的关系，才能制定出较为科学合理的《档案法》。毛少汉运用问题导向的方法分析了核心刊物里关于《档案法》修订的文献内容，认为在《档案法》修订中要尤为注意 "《档案法》修改中关于宏观层面的问题、《档案法》与其他法律之间存在的衔接问题、《档案法》具体条款中存在的问题、需要在《档案法》中添加新条款的问题"③ 这四大问题。蒋卫荣认为《档案法》第二轮的修订应围绕移植《政府信息公开条例》所确立的"公开是原则，保密是例外"的立法精神、电子文件如何"入法"、如何从立法技术上保证档案行政执法工作有效开展等问题展开④。陈艳红、宋娟、鄢嫦和张智慧对 1996 年版《档案法》的"总则、档案机构及其职责、档案的管理、档案的利用职权和公布、法律责任"等各部分提出了修改建议⑤，共 20 条。

---

① 吴诗淼，文振兴. 我国现行《档案法》存在的问题及修改策略研究 [J]. 北京档案，2016 (5)：21.

② 宋扬.《档案法》修改过程中需要处理好的几个关系 [J]. 档案学研究，2010 (5)：33－36.

③ 毛少汉. 基于问题导向的新世纪以来我国《档案法》研究之研究 [D]. 杭州：浙江大学，2016：1.

④ 蒋卫荣.《档案法》第二轮修改的重点问题 [J]. 档案学研究，2010 (2)：18.

⑤ 陈艳红，宋娟，鄢嫦，张智慧.《档案法》修改建议二十条 [J]. 档案学通讯，2013 (6)：58.

### 3.2  对 1996 年版《档案法》某条款的修改

蒋卫荣对《档案法》第一条关于立法宗旨定位的法律进行了质疑，认为正确的立法宗旨定位"不仅要解决'知的需求'问题，而且还需从现代法理理念出发，解决'知的权利'的问题，从而实现《档案法》定位的双重超越"①。他还根据梁启超档案拍卖案，认为"应对《档案法》第十六条第二款的内容进行适当的修改，以保护我国流失海外的一些档案的应有权益"②。姚志成要求对《档案法》第二十四条法律进行修改，原因是"《档案法》中对档案受损的 3 项'违法行为'限定为'在利用档案馆的档案中'，违背了《档案法》的立法宗旨，应当删除"③。除此之外，一些学者还就《档案法》的某个方面的几个条款提出了质疑。如王成玉对《档案法》中的档案安全条款进行了探讨，指出"在《档案法》体例结构上，应围绕档案的'保管'、'安全'和'利用'三个体系的建设来设定，档案安全应列专章，同时，立法时，要建立有威慑力的档案安全法律责任体系"④。解连枝就《档案法》中的"法律责任"问题进行了探讨，认为"应取消县级以上人民政府档案行政管理部门对违反《档案法》直接负责的主管人员或者其他直接责任人员行政处分的规定；应当修正对同样的违法行为人因违法行为发生地不同而设定两种处罚（处分）的规定；应将对不同的法律责任做笼统规定修正为分条（款）具体明确的规定"⑤。曲正阳探讨了《档案法》的档案法律定义问题，认为"档案法律定义所规定的国家管理档案范围，仅限定为'国有档案'，而将大量的'非国有档案'拒之法外，有悖于依法治档宗旨。将'非国有档案'立法，纳入档案法律定义之中，这是市场经济的需要，是'入世'的需要，是落实《宪

①  蒋卫荣. 中外政府信息公开范围制度设计差异及其启示——兼谈《中华人民共和国档案法》第一条的修改 [J]. 档案学研究，2015（5）：53.
②  蒋卫荣. 从梁启超档案拍卖说《档案法》第十六条的修改 [J]. 档案学研究，2013（4）：23－26.
③  姚志成.《档案法》第二十四条之缺陷及其修改 [J]. 档案学研究，2002（2）：25.
④  王成玉. 修改《档案法》有关档案安全条款的建议 [J]. 中国档案，2010（11）：32－33.
⑤  解连枝. 论《档案法》"法律责任"修改的几个问题 [J]. 中国档案，2008（4）：30－31.

法》精神的需要，同时也是构建档案事业依法治档保障工程的必由之路"①。

### 3.3　从某视角论对 1996 年版《档案法》的认识

对《档案法》第二轮的修订，一些学者从某一个视角对《档案法》的修改、修订和完善进行了研究，以求能够在以后的《档案法》修订中全方位地满足民众的各种需求，且多是从政府信息公开、隐私权、开发利用、市场经济和国家治理等视角进行探讨。陈忠海、刘东斌指出"政府信息公开不等于档案信息公开，且《中华人民共和国政府信息公开条例》和《档案法》对公开政府信息与开放档案时限规定不一致，理应从政府信息公开的角度对《档案法》进行一定的修改"②。陈楠楠指出，"也可以从保障人民群众的知情权、提高政府工作的透明度、促进依法行政和充分发挥政府的服务作用这四个角度出发对《档案法》进行重新修改"③。李宇宁认为《档案法》第二轮的修改要保证公民的隐私权，并提出"在隐私权立法中，既要参考和借鉴国际上通行的条款和做法，同时又要结合我国具体的隐私文化传统和实际情况"④。姜之茂、赵力华认为要多从市场经济的角度对《档案法》进行一定的修改，并指出"当前修改《档案法》需要注意克服计划经济思维模式的影响，只有从市场经济视角出发，才能制定出一部切合时代发展需要的《档案法》"⑤。王岚则从国家治理的视角下对《档案法》的修改进行论述，并称"作为行政法，《档案法》修改的重点应在规范档案的形成与管理，明确档案的权属与处置，协调档案的公开、公布与利用，推进档案信息化建设和电子档案管理的发展，使《档案法》成为国家治理现代化的重要支撑"⑥。

### 3.4　《档案法》立法思想及修改原则

黄南凤、蒋卫荣根据《中华人民共和国政府信息公开条例》的立法理念

---

① 曲正阳.《档案法》中档案法律定义之缺陷及其修改［J］. 档案学研究，2004（5）：41.
② 陈忠海，刘东斌. 从政府信息公开看《档案法》的修改［J］. 档案学研究，2010（3）：30.
③ 陈楠楠. 政府信息公开背景下的《档案法》修改［J］. 云南档案，2009（3）：55.
④ 李宇宁. 从隐私权角度考察《档案法》修改和完善［J］. 档案，2009（3）：47.
⑤ 姜之茂，赵力华. 从市场经济视角看修改《档案法》［J］. 上海档案，2007（10）：10.
⑥ 王岚. 国家治理视角下《档案法》修改的思路与思考［J］. 档案学研究，2015（1）：41.

谈论《档案法》的修订，认为"《档案法》修改应该遵从《条例》的立法理念，直面矛盾，切实做好两者之间的衔接与相关内容适度调整，从而达到提高档案立法的质量，降低执法成本的目的"①。蒋锦萍也探讨了《档案法》的立法思路，认为要"宏观把握，推进《档案法》的修订与完善；方便操作，提高档案执法的威慑力；总结经验，注意借鉴和吸收其他地方档案法规的优点"②，才能够修改出更好的《档案法》。程训方、刘东斌"从立法思想这一角度对《档案法》进行了分析，指出现行《档案法》在公平、均衡和可操作性方面存在一些问题和不足，并对如何修改《档案法》提出了一些具体的意见和建议"③。潘玉民也指出在修改《档案法》时，要"科学处理与其他法律之间的关系，与信息公开法规有机协调，充分体现档案信息资源开发的思想，吸取地方档案立法成功的经验和坚持民主性立法原则"④。除此之外，王应解认为，《档案法》的修订应遵循"慎重修法、现实性与前瞻性相结合、部门基本法定位、法律一致性、'藏用并重、利用优先'、科学分类、区别对待"⑤的原则。陈楠楠认为《档案法》修订应坚持慎加、和谐和以人为本的原则。宋杨也较为赞同"以人为本对《档案法》进行修订"⑥ 的观点。潘世萍则根据信息立法原则探讨《档案法》的立法原则，认为"《档案法》立法应遵循效益、平等、协调、实事求是的原则"⑦。沙菲认为在修订《档案法》时应坚持"协调统一、操作性强、前瞻性和规范性原则"⑧。陈鑫提出，在修订《档案法》时可以"按照行政法的职权法定、行政公开、责任行政和行政效益四项原则"⑨ 进行修改。

---

① 黄南凤，蒋卫荣. 从《条例》的立法理念看《档案法》修改 [J]. 档案学通讯，2009（2）：39.

② 蒋锦萍.《档案法》修改之立法思路探讨 [J]. 浙江档案，2008（3）：41—42.

③ 程训方，刘东斌. 从立法思想谈《档案法》的修改——《档案法》审视之十四 [J]. 档案管理，2006（6）：21.

④ 潘玉民. 论《档案法》修改的基本原则及相关问题 [J]. 北京档案，2007（9）：32—35.

⑤ 王应解. 浅议《档案法》修改的几个原则 [J]. 档案学通讯，2007（5）：43.

⑥ 宋扬. 以人为本做好《档案法》的修改工作 [J]. 中国档案，2009（3）：44.

⑦ 潘世萍. 从信息立法原则看《档案法》修订 [J]. 中国档案，2008（3）：26—27.

⑧ 沙菲. 从立法原则角度审视《档案法》的修改 [J]. 浙江档案，2007（8）：23—24.

⑨ 陈鑫. 论行政法基本原则视野下的《档案法》修订 [J]. 档案学研究，2016（4）：47—51.

### 3.5 《档案法》与其他法律衔接问题

周林兴指出"《档案法》与相关法律法规之间存在一些矛盾，包括理念上的落后、内容上的冲突、职责上的重叠、配套上的盲区，提出了化解这些矛盾的办法，即《档案法》的修订须与时俱进，档案行政执法主体须明确，档案法律法规内部外部须一致，档案立法者来源须广泛"①。冯文杰将《档案法》与《保密法》《著作权法》进行了对比分析，指出"《档案法》在修改中应多加借鉴《保密法》和《著作权法》中的相关优秀内容"②。严永官分析了《物权法》对物权的基本表述，指出档案具有较强的物权特性，"《档案法》应当增设有关档案物权方面的规定"③。井亚莉也较为赞同对《档案法》一些条款的修改可以借鉴《物权法》的相关内容，这样可以"明确档案权人的法律地位、权利和义务，规范档案移交和权属变更行为"④。

### 3.6 对《档案法》修订草案的认识

《〈中华人民共和国档案法〉修订草案（送审稿）起草说明》主要论述了"《档案法》第二轮修改的必要性，修订草案起草过程，修订指导思想与基本原则，并对《档案法》修订草案（送审稿）的重要条款"⑤ 进行了深刻分析。徐拥军、李晶伟、蔡美波探讨了《档案法》修订草案（送审稿）的主要内容，指出"修订草案对现行《档案法》进行了较大幅度的补充和修改，具有极大的进步性，但仍有一些局限性，如立法语言的严谨性有待提高、法条内容的合理性值得商榷、法律体系的协调性有待优化等，要克服这些局限性，在修订《档案法》时应坚持慎重修法的基本原则，贯彻以人为本的立法理念，使

---

① 周林兴. 对《档案法》修订的几点思考——基于《档案法》与相关法律法规协调的角度 [J]. 档案，2011（3）：6－8.
② 冯文杰. 比较分析相关法律条文看《档案法》的修改 [J]. 中国档案，2007（9）：20.
③ 严永官. 从《物权法》的颁布看《档案法》的修改 [J]. 中国档案，2007（7）：42.
④ 井亚莉. 以物权的观念看档案法的修改 [J]. 陕西档案，2007（6）：35－37.
⑤ 《中华人民共和国档案法》修订草案（送审稿）起草说明 [J]. 中国档案，2016（7）：14－16.

用严谨规范的立法语言，构建协调一致的法规体系"①。陈忠海对徐拥军、李晶伟、蔡美波的《对〈档案法〉修订草案的几点意见》中提到的《档案法》法定定义问题、《档案法》与其他法规的不协调问题以及如何理解以人为本的立法理念问题提出了质疑，认为"《档案法》修订草案中的法定档案定义的外延小于学理档案定义的外延，并以其明确性、强制性区别于学理定义的严谨性、系统性。《档案法》修订草案体现了'以人为本'的立法理念，至于没有设置相应的行政救济和司法救济制度，可以进一步修改完善，也可以通过《档案法实施办法》的修订加以具体规定"。丁海斌对《〈中华人民共和国档案法〉修订草案（送审稿）》提出了建议，共 32 条，指出"档案法的制定应符合基本的法理和学理，要符合社会实践的实际情况，特别是要有合理的规范对象和注意区别行业法与行业工作条例等实施规范的区别。对象的不准确和定位的缺失，最终会导致法律本身效率的缺失"②。罗滦主要对《档案法》修订草案提出了几点建议，主要建议"《档案法》修订中取消开放范围内档案公布权，而对于未开放范围内的档案公布权仍然保留"③。

# 4    总结

自 2007 年，国家档案局进行《档案法》第二轮修订工作以后，国内探讨《档案法》修订内容的热情逐渐高涨，《〈档案法〉修订草案（送审稿）》公布之后，民众对《档案法》第二轮修订内容探讨的热情仍然没有冷却。在这十年间，国家档案局与社会各界人士对 1996 年版《档案法》条款内容进行了多次探讨，广泛收集各界学者的意见，使得《档案法》第二轮修订工作取得优秀的成绩，学术界也相应产生了一批优秀的研究成果。但是，从研究成果数量上看，成果数量有限，至今还没有一篇博士学位论文，学者们对《档案法》

---

①　徐拥军，李晶伟，蔡美波. 对《档案法》修订草案的几点意见 [J]. 档案学通讯，2016（6）：7—10.

②　丁海斌. 关于《中华人民共和国档案法》修订草案（送审稿）的问题与建议 [J]. 档案，2016（10）：13.

③　罗滦. 关于取消与设定档案公布权的理论探讨——对《档案法》修订草案的几点建议 [J]. 浙江档案，2010（12）：20.

第二轮修订内容研究的热度并不太高；从时间分布上看，在 2007 年至 2011 年发表的论文数量居多，2013 年、2015 年和 2016 年发表的论文较多，可见，学术界对于《档案法》第二轮修订内容的探讨是随着国家政策的实施而随时跟进的，没有太大的主动性和积极性；从期刊分布上看，绝大多数论文发表在档案学期刊上，且有 17 种档案学期刊收录了有关《档案法》第二轮修订内容的论文，可见档案界也是相当重视《档案法》第二轮修订工作的；从研究主题上看，既从宏观的角度对 1996 年版《档案法》的制定内容进行整体分析，又从微观的角度探讨 1996 年版《档案法》具体条款内容，并多角度地对《档案法》相关内容进行探讨，主题多样，内容丰富。虽然《〈档案法〉修订草案（送审稿）》已经修订完成，但新的《档案法》并没有正式修订出来，我国仍会对《〈档案法〉修订草案（送审稿）》继续谈论和修改。因此，在未来的《档案法》修订工作中，学术界应加大对《档案法》修订工作的重视，积极主动地参与到《档案法》修订工作当中，以实践需求为导向，全方位地对《档案法》的条款制定进行思考，深入探讨《档案法》相关内容，丰富研究方法，并注重保持《档案法》与《刑法》《物权法》《保密法》《政府信息公开条例》等相关法律条文规定的一致性，建设完善的档案法规体系，更好地推动档案工作的开展，大力发展我国的档案事业。

档案与社会记忆

# 世界记忆工程对中国地方档案
# 事业发展影响研究

## 陈 鑫 吴 芳 卜鉴民

（苏州市工商档案管理中心，苏州市档案局 苏州 215001）

**摘 要**：世界记忆工程是联合国教科文组织发起的一项文献保护项目，通过世界记忆名录体系宣传保护珍贵文献遗产的重要性。世界记忆工程自 1995 年进入中国后，对地方档案事业的发展带来诸多影响。本文在简要介绍了世界记忆工程及其在中国推广的基础上，从形成保护体系，提升保护意识，扩大影响力，吸引关注研究，促进跨界合作，助力城市发展，推动人才培养等 7 个方面总结了世界记忆工程对地方档案事业发展的影响。

**关键词**：世界记忆工程 地方档案 发展影响 文献遗产

## 1 世界记忆工程概况

世界记忆工程（Memory of the World，简称 MOW）是 1992 年由联合国教科文组织（UNESCO）发起的一项文献保护项目，是世界遗产项目的延续。[①] 作为 20 世纪末至 21 世纪人类社会文化领域最重要的国际性项目之一，世界记忆工程旨在实施联合国教科文组织宪章中规定的保护世界文化遗产的

作者简介：陈鑫，女，苏州市工商档案管理中心副研究馆员；吴芳，女，苏州市工商档案管理中心办公室主任，馆员；卜鉴民，男，苏州市工商档案管理中心主任，苏州市档案局副局（馆）长，研究馆员。

① 联合国教育、科学及文化组织. 世界的记忆［M］. 合肥：安徽科学技术出版社，2015：前言.

任务，唤起人们对世界范围内濒危、散失或正在遭受厄运的文献遗产的关注。该项目通过建立《世界记忆名录》、授予标识等方式，向政府和民众宣传保护珍贵文献遗产的重要性，同时鼓励通过国际合作和使用最佳技术手段等，对文献遗产开展有效保护和抢救，进而促进人类文献遗产的广泛利用。

## 1.1 世界记忆工程的产生背景及目标

世界记忆是全世界各族人民共同的记忆，对保护各民族的文化特性，塑造各民族的未来有着重要作用。文献遗产是世界记忆的重要组成部分，正如联合国教科文组织现任总干事伊琳娜·博科娃所说："这些文献遗产承载了人类经验的记忆，是承载人类身份认同的工具，是知识和智慧的源泉。"然而，由于自然和人为的原因，文献遗产也是最容易遭到破坏的部分，甚至相当一部分的文献遗产已经遭到破坏或消失。"我们有太多的文献遗失在狂热的冲突和历史的风云变幻中，还有太多文献遗产被埋藏在图书馆、博物馆和档案室里，无法供人类瞻仰。"

联合国教科文组织肩负着发展文化和保护世界文化遗产的重任，它意识到应当采取紧急行动以确保这些珍贵的文献遗产不再受到破坏。1992年，时任联合国教科文组织总干事的费德里科·马约尔做出了一个明智的决定：继1972年发起世界遗产项目并在自然和文化遗产保护领域取得显著成效后，在世界范围内发起人们对档案馆、图书馆和博物馆中的文献遗产进行保护。① 世界记忆工程由此产生。

围绕文献遗产保护的宗旨，世界记忆工程制定了具体的实施目标，它们同等重要且互为补充。一是采用最适当的手段保护具有世界意义的文献遗产，并鼓励对具有国家和地区意义的文献遗产的保护；二是使文献遗产得到最大限度的、不受歧视的平等利用；三是开发以文化遗产为基础的各种产品并广泛推销；四是提高世界各国对其文献遗产，特别是对具有世界意义的文献遗产的认识。

---

① 王健，许呈辰，史乐乐. 世界记忆工程 20 年光辉历程［N］. 中国档案报，2012－9－14 (3).

### 1.2　世界记忆工程的机构设置

世界记忆工程采用国际咨询委员会——地区委员会和国家委员会——秘书处三级机构共同管理的方式对世界记忆进行管理。

#### 1.2.1　国际咨询委员会

国际咨询委员会是联合国教科文组织的常设机构，作为其在世界记忆保护领域的代表，负责对项目进行总体规划，指导项目的整体运行，制定各项方针政策，并协调各国行动。国际咨询委员会由 10～15 名委员和一定数量的观察员组成，每两年召开一次会议。1993 年，联合国教科文组织在波兰举行国际咨询委员会第一次会议，会上制定了一部《通用指南》，由国际图书馆联合会与国际档案理事会共同编制，其中包括图书馆和档案馆中被严重损毁的馆藏文献遗产名单。

#### 1.2.2　地区委员会和国家委员会

联合国教科文组织将世界划分为 5 个地区：亚太地区、非洲地区、阿拉伯地区、欧洲和北美地区、拉美和加勒比海地区，鼓励各地区和国家建立世界记忆工程地区委员会和国家委员会，建立地区和国家记忆名录。

世界记忆工程地区委员会基于地域、文化或区域划分，为了世界记忆工程的某个目标，由两个或多个国家合作组织，委员会代表由各国代表组成。目前，亚太地区、非洲地区、拉美和加勒比海地区建立了世界记忆工程地区委员会。此外，一些小的地区，由于历史或地域等原因，也形成了小的地区委员会，如波罗的海地区世界记忆委员会。

世界记忆工程国家委员会是一个自治主体，拥有自己的职权范围和建立伙伴关系等事务的规则。这些国家委员会是世界记忆工程遍布全球的重要执行机构，担负着鉴定评估文献遗产价值、提高遗产保护意识、保管文献遗产、利用文献遗产以及处理各级机构间关系的重任。截至 2014 年，共有 59 个国家建立了世界记忆工程国家委员会，其中亚太地区 12 个、非洲 7 个、阿拉伯地区 5 个、欧美和北美地区 20 个、拉美和加勒比海地区 15 个。① 未建立世界记忆工程国家委员会的国家，由该国联合国教科文组织国家委员会代表负责。

### 1.2.3 秘书处

国际咨询委员会下设秘书处，其职能主要是为国际咨询委员会及其附属机构、常规行政和监察部门提供支持服务，包括世界记忆名录的标准制发、提名和选举，监督世界记忆工程基金的使用，以及国际咨询委员会需要的其他辅助工作。各地区委员会和国家委员会下也设有秘书处，主要负责处理委员会的日常事务，如保管记忆名录、协助召开会议、维护网站、监督出版物的发行等。

## 1.3 世界记忆名录体系

世界记忆名录体系是世界记忆工程最终成果的具体呈现，分为世界级、地区级和国家级。满足名录要求的文献遗产必须被评定为在国际、地区、国家级别中具有世界意义，其决定是由世界记忆工程各个级别的专家委员会作出。

### 1.3.1 世界级记忆名录

世界级记忆名录，即我们通常所说的《世界记忆名录》，是指经国际咨询委员会评价和入选的具有世界意义的文献遗产的名录。该名录与《世界遗产名录》《世界非物质文化遗产名录》并称为联合国教科文组织的"三大名录"，其原始内容基于 1995 年国际咨询委员会会议制定的《通用指南》，并随着历届会议的召开不断加入新的内容。被列入《世界记忆名录》的档案可以使用"世界记忆工程"的标志，将其用于各种宣传品，从而大大提高该文献遗产以及收藏机构的知名度。《世界记忆名录》的申报也是提高各国政府、非政府组织、基金会和广大人民群众对其遗产重大意义认识的重要工具，并有助于该文献遗产从政府和捐助者那里获得资助。

截至 2015 年，共有来自世界各大洲 100 多个国家的 348 个项目入选《世

---

① 周耀林，黄灵波，王倩倩."世界记忆工程"的发展现状及其推进策略［J］. 信息资源管理学报，2014（2）：5.

界记忆名录》。

### 1.3.2 地区级记忆名录

世界记忆工程鼓励各地区建立地区级的记忆名录，这是仅次于《世界记忆名录》的文献遗产清单，是具有地区意义的珍贵文献遗产的名录。截至目前，仅有亚太地区于 2005 年建立了地区级记忆名录，即《世界记忆亚太地区名录》。该名录基本的甄选标准采用《世界记忆名录》的国际评定标准为模版，并适当纳入地区范围内的附加条件。

### 1.3.3 国家级记忆名录

国家级记忆名录由各国的国家委员会负责更新。目前只有部分国家设立了国家级记忆名录，如中国、英国、澳大利亚、波兰、拉脱维亚等。其中，中国是世界上最早建立国家级记忆名录的国家，具体情况会在第二部分详细阐述。英国国家级记忆名录可以由个人或单位提名，提名的文献遗产可以是档案的各种形式，通过综合考虑文献的真实性、稀有性、完整性、现状及社会或社区意义等因素，评选出入选名录的档案文献。自 2010 年以来，共评选出 5 轮共计 58 项文献遗产入选英国国家级记忆名录，入选数量分别为 2010 年的 10 项、2011 年的 20 项、2012 年的 11 项、2014 年的 9 项和 2016 年的 8 项。

此外，为了响应世界记忆工程的号召，一些国家在其行政区域内也开展了记忆工程，并设立了以行政区域为单位的地方级记忆名录。比如在中国，江苏省建立了《江苏省珍贵档案文献遗产名录》，上海市建立了《上海档案文献遗产名录》等。由于这类名录并非由联合国教科文组织的各级专家委员会评定和管理，因而这里未将其作为世界记忆名录体系中的一个级别单独列出，仅作为对世界级记忆名录、地区级记忆名录和国家级记忆名录的补充。

## 2 世界记忆工程在中国

文献遗产基于其原始记录性，所承载的信息是中华历史文化的真实佐证，是中国历史文化遗产中的重要组成部分。为了抢救并保护好这些文献遗产，与世界记忆工程接轨，提升社会各界保护文献遗产的意识，中国于 1995 年成立了世界记忆工程中国国家委员会，由国家档案局牵头组织，联合国教科文组织中国全国委员会、国家图书馆、中国科学技术信息研究所和文化部档案处等均参与其中。时任国家档案局副局长、中央档案馆副馆长郭树银担任首任主席。世界记忆工程中国国家委员会成立后，积极组织中国相关部门和单位向联合国教科文组织申报世界记忆名录，支持和参与世界记忆工程亚太地区委员会的活动。

## 2.1　世界记忆工程在中国的推广历程

1995 年，世界记忆工程中国国家委员会成立。然而在此后的 5 年间，国内媒体界有关世界记忆工程的声音寥寥无几。

直到 2000 年，"中国档案文献遗产工程"实施，引起了国内主流媒体的关注。《人民日报》于 2002 年 3 月刊发《我们的记忆世界的记忆》，《中国档案》2003 年刊发了由国家档案局外事办的王红敏撰写的《世界记忆工程概述》，这些文章从社会和行业的角度对世界记忆工程进行了介绍。此后，随着我国一些档案文献遗产陆续入选《世界记忆名录》，一些文化类报刊和地方媒体也对此展开了报道。

2014—2015 年"南京大屠杀档案"申报和列入世界记忆名录，成为国内媒体关注的焦点。申报前，《新华每日电讯》刊发评论文章《让日本"历史之耻"成为"世界记忆"》。《中国社会科学报》组织专家进行研讨，形成《学者解读南京大屠杀档案申报世界记忆名录》专题报道，为"南京大屠杀档案""申遗"造势。《南京大屠杀档案》入选《世界记忆名录》当天，央视新闻联播就对申报人进行了采访和报道，之后更是有大量媒体进行跟踪报道，此处不一一列举。

2015 年，国家档案局和中国档案杂志社设计印发了《中国的世界记忆遗产》宣传折页，作为"国际档案日"期间的主要宣传品向社会发放，向社会普及文献遗产知识，开始了传播和推广世界记忆工程和中国档案文献遗产的新尝试。[1]

---

[1]　王天泉. 浅谈世界记忆工程的传播与推广 [J]. 中国档案，2016（12）：6.

与世界自然遗产、非物质文化遗产在中国的热度相比，世界记忆工程现有的推广情况与其地位显然不相匹配。但令人欣慰的是，近年来，有关世界记忆工程的报道出现井喷式增长，并已有学者开始对其发展情况进行研究。

## 2.2　中国档案文献遗产工程

中国档案文献遗产工程是指确定、保护、管理和利用中国档案文献遗产的一系列行动计划和措施。为唤醒和加强全社会对档案文献的关注度和保护意识，有计划、有步骤地开展中国档案文献遗产的抢救、保护工作，国家档案局于 2000 年启动了这一工程。

2001 年 2 月，国家档案局牵头组织并成立中国档案文献遗产工程领导小组，由时任国家档案局局长、中央档案馆馆长毛福民担任组长。同年 5 月，国家档案局在北京召开"世界记忆工程暨中国档案文献遗产工程申报工作座谈会"，对两项工程的情况进行了介绍，明确了中国档案文献遗产工程的目的和意义，讨论了即将出台的《中国档案文献遗产工程总计划》，还对中国档案文献遗产申报组织等相关工作做了具体部署。

2001 年 11 月，由季羡林先生担任名誉主任的中国档案文献遗产工程国家咨询委员会正式成立，由知名的文献学、档案学、图书馆学、历史学和古籍版本专家组成，负责鉴定、评选工作。委员会的成立，有效确保了对各地申报的档案文献的准确评估，提升了《中国档案文献遗产名录》的权威性。

此后，我国档案文献遗产工程开始了正式的申报、评审、批准等程序性工作。迄今已公布四批《中国档案文献遗产名录》，收录 142 件（组）档案文献。

## 2.3　中国已入选各级名录的珍贵档案

### 2.3.1　入选《世界记忆名录》的文献遗产

自 1997 年"中国传统音乐录音档案"入选《世界记忆名录》，到 2015 年《南京大屠杀档案》入选世界记忆名录，中国共有 10 件文献遗产入选《世界记忆名录》，如表 1 所示。

**表 1**　　　　　　　　**《世界记忆名录》中的中国文献遗产**

| 序号 | 入选时间 | 文献遗产名称 | 保管单位 |
|---|---|---|---|
| 1 | 1997 | 中国传统音乐录音档案 | 中国艺术研究院 |
| 2 | 1999 | 清代内阁秘本档：有关十七世纪在华西洋传教士活动的档案 | 中国第一历史档案馆 |
| 3 | 2003 | 东巴古籍文献 | 云南丽江东巴文化研究所 |
| 4 | 2005 | 清代科举大金榜 | 中国第一历史档案馆 |
| 5 | 2007 | "样式雷"建筑图档 | 中国国家图书馆 |
| 6 | 2011 | 《本草纲目》 | 中国中医科学院图书馆 |
| 7 | 2011 | 《黄帝内经》 | 中国国家图书馆 |
| 8 | 2013 | 侨批档案 | 广东、福建两省档案馆 |
| 9 | 2013 | 元代西藏官方档案 | 西藏自治区档案馆 |
| 10 | 2015 | 南京大屠杀档案 | 中央档案馆、中国第二历史档案馆、辽宁省档案馆、吉林省档案馆、上海市档案馆、南京市档案馆、侵华日军南京大屠杀遇难同胞纪念馆 |

### 2.3.2　入选《世界记忆亚太地区名录》的文献遗产

截至 2016 年，中国共有 10 件文献遗产入选《世界记忆亚太地区名录》，如表 2 所示。

**表 2**　　　　　　**《世界记忆亚太地区名录》中的中国文献遗产**

| 序号 | 入选时间 | 文献遗产名称 | 保管单位 |
|---|---|---|---|
| 1 | 2010 | 《本草纲目》 | 中国中医科学院图书馆 |
| 2 | 2010 | 《黄帝内经》 | 中国国家图书馆 |
| 3 | 2010 | 《天主教澳门教区档案文献》 | 澳门文献信息学会 |
| 4 | 2012 | 侨批档案 | 广东、福建两省档案馆 |
| 5 | 2012 | 元代西藏官方档案 | 西藏自治区档案馆 |
| 6 | 2014 | 赤道南北两总星图 | 中国第一历史档案馆 |

| 序号 | 入选时间 | 文献遗产名称 | 保管单位 |
|---|---|---|---|
| 7 | 2016 | 孔子世家明清文书档案 | 山东曲阜市文物局 |
| 8 | 2016 | 近现代苏州丝绸样本档案 | 苏州市工商档案管理中心 |
| 9 | 2016 | 功德林寺院文献 | 澳门文献信息学会 |
| 10 | 2016 | 清代澳门地方衙门档案 | 澳门档案馆、葡萄牙东波塔国家档案馆 |

### 2.3.3　入选《中国档案文献遗产名录》的文献遗产

《中国档案文献遗产名录》是中国档案文献遗产工程的主要成果。在中国历史上具有国家级文化价值的档案文献，无论是各级国家机构所形成的，还是各类社会组织及个人所形成的，包括现流散于海外的中国档案文献，只要其所具有的文化价值符合国家级判定标准，通过申报，经中国档案文献遗产工程国家咨询委员会评审批准，即可入选《中国档案文献遗产名录》。

截至目前，中国档案文献遗产工程遴选了四批共 142 件（组）文献遗产。2002 年 3 月，第一批《中国档案文献遗产名录》公布，48 件（组）档案文献入选；2003 年 10 月，第二批《中国档案文献遗产名录》公布，35 件（组）文献遗产入选；2010 年 2 月，第三批《中国档案文献遗产名录》公布，30 件（组）档案文献入选；2015 年 4 月，第四批《中国档案文献遗产名录》公布，29 件（组）档案文献入选。

## 3　世界记忆工程对中国地方档案事业发展的影响

世界记忆工程于 1995 年进入中国，迄今已有 20 多年。这 20 多年，也是中国地方档案事业高速发展的阶段。世界记忆工程在中国的推广与传播，为中国地方档案事业发展提供了机遇，也注入了活力。

### 3.1　形成文献遗产自上而下统一的保护体系，规范地方文献遗产保护制度

从《世界记忆名录》《世界记忆亚太地区名录》《中国档案文献遗产名录》

到《江苏省珍贵档案文献遗产名录》《上海档案文献遗产名录》,在世界记忆工程的推动下,我国不仅制订了专门的与世界记忆工程接轨的"中国档案文献遗产工程"政策,而且带动了地方各层次的档案文献名录的递进式发展,基本形成了一个"世界—地区—国家—地方"的文献遗产保护体系,使文献遗产保护工作既能具有自上而下的统一,又能在地方上更具有灵活性和施展空间,最大范围地保护了具有世界意义、地区意义、国家意义和地方特色的文献遗产。

参考《中国档案文献遗产名录》的遴选标准,我国地方许多省市均出台了当地珍贵档案文献的评选办法,如《江苏省珍贵档案文献评选办法》(2005年修订)、《上海市档案文献遗产申报办法》(2011年7月)、《江西省珍贵档案文献评选办法》(2014年2月)、《浙江档案文献遗产工程实施办法》(2002年)、《山东省珍贵档案文献遗产评选办法》(2015年1月)《广东省档案文献遗产管理暂行办法》(2012年4月)、《云南省珍贵档案文献评选办法(暂行)》(2006年5月)、《青岛市档案文献遗产评选办法(试行)》(2014年10月)等。① 这些评选办法并非对《中国档案文献遗产名录》遴选标准的简单照搬,而是充分结合当地情况进行调整,凸显地方特色。这对于我们加强当地珍贵档案文献遗产的保护整理与开发利用,促进档案资源建设和档案文化传播具有重要作用,并为进一步申报国家级及以上级别的名录奠定基础。

## 3.2 提升文献遗产保护意识,强化地方档案部门文献遗产管理

随着世界记忆工程在中国的推进,各地方档案部门在各级名录的申报准备过程中,对馆藏进行系统的检查、梳理,熟悉馆藏、了解情况、设计方案,有效推动了对地方馆藏档案文献的管理与保护,而有很多珍贵档案文献也是在这种摸家底的过程中被发现的。

入选《世界记忆亚太地区名录》的"近现代苏州丝绸样本档案",就是苏州市工商档案管理中心从馆藏200万卷的改制企事业档案中,通过大规模的

---

① 赵彦昌. 基于世界记忆工程背景下的中国地方档案事业发展 [J]. 档案与建设,2017 (1):6.

清点和梳理发掘出来的。在为申报《中国档案文献遗产名录》做准备的过程中，苏州市工商档案管理中心组织全体人员花了 3 个月的时间，对馆藏的丝绸档案进行清点。宋锦样本、漳缎祖本、戴安娜王妃婚礼服订货单、意匠图……这些凝聚着近现代中国传统织造业璀璨历史的丝绸档案，就这样一点一点地从 200 万卷的档案中显现出来。而在此之前，即使是中心的工作人员，也大都不知道在其馆藏中还有这样一批如此珍贵的档案。而这并不是个例。与苏州丝绸档案一同入选《世界记忆亚太地区名录》的孔府档案，也有过被当作若干堆废旧文书的经历。各省市在评选过程中，还从民间发现了大量私人收藏的珍贵档案文献。

而进入世界记忆名录体系的文献遗产，更能感受到世界记忆工程强大的影响力和号召力。在世界记忆工程背景下，更多的人认识到了保护文献的重要性，并愿意主动付诸实践，社会公众的文献遗产保护意识大为提升。比如，侨批档案在入选《世界记忆名录》后，获得了社会的大量关注，许多华侨、侨眷纷纷将家中珍藏多年的侨批赠送给地方档案部门，还吸引了学者对侨批档案的关注和研究，形成了社会民众与档案部门的良性互动。

### 3.3　加大地方档案工作宣传力度，文献遗产影响力不断增强

自世界记忆工程实施以来，各地方档案部门对文献遗产的态度有所改变，不再一味地"重藏轻用"，而是积极地对文献遗产及其保护进行宣传。尤其是在档案文献入选世界记忆名录体系后，当地以及全国的报刊、网站、电视台等各类媒体上的传播，对宣传地方档案工作起到积极的推动作用。

仍以苏州市工商档案管理中心的丝绸档案为例，2015—2016 年"申遗"期间，苏州市工商档案管理中心与《档案与建设》杂志社合作，在期刊上开辟了"档案中的丝绸文化"和"近现代苏州丝绸样本档案"专栏，图文并茂地展示和宣传苏州丝绸档案。2016 年 5 月入选亚太名录后，国内各大报纸、期刊、网站等更进行了全方位的宣传报道。这为社会公众认识档案、了解苏州丝绸档案提供了素材和途径，同时也为进一步宣传档案工作、发展苏州档案事业创造了诸多契机。

在保存好档案文献遗产的前提下，地方档案部门还通过各类展览展示来

宣传档案文献遗产。2004 年 10 月，国家档案局在北京举办了以中国档案文献遗产为主要内容的"走进记忆之门——中国档案珍品展"，并在全国巡展，受到各地公众的热烈欢迎。以此为契机，地方档案部门也将当地珍贵档案文献进行整理，制作出具有地方特色的档案珍品展，如"北京档案珍藏展""辽宁档案珍品展""苏州丝绸工艺珍品展"等。为吸引公众参观档案馆藏珍档展览，各地档案部门还设计了精美的宣传册，免费发放给来参观的公众，如《中国的世界记忆遗产》《苏州市民族工业档案史料展》《百年丝路：近现代中国苏州丝绸档案》等宣传册，对于我们进一步深入宣传档案、档案工作提供了便利。

为了配合"申遗"，福建省档案馆和泉州市档案馆分别在泰国曼谷、新加坡举办了《百年跨国两地书——侨批档案展》《家书抵万金——新加坡侨批文化展》，还在泰国、新加坡、闽南侨乡等地举办了侨批档案巡回展，广东省在北京举办了"海邦剩馥——中国侨批档案展"，并在东南亚国家巡展。这些展览向公众宣传推介侨批档案的遗产价值和世界意义，引起了社会各界的强烈反响，取得了良好的宣传效果和社会效应。

### 3.4　吸引社会关注和研究，地方档案文献遗产成果持续涌现

从某种意义上说，地方档案部门从来不缺少档案文献珍品，缺少的是"发现的眼睛"。而世界记忆工程，恰能提供这样的"眼睛"，通过吸引社会各界的关注和研究，把文献遗产的价值充分认识并挖掘出来。

2012 年 12 月，福建省档案局在福州召开"中国侨批·世界记忆"国际学术研讨会。此时"侨批档案"刚刚入选亚太名录，正在为次年申报《世界记忆名录》做准备。凭借亚太名录的影响力，这次研讨会突破了以往侨批研讨会学术力量薄弱的困境，汇聚了来自日本、新加坡、泰国和国内的诸多侨批研究专家，并涌现出一批新的学术研究成果。2013 年，为了配合申遗工作，福建、广东两省联合在北京召开了"中国侨批·世界记忆工程"国际研讨会，更是将侨批研究推向新的高峰。高度国际化的研究队伍与国内科研机构、民间团体、私人收藏家等多方力量的广泛参与，在社会上和国内外学术界形成了良性互动、相互促进的大好格局，大大提升了中国侨批档案在海内

外的知名度和关注度。①

　　类似在地方召开或由地方档案部门承办的学术研讨会还有很多，如 2010 年 11 月在澳门召开的"世界遗产与记忆工程"国际研讨会，2014 年 5 月在上海召开的"人类记忆与文明变迁——沪、港、澳'世界记忆工程'学术研讨会"，2016 年 6 月在西安召开的"联合国教科文组织世界记忆项目亚太地区档案保护研讨会"，2016 年 11 月在苏州召开的"世界记忆项目与档案事业发展"主题研讨会，2016 年 12 月在济南召开的"'中国记忆遗产'暨中国档案文献遗产研究高端论坛"等。② 这些会议的召开，为文献遗产的抢救、保存、研究与开发营造了良好的氛围，有力地促进、推动了地方档案事业的发展。

　　此外，自 1995 年以来，我国公开出版了 33 部地方珍贵档案汇编，如《江苏省明清以来档案精品选》《山东档案精品集》等，从不同侧面真实记录了地方历史文化的深厚底蕴。已列入名录体系的文献遗产也纷纷以出版物的形式记录研究成果。入选《中国档案文献遗产名录》的辽宁省档案馆馆藏的崇谟阁本圣训，于 2011 年出版了《清圣训》影印本，通过副本数量的增加，让更多的学者及其他利用者有机会阅读圣训的内容，为历史研究提供了权威的资料。"侨批档案"先后编印出版了《福建侨批档案目录》《百年跨国两地书——福建侨批档案图志》《海邦剩馥·侨批档案研究》等书，2015 年入选《世界记忆名录》的《南京大屠杀档案》也将于 2017 年影印出版。

### 3.5　促进不同地区、不同部门、不同行业间的跨界合作

　　独行快，众行远。世界发展到今天，各领域多元合作发展已成为不可避免的趋势。在这一全球化的浪潮中，档案部门是故步自封、墨守成规，还是拓展思维、跨界合作，可以说决定了档案部门未来能否在时代发展中赢得行业发展的主动权。而世界记忆工程作为国际合作的最典型产物，在中国地方

---

　　①　福建省档案局（福建侨批与申遗）课题组. 福建《侨批档案》的申遗之路 [J]. 中国档案，2013（8）：39.

　　②　赵彦昌. 基于世界记忆工程背景下的中国地方档案事业发展 [J]. 档案与建设，2017（1）：6.

档案部门开展跨界合作过程中发挥了积极的引导和推动作用。

（1）联合申报。从中国已入选《世界记忆名录》和《世界记忆亚太地区名录》的 16 项文献遗产（《本草纲目》《黄帝内经》、侨批档案、元代西藏官方档案这 4 项文献遗产同时入选两个目录，不再重复计入）中可以看到，3 项是由两家及以上联合申报的，占总量的 1/5。

其中，由广东、福建两省联合申报的"侨批档案"更是先后入选《世界记忆亚太地区名录》和《世界记忆名录》两个名录。其实早在 2009 年，广东侨批就曾参评《世界记忆名录》，但未能入选。失败的一个重要原因，就是没有整合闽粤两省的力量，缺乏代表性。总结了以往经验，在国家档案局的支持下，福建、广东两省决定联合申报，经过不懈努力，终于在 2013 年达成夙愿。

而南京大屠杀档案也是联合申报的典型案例。其"申遗"工作的准备从 2008 年就开始了，最早是侵华日军南京大屠杀遇难同胞纪念馆一家，之后又加入了中国第二历史档案馆、南京市档案馆，三家联合于 2009 年 4 月以 5 组南京大屠杀档案申报《世界记忆名录》，然而最终失之交臂。2014 年，由国家档案局牵头，除以上三家外，又增加了中央档案馆、辽宁省档案馆、吉林省档案馆、上海市档案馆，申报档案也由原来的 5 组增加到了 11 组，正式向联合国教科文组织提出申报。2015 年 10 月，"南京大屠杀档案"申遗成功。①

（2）合作保护。我国有着丰富的文献遗产资源，但这些资源并不都保存在档案馆，图书馆有古籍孤本，博物馆有纸质载体文物，民间团体和个人手中也收藏有许多珍贵的档案珍品。

这一点从中国已入选名录体系的文献遗产也可看出。《世界记忆名录》和《世界记忆亚太地区名录》中，由档案部门申报的 7 项，非档案机构 8 项，还有 1 项是由档案部门与非档案机构联合申报。从图 1 中可看出，档案部门甚至还略逊一筹。

---

① 陈平. 南京大屠杀档案申报《世界记忆遗产名录》始末［J］. 公共外交季刊，2015（4）：91－95.

■ 档案部门　■ 非档案机构　■ 档案部门+非档案机构联合保管

图1　入选《世界记忆名录》和《世界记忆亚太地区名录》的文献遗产保管机构

但在《中国档案文献遗产名录》的142项文献遗产中，档案部门还是占据较大优势的，如图2所示，由图书馆、博物馆、文学馆、研究所等非档案机构保管的21项，由非档案机构与档案部门联合保管的6项，合计占总数的19％。

■ 档案部门　■ 非档案机构　■ 档案部门+非档案机构联合保管

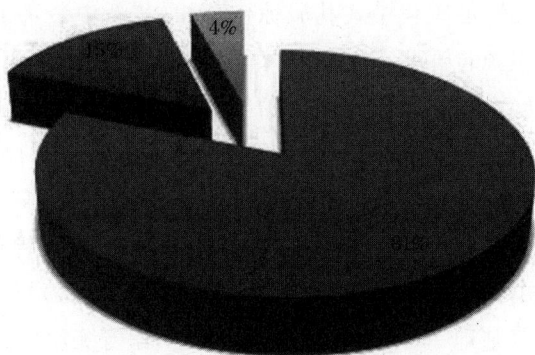

图2　入选《中国档案文献遗产名录》的文献遗产保管机构

而从入选文献本身来看，载体多样，除了常见的纸质外，还有简牍、金石、丝绸、声像等不同载体形式；文字多种，有汉文、满文、蒙文、东巴文等多种文字形式；内容宽泛，涉及军事、政治、经济、宗教、民俗等多个领域。

这些分散的档案资源是全社会共同的财富，同样也都是档案部门管理和保护的对象。但是档案资源保管机构的复杂性和资源本身的多样性，决定了档案保护不可能是地方档案部门凭一己之力就能做好的。这就促使地方档案部门要走出去，到社会中去寻求力量。在对丝绸档案的保护中，为了解决馆藏丝绸样本档案因长期放置而发霉、变质、褪色等问题，苏州市工商档案管理中心与苏州大学功能纳米与软物质研究院合作开发了"丝绸样本档案纳米技术保护研究及应用"项目，研制出的新型纳米无机抗菌保护剂有效解决了丝绸样本档案保护面临的难题，该项目还荣获国家档案局优秀科技成果三等奖。

（3）跨界开发。档案文献遗产是人类的珍宝，藏在深闺、秘不示人是一种保护，通过开发利用让更多的人认可其价值，让静态的档案"活"起来则是另一种保护。世界记忆工程的 4 个目标中，"使文献遗产得到最大限度的、不受歧视的平等利用"和"开发以文化遗产为基础的各种产品并广泛推销"这两个目标，与另外两个目标享有同等重要的地位，说明其发起者清楚地认识到文献遗产开发利用的重要性。这一理念也影响着我国地方档案部门。

2014 年 11 月 10 日，出席 APEC 会议欢迎晚宴的各国领导人及其配偶身穿的名为"新中装"的现代中式礼服惊艳亮相，"新中装"采用了极具东方韵味的宋锦面料，正源自苏州市工商档案管理中心丝绸档案中的宋锦样本。中心与丝绸企业开展合作，以馆藏的宋锦样本档案为蓝本，通过对机器设备的技术革新，研发出 10 余种宋锦新花型和新图案，让古老的宋锦技艺走出了档案库房，在世人面前焕发新的生机和活力，并最终走上了 APEC 这一国际舞台，赢得了世界人民的赞赏，也由此引发了新一轮的宋锦热和丝绸文化热。之后，中心主动出击，陆续与 14 家丝绸企业合作，建立了"苏州传统丝绸样本档案传承与恢复基地"，对宋锦、漳缎、纱罗等传统丝绸品种及其工艺进行恢复、传承和发展，开发出了纱罗宫扇、宫灯、宋锦、纱罗书签，新宋锦箱包、服饰等不同织物属性的产品和衍生产品。①

### 3.6　扩大申报城市知名度和影响力，为地方档案事业发展赢得强大助力

　　文化是城市的灵魂，更是城市核心竞争力的重要内容，经济大发展与文化大繁荣两者之间有着密不可分的关系。随着世界记忆工程在中国的传播和推广，越来越多的人开始了解这一与自然遗产、文化遗产、非物质文化遗产同等重要的文献遗产。获准列入《世界记忆名录》，代表该文献遗产所具有的价值和意义获得了国际认可，每一项列入名录的文献遗产及其申报单位都会在联合国教科文组织的官网上公布。开展申遗工作，能够充分挖掘城市文化的底蕴特质，唤起市民对城市历史文化的认同感和共鸣，有利于提升城市形象，扩大城市的国际知名度和影响力，也为城市开展对外交流、培育文化旅游新业态等提供了机会。

　　鉴于世界记忆工程为城市发展带来的有利影响，各地方政府通常都会对申遗工作给予高度关注。而政府领导的重视和支持，政府部门的主导和推动，也为地方档案事业发展提供了强大助力。侨批档案的申遗工作，得到了福建、广东两省领导的高度重视，广东省将"记忆遗产保护与开发"纳入本省的"政府工作报告"之中，并成立了由省政府秘书长担任组长的"申遗"领导小组，福建省政协会议上连续两年提出支持侨批档案"申遗"的提案，并形成了以政府为主导、民间力量为辅助的"申遗"队伍。

　　由于文献遗产数量巨大、损毁严重、载体特殊、抢救与保护成本高等因素，资金问题一直是阻碍文献遗产抢救和保护进程的重要因素之一。而借助申遗工作，苏州市工商档案管理中心获得了政府财政前所未有的支持，为苏州丝绸档案的抢救和保护提供了持续的财力支持。伴随其"申遗"的脚步，苏州丝绸档案在国内和国际的影响力不断加大，苏州市政府对该档案的重视和支持力度也在不断增强。苏州市财政自 2015 年起连续三年拨款合计 1000

---

　　①　彭聚营，陈鑫，卜鉴民. 宋锦样本档案开发工艺走上 APEC 舞台 [J]. 中国档案，2015（1）：34.

万元，专门用于丝绸档案的征集、编研、鉴定等，又针对丝绸档案展览及相关会议宣传等拨款 425 万元，针对申遗工作专项拨款近 80 万元，截至 2017 年累计拨款 1500 万元。如此大力度的财政支持，对地方档案部门来说实属罕见，世界记忆工程在提高地方政府对档案工作的重视方面的影响力可见一斑。

### 3.7 推动地方档案人才的培养，提升广大基层工作者的责任感和荣誉感

回首世界记忆工程进入中国的这些年，在文化自觉的视野下，档案部门逐渐从档案的接收者、保管者，转变为历史的书写者、文明的传承者和文化的展示者，成为社会主义先进文化的建设者。而亲身经历这些变化的档案工作者，在与有荣焉的同时，更是地方档案事业发展的直接受益者。

入选《世界记忆名录》的 10 项文献遗产，入选《世界记忆亚太地区名录》的 10 项文献遗产，入选《中国档案文献遗产名录》的 142 项文献遗产，这些数字的背后，见证了一代又一代基层档案工作者的成长、壮大。世界记忆工程的国际理念，国际研讨会不同国籍、不同行业间专家们观点的碰撞，科研项目、编研成果对档案资源的保护和挖掘，档案部门与其他行业机构间频繁的交流互动……对每一个参与文献遗产"申遗"的地方档案工作者来说，"申遗"的过程，就是重新认识馆藏档案资源的过程，他们开始自觉地珍惜档案、保护档案，进而利用档案；就是重新开启视野的过程，他们开始自觉地放眼世界，融入国际交流互动；更是重新发现自我的过程，他们开始更深刻地感受到作为档案人所应担负起的，对社会、对国家、对人类的责任！

习近平同志说："中华民族伟大复兴需要以中华文化发展繁荣为条件。"而文献遗产，正是我们光辉灿烂的中华文化的重要载体。世界记忆工程为当代文献遗产保护提供了一种新的制度和机制，在进入中国后，开启了中国文献遗产保护的新时代，更推动了中国地方档案事业的发展。我们有理由相信，在世界记忆工程的影响下，会有越来越多的人投入到文献遗产保护的行动中来，中国地方档案事业也必将迎来更灿烂的明天。

# 城市历史文化遗产建档式保护问题探究[①]

## ——以"刘亚楼将军故居"被强拆案为例

## 任　越

（黑龙江大学信息管理学院　哈尔滨　150080）

**摘　要：**本文从分析城市历史文化遗产的价值及其生存与保护现状入手，对城市历史文化遗产建档式保护问题的可行性进行了阐释，并结合刘亚楼将军故居被拆一案，提出城市历史文化遗产建档式保护需要从明确归档范围及提高其实施等级、明晰文化遗产记录档案的归属与使用权属与加大对地市级城市历史文化遗产建档式保护的监管等方面予以关注与展开。

**关键词：**城市文物　历史文化遗产　建档式保护　记录档案

2016 年 5 月末，位于哈尔滨市双城区的四野纪念馆东侧的革命旧址遭人破坏，7 处不可移动文物被拆毁。其中有东北民主联军前线指挥部警备连旧址、刘亚楼将军旧居、东北民主联军独立团旧址和独立团炊事班旧址。虽然此事被媒体曝出，并促使当地政府对 11 名相关责任人给予行政追责处分，但强拆之后的原址复原工作却迟迟无法启动，原因在于当地文物部门没有保留任何与上述被拆毁建筑文物有关的图像或文字记录，唯有几张老旧照片能大致反映旧居的原貌，而内部结构与布局、空间分布、装饰细节、建筑材料等

---

　　作者简介：任越，男，黑龙江大学信息管理学院档案学专业副教授，博士，研究方向为档案价值论与档案文化。

　　① 本文为国家社科基金项目"文化哲学视阈下当代中国档案文化研究"（项目批准号：16CTQ035）、黑龙江省高校本科研业务费黑龙江大学专项资金"智慧城市背景下档案信息资源规划研究"（项目批准号：HDJDZ201613）阶段性研究成果。

内容却无从考据。刘亚楼将军故居遭强拆事件反映了我国各级各类文物保护单位对城市历史文化遗产建档式保护问题存在的管理漏洞，特别是那些常年被社会公众忽视，无人问津的文化遗产遭受或面临着与刘亚楼将军故居同样的命运。故此，笔者认为对城市历史文化遗产价值与保护现状的回顾与反思，有助于提高政府文化部门与社会公众对建档式保护在城市历史文化遗产保护与利用工作中的认知，通过强化与完善现有文化遗产建档工作方法，让完整、真实、丰富的文字与影像留住这些历经沧桑的文化遗存。

# 1 城市历史文化遗产的价值

城市历史文化遗产是城市在历史演进过程中形成或衍生出的具有文化价值的实物、活动和现象的总称。对快节奏与高效率的现代城市生活来说，城市历史文化遗产的历史韵味与文化情操，使之成为社会公众缅怀历史与文化休闲最好的选择。正是因为城市历史文化遗产价值的存在，才使得我们认识到保护与传承这些文化遗产的重要性，进而制定相应措施维护城市历史文化遗产的原貌，延续其寿命。

## 1.1 城市历史文化遗产浓缩城市发展历史

我国是一个拥有悠久社会演进史的文明古国，国家文化底蕴深厚，城邦村落建设与发展源远流长，不同城市、不同乡村拥有着各自不同的历史轨迹与文化认同。虽然不同地域、不同省份、不同民族地区的城市发展历史各不相同，但都为城市留下了可供市民回忆的文化遗产。这些文化遗产既包括体现不同时期特有风貌的地上不可移动文物建筑，也包括遗留于地下反映不同时代人们生活足迹的遗迹和遗物。[①] 保存这些文化遗产的目的只有一个，那就是为城市留下历史的痕迹，使市民能够通过这些文化遗产再现城市文化的积淀与繁华。一个城市的历史需要被建构，需要被回忆，需要被再现，这需要大量的能够反映城市发展历史的文化遗产作为支撑。这些无所不在的历史

---

① 单霁翔. 关于城市文化遗产保护的思考 [J]. 人民论坛，2010（27）：9.

建筑和文物遗存以其独特性、不可复制性和不可再生性，往往成为一个城市独一无二的发展见证，甚至成为一个城市及城市所在地区的重要象征和代名词。

## 1.2　城市历史文化遗产凝聚公众社会情感

快节奏的城市生活打破了传统城市生活方式，多样化的快餐式文化充斥着公众业余的文化休闲生活。现代化都市内的市民逐渐失去了对城市历史文化追求与向往的动力，对城市的情感也渐渐消失。城市历史文化遗产作为记录城市发展轨迹的载体，其汇聚着千百年来世代祖辈对城市发展所做出的贡献，彰显着城市自身的魅力与文化潜力，正如我们所看到的，北京故宫建筑群对北京这个城市来说不仅是一个地标式文化遗存，更是城市的门面；苏州园林对苏州来说就是一系列生动的文化读本；井冈山、延安、遵义等这些红色城市也恰恰是因为城市中的各种红色根据地遗址而被世人所熟知与传颂。城市历史文化遗产并不是一个个静态的文化实物，它们的价值已远远超过文化实物，而呈现出对城市形象、文化自信与公众社会情怀的动态影响力。

## 1.3　城市历史文化遗产带动城市文化产业经济发展

依托城市历史文化资源开发文化旅游项目是近些年来国内部分历史名城与国家旅游部门所大力倡导的新型旅游形式。根据《中国文化遗产蓝皮书（2008）》的统计结果，"十五"期间全国文物系统财政拨款仅占同期 GDP 的 0.018%，而同期全国文物系统对国民经济贡献占 GDP 的 0.143%，文物系统对国民经济贡献是同期财政投入的 8.1 倍，即文物系统财政投入 1 元给国民经济所带来的产出为 8.1 元。[①] 这样充分展现出城市历史文化底蕴给城市经济发展所带来的潜在影响力。笔者认为，一方面拓展历史文化遗产在文化旅游方面的功能，可以为当地财政创造一定的经济价值，另一方面依靠旅游行业的人流量可引发更多的社会公众了解这些文化遗产，进而呼吁更多公众保护这些文化遗产。目前，国内很多具有深厚历史背景的城市均将当地文化

---

① 刘世锦. 中国文化遗产蓝皮书（2008）［M］. 北京：社科文献出版社，2008：47.

旅游作为旅游行业发展的支柱，如北京、南京、西安、开封、洛阳等，有计划、有目的地开放城市历史文化遗产带动的不仅仅是城市文化产业经济的增速，还可以借助文化产业的提速加大对城市历史文化遗产的调查与保护，实现产业发展与遗产保护的双赢。

## 2　城市历史文化遗产的生存与保护现状

多年来，国家各级相关机构通过一系列的行政手段对城市历史文化遗产采取多种保护方式，并取得了一定成效。但是城市历史文化遗产种类繁多，随着城市化进程的加快以及城市历史文化遗产层次参差不齐，大量文化价值不突出，被公众忽略的文化遗产正面临着被强拆、被毁坏与被遗忘的困境。这些被遗忘的文化遗产大部分没有完整的信息记录，一旦被毁、被拆，很难再去恢复、追忆与重建。近些年来，媒体经常报道的，诸如河南商城县省级重点文物保护单位"南街民居"被打造为钢筋水泥的"仿古商业街"，湖北省红安县全国重点文物保护单位"红安七里坪革命旧址"被镇政府拆除等城市历史文化遗产被毁、被拆的新闻让我们不得不反思为什么记录城市历史的这些文化遗产不但不受保护，反而遭到被强拆的悲惨命运。

### 2.1　社会关注度不高，处于公众遗忘边缘

从刘亚楼将军故居遭强拆案的相关新闻报道来看，该故居属于市级文物保护单位，由于故居修建时间较早，且后期几经转手，缺乏对周边居民住宅的疏导与治理，该故居始终处于城市棚户区内，虽然与居民区有一定间隔，但因年久失修，从外观上看很难辨别该故居是否属于文物建筑。如果不是此次强拆事件引发社会关注，当地居民很少有人知道该故居是一处文物建筑。这种虽然是文化保护单位，但却很少有人知晓的城市历史文化遗产在国内各个城市还有很多，这些文化遗产具有三个特征：其一，形成时间较晚，且荒废很长时间，不过已纳入当地文物保护名单；其二，城市内相类似文化遗产较多，且文化价值相对较低；其三，被居民区包围，且保护条件相对较差。笔者将这些社会关注度不高，且保护条件相对较差的城市历史文化遗产称为

冷门文化遗产，因为它们位于城市历史文化遗产体系中相对较低的位置，它所表现出的文化价值与热门文化遗产相比相对不高，因而难以引起公众的注意，始终处于公众遗忘的边缘。

## 2.2　占用、破坏问题严重

保存较为完好，且历史文化价值较高的城市历史文化遗产因受到政府相关机构的监管，保管条件与效果相对较好，而那些缺乏社会关注，且暴露于居民区的文化遗产则常年被不知情的居民占用，很多建筑因居民私建滥建，破损十分严重。例如，刘亚楼将军故居在被强拆前已有一半院落被周边居民私盖为仓库，用于存放生活用品，故居外墙被大量广告、标语随意张贴涂抹，电线随意搭接，裸露在建筑外墙，故居内因年久失修，门、窗均不能自如开关，家具、床铺、生活用品破损严重，此种情景很难与文物建筑联系到一起，加上当地政府在城市规划过程中疏于对这些文化遗产的调查，政策制定比较草率，因而该故居被开发商误拆在所难免。同时，社会关注度较高，且保存较完整的城市历史文化遗产大部分被当地政府改造为文化旅游景点，很多建筑被重新翻新或修整，甚至为配合文化旅游的需要，破坏原有文物建筑样式。大量游客的到访对这些历史文化遗产保护也是一种干扰和破坏，如北京四合院文化遗产已被国家旅游局列为5A级景区，每天到访北京各大胡同、四合院的游客层出不穷，大部分四合院被当地居民租住或大幅度的整修，用于开办旅馆和售卖商品，四合院的生活景象与文化价值已遭到严重破坏，过度旅游开发已使很多城市历史文化遗产面临着被破坏而消亡的风险。

## 1.3　相关信息记录与历史依据较少

国家文物局2003年发布的《全国重点文物保护单位记录档案工作规范（试行）》虽已施行多年，但该规范对地市级文化保护单位的约束非常有限，以至于大部分地市级历史文化遗产记录档案内容不全或没有建立记录档案。例如，刘亚楼将军故居遭强拆后，相关部门责令开发商与当地文化部门原址恢复该故居，但相关机构都没有保存该故居的任何详细图片、图纸和文字材料，仅有寥寥几张照片能够反映该故居的外貌，想要彻底恢复原有故居原貌非常困难。这种情况在国内很多冷门文化遗产的保护工作中十分常见，多数文化遗产因缺少相关信息记录与历史依据，一旦该文物被毁，很难找到相应依据复原该文物。此外，虽然国家文物保护部门对各地各级历史文化遗产保护投入一定的人力与财力，但用于保护这些冷门文化遗产的资源却十分有限。根据相关媒体报道，刘亚楼将军故居虽是市级文物保护单位，但每年用于该文物保护的经费不足 5 万元，除去必要的人员开支，能够用于建筑维护与修葺的资金更少，更不用提为这些文物建立与补续记录档案了。缺少档案、资料与文献记录的文化遗产犹如无根之木，一旦发生意外文物受损，修复与重建将无任何依据，这对城市历史文化遗产的保护是致命的。

## 3　城市历史文化遗产建档式保护的可行性

《中国文物古迹保护准则》第七条规定："保存真实的记录，包括历史的和当代的一切形式的文献。保护的每一个程序都应当编制详细的档案"；第十二条规定："已确定的文物保护单位应进行'四有'工作，即有保护范围，有标志说明，有记录档案，有专门机构或专人负责管理"。① 看到那些破损严重或强拆之后无法复原的文化遗产，我们在为这些文化遗产消失感到痛心之余，不得不反思建档式保护为城市文化遗产长久保存与灾后重建带来的积极效用。笔者认为为城市历史文化遗产建立记录档案，一方面通过档案维护信息完整性与真实性的工具属性，完善城市历史文化遗产身份信息库；另一方面通过档案信息内容文化性与知识关联性，丰富与延续城市历史文化遗产的历史价值与文化价值。

### 3.1　国家相关文化政策导向与国外已有的经验

2017 年 1 月 25 日，中共中央办公厅和国务院办公厅联合印发《关于实施中华优秀传统文化传承发展工程的意见》，文件指出："加强历史文化名城名镇名村、历史文化街区、名人故居保护和城市特色风貌管理，实施中国传统

---

① 　中华人民共和国文化遗产保护法律文件选编［M］. 北京：文物出版社，2007：78.

村落保护工程，做好传统民居、历史建筑、革命文化纪念地、农业遗产、工业遗产保护工作"，"实施中华文化资源普查工程，构建准确权威、开放共享的中华文化资源公共数据平台。建立国家文物登录制度"。① 文化资源公共数据平台的基础是大量的能够反映文化资源全貌的信息数据，而信息数据的来源则需要借助大量的文化资源普查与信息采集工作。通过档案的方式为城市历史文化遗产进行登记与信息汇总，使之成为公共文化资源公共数据平台的组成部分，有助于文化遗产的传承与保护。与此同时，以建档的方式保护城市历史文化遗产并不是一个新的提法，早在 21 世纪初，英国文化部门就启动了为英国现存于各地的古代城堡建立档案的项目，旨在通过对古堡各种信息的采集与汇总，形成完整的关于全英古代城堡的大数据库，一方面对年久失修、濒临毁灭的城堡加以重点保护，另一方面引发社会公众与当地政府对这些古堡的关注，提高社会主体对城市历史文化遗产的重视与使用。国家文物局于 2009 年出台了《全国重点文物保护单位记录档案工作规范（试行）》，明确指出记录档案的归档范围与具体实施程序，这为城市历史文化遗产建档式保护提供了实践指导方案。

### 3.2　档案的记录工具属性可锁定城市历史文化遗产的身份信息

档案是人类在社会实践活动中形成的具有原始记录属性的信息，记录功能是档案社会存在的基本功能。通过档案记录客观事物的原貌，用档案的方式对信息进行固定与保存，能够为日后再现该事物的原貌提供真实可靠的信息佐证。目前我国通过评选各级文物保护单位的方式对城市历史文化遗产进行监管与保护，避免不了会出现监管缺失与相关信息管理难以统一、规范的问题。况且城市历史文化遗产类型多样，分布广泛，综合价值表现参差不齐，需要一种统一的管理方式对其进行分门别类的管理。档案的记录工具属性一方面将历史文化遗产的基本信息通过统一规范的信息采集方式集中统一起来，以个体文化遗产为单位建立档案全宗，形成专属的档案信息归档通道，便于

---

① 中国社会科学网. 关于实施中华优秀传统文化传承发展工程的意见 [EB/OL]. [2017-01-25]. http：//www. cssn. cn/zhx/zx _ zxrd/201701/t20170131 _ 3400514. shtml.

当地文化对不同类型的历史文化遗产采取相适应的管控手段；另一方面，通过信息采集的流动渠道与信息开放互动机制，联合社会公众与社会其他部门丰富档案全宗的内容，形成文化遗产档案信息库，以此丰富城市历史文化遗产的内涵。

### 3.3 档案的信息文化属性可还原城市历史文化遗产的真实原貌

档案的记录工具属性将城市历史文化遗产的全部信息以全宗的方式加以锁定，其目的是借助档案信息内容的完整性与文化性，还原并再现城市历史文化遗产的原貌。刘亚楼将军故居难以原址复原，最大的困难是缺少复原所需要的建筑结构图纸、图像资料与内容装潢信息。诚如国内相关媒体报道，国内多数城市历史文化遗产因年代久远、年久失修、乏人问津，面临着非常严重的毁坏或被强拆的风险，虽然通过行政手段能够干预保护这些历史文化遗产，但这些遗产一旦被毁，如没有详实可靠的信息作为参考，我们很难复原或再见这些珍贵文化遗产。由此，档案的信息属性能够最大限度地将属于某件文化遗产的信息全部集中，通过档案式的整理与分类，形成符合文物保护要求与信息获取需求的样式，一方面，通过档案的记载全面翔实反映文化遗产的原貌；另一方面，通过文化遗产信息集合开展文化服务与文化研究，提高城市历史文化遗产的文化深度，并面向社会公众广泛推广，这是城市历史文化遗产保护的中心目的。

## 4 城市历史文化遗产建档式保护持续实施的策略

城市历史文化遗产建档式保护的实施主体并非档案机构，档案机构在此过程中起到建档辅助指导与确定规范标准的作用，而这些职责又恰恰是建档式保护文化遗产的核心。笔者认为，建档式保护首先要明确档案内容所指，规范建档信息采集工作标准，其次要明晰建档式保护的职责与建档后档案的归属与保管，提高文化部门对文化遗产记录档案的监察频率与等级，最终促进城市历史文化遗产建档式保护工作的持续开展。

## 4.1　进一步明确信息采集范围与标准

为城市历史文化遗产建档是将与该文化遗产相关的全部数据、资料、文献等信息内容进行集中归档，再以文化遗产个体作为区分全宗的依据对这些信息进行分类与整理，并形成系统档案的过程。建档式管理的核心在于确定需要建档的信息范畴，即需要采集文化遗产信息的类别、渠道和价值鉴定标准。根据《全国重点文物保护单位记录档案工作规范（试行）》规定，文物记录档案的归档内容包括以下三卷十八类共 43 项归档细目，具体如表 1 所示。

表 1　　　　　　全国重点文物保护单位记录档案归档范围[①]

| 卷次 | 卷类 | 记录档案归档内容 |
|---|---|---|
| 主卷 | （一）文字卷 | （1）全国重点文物保护单位登记表；（2）地理位置；（3）自然与人文环境；（4）历史沿革；（5）基本状况描述；（6）价值评估；（7）相关研究情况；（8）历次调查、发掘、保护工程、展示情况；（9）保护范围、建设控制地带及建设项目控制情况；（10）保护标志情况；（11）保护机构情况；（12）安全保卫工作情况；（13）附属文物登记表；（14）重要文物藏品登记表；（15）古树名木登记表 |
| | （二）图纸卷 | （1）总体图纸：地形地貌图；地质图；行政区划图；文物分布图；保护范围和建设控制地带图等<br>（2）考古图纸：考古发掘平面图；典型地层剖面图；重要遗迹分布图和平、剖面图；典型器物图等<br>（3）建筑图纸：建筑群体总平面图；单体平面图、立面图、剖面图；结构图、节点大样图等<br>（4）历史资料性图纸和研究复原图等 |

---

① 国家文物局. 全国重点文物保护单位记录档案工作规范（试行）[EB/OL]. [2007-10-28]. http: //www. sach. gov. cn/art/2007/10/28/art _ 1036 _ 93810. html.

| 卷次 | 卷类 | 记录档案归档内容 |
|---|---|---|
| 主卷 | （三）照片卷 | （1）全景照片；群体和单体的外景、内景、重要部位照片<br>（2）附属文物、重要文物藏品、主要古树名木照片<br>（3）保护标志牌、说明牌及界桩照片<br>（4）重大活动照片<br>（5）重大事故、自然灾害或其他异常现象照片<br>（6）历史资料性照片 |
| | （四）拓片及摹本卷 | （1）摩崖石刻、碑碣、重要铭刻等拓片<br>（2）壁画、岩画等摹本 |
| | （五）保护规划及保护工程方案卷 | （1）保护规划<br>（2）保护工程方案 |
| | （六）文物调查及考古发掘资料卷 | （1）文物调查记录<br>（2）考古发掘记录、工作报告等 |
| | （七）文物保护工程及防治监测卷 | （1）文物保护工程记录、竣工报告等<br>（2）文物监测、病害防治记录及成效报告等 |
| | （八）文物展示卷 | 文物展览及陈列方案、工作报告等 |
| | （九）电子文件卷 | 与本处全国重点文物保护单位有关的各类电子文件 |
| | （十）续补卷 | 收录主卷内容的动态续补 |

| 卷次 | 卷类 | 记录档案归档内容 |
|---|---|---|
| 副卷 | （一）行政管理文件卷 | 各级人民代表大会、政府和文物行政管理部门发布的，关于本处全国重点文物保护单位的专项法规、文件、布告、通知等 |
| | （二）法律文书卷 | 各级政府、文物行政管理部门或文物保护管理机构与使用单位、群众性保护组织等签署的责任书、保护合同及其他法律文书 |
| | （三）大事记卷 | 与本处全国重点文物保护单位相关的重大事件记录 |
| | （四）续补卷 | 收录副卷内容的动态续补 |
| 备考卷 | （一）参考资料卷 | 与本处全国重点文物保护单位有关、具有参考价值的非正式出版的各种资料 |
| | （二）论文卷 | 与本处全国重点文物保护单位有关的正式发表的研究论文、散见于各种出版物的考古发掘报告（演示文稿）、文摘、报道、历史文献等。上述论文资料数量较多的，可选取有代表性的归档，其余部分编入目录 |
| | （三）图书卷 | 与本处全国重点文物保护单位有关的各种图书。上述图书资料数量较多的，可选取有代表性的归档，其余部分编入目录 |
| | （四）续补卷 | 收录备考卷内容的动态续补 |

　　笔者认为上述记录档案归档范围已全面包括目前国内文化遗产所涵盖的各类信息内容，但存在以下两个问题：其一，该归档范围只针对具有普遍性的重点保护文物，缺少对特色性、民族性与特殊类型文物的归档范围的界定；其二，该归档范围适用于全国重点保护文物记录档案的制作，而地市级重点文物是否参照此标准执行，没有做出明确的解读。这就产生全国重点文物记录档案记述与收集完整问题，而地市级重点文物缺少相应执行标准，记录档案不全或缺少记录档案的制作。解决上述问题，首先需要文物部门针对各级城市历史文化遗产做出一般性记录档案归档范围，并进一步指导地市级文物部门制定具有地方文化遗产针对性的归档范围，其次需要将上述归档范围的覆盖面扩展到整个国内各级城市历史文化遗产记录档案制作工作，鼓励各级文物保护单位结合所管文化遗产实际情况制定归档范围。与此同时，归档信

息内容需要遵循国际信息采集数据标准进行整理、分类与信息采集，如信息和文献都柏林核心元数据元素集（ISO：15836－2009）、全国重点文物记录档案著录标准、档案目录数据采集规范（DB37/T 536－2005）等国内外行业标准，有助于信息后续整合与数据库对接。

## 4.2　文化遗产档案的保管与使用

我国《文物保护法》第十五条规定："各级文物保护单位，分别由省、自治区、直辖市人民政府和市、县级人民政府划定必要的保护范围，做出标志说明，建立记录档案，并区别情况分别设置专门机构或者专人负责管理。全国重点文物保护单位的保护范围和记录档案，由省、自治区、直辖市人民政府文物行政部门报国务院文物行政部门备案"。① 按照《文物保护法》的规定，城市历史文化遗产档案应根据实际情况，或由文物单位自管，或设置专门机构专人负责管理。笔者认为城市历史文化遗产档案实体可以交由文物保护单位自管，文化单位应根据《文物保护法》与《中国文物古迹保护规则》定期对档案进行补充与完善，特别要对文化遗产保护工作开展情况进行详细记述，并不断充实与完善文化遗产信息采集工作。地方文化部门需要接收城市历史文化遗产档案登记目录，按照文化遗产保护级别、类型与保护缓急程度进行分类，并定期对文物保护单位的档案信息采集与登记工作进行监督指导。城市历史文化遗产属于城市市民特有的文化财富，任何市民都有权查询与使用文化遗产及其登记档案，这些档案所有权归当地文化部门，但档案形成单位对其具有优先使用权。

## 4.3　加大对地市级文物保护单位建档工作的监察范围与力度

2016 年 10 月 24 日，出席 2016 历史文化名城可持续发展论坛的与会嘉宾共同签署《南京宣言》，呼吁全世界的城市领导者和管理者，共同致力于文化遗产的传承与创新。《南京宣言》呼吁全世界的城市领导者和管理者，共同致力于文化遗产的传承与创新，保护包括纪念物、遗址、古建筑群等在内的城

---

① 　中华人民共和国文化遗产保护法律文件选编［M］. 北京：文物出版社，2007：7.

市历史文化遗产；保护街道、天际线、河流、自然遗产和普通居民住宅等在内的城市景观，无论他们是否被列入世界文化遗产名录。① 刘亚楼将军故居遭到强拆，一方面因为当地文化部门对所辖区域内文物监管失察，另一方面因为故居本身管理缺乏系统规划，缺少相应文物记录档案，因而故居遭强拆后无法及时复原。刘亚楼将军故居案中反映出我国地方文物保护单位建档工作的开展时有时无，冷门文化遗产几乎缺少记录档案，从前文提到的几则文化遗产被毁案例能深有体会。为城市历史文化遗产建立档案本应是国家文物局规定的文物保护单位常态性工作，但实际上建档工作并未完全普及。笔者认为，加大对地市级文物保护单位建档工作的监察有必要成为今后国家文化部门重点开展的工作，一方面对已有记录档案内容是否进行持续性补充与完善进行检查，另一方面对尚未建立文物记录档案的单位进行挂牌督办，并将记录档案考核情况纳入地方文化机构领导考核范畴。与此同时，建立全国文物记录档案登记与查询平台，将各级各类文物保护范围建立的记录档案通过数据共享平台的方式全国联网，通过数据平台实现对地市级城市历史文化遗产记录档案的监管，便于社会公众广泛利用。

　　城市历史文化遗产是一座城市历史演进过程中遗留下来的珍贵的文化财富，作为这笔财富的拥有者与使用者，我们不能坐等它们消失在城市的建设之中，不能让它们泯灭于高速变化的社会文化潮流之中，更不能任由个别社会组织与公众破坏它们。建档式保护为城市历史文化遗产保护提供了充足的、翔实的和系统规范的信息内容，透过这些丰富的档案信息，我们不仅可以完整展现不同时期文化遗产的演进脉络，还可以通过文化遗产大数据平台实现不同级别城市历史文化遗产的共同与共融。基于此，城市历史文化遗产才能在历史与现代的文化碰撞中觅得其生存之地。

---

　　① 网易新闻.《南京宣言》倡议保护城市文化遗产［EB/OL］.［2016－10－25］. http：//news. 163,com/16/1025/05/C46UORBJ00014AED. html.

# 社群口述记忆研究[①]

## 孙大东　于梦文

（郑州大学信息管理学院　郑州　450001）

**摘　要：** 口述记忆的真实性和完整性是实现其价值的重要决定因素。通过分析口述记忆的现状及价值缺陷、"社群"及社群档案的产生背景及研究现状，将口述记忆与"社群"理念相结合，提出构建社群口述记忆的设想，并进一步探析构建社群口述记忆的价值保障及实现途径。社群口述记忆是指处于同一社群的成员共同的口述记忆，其共性的特征能有效减少个人主观性对口述记忆真实性和完整性的影响，使口述记忆更加充分地发挥其价值。

**关键词：** 社群口述记忆　口述记忆　社群档案

## 1　口述记忆的现状与价值缺陷

口述记忆是一种以口头叙述为形式形成的、人们关于过去发生的社会事件或生活经历的记录，真实性和完整性是其价值存在与否、价值大小以及价值实现程度的主要决定因素。正如左玉河所言："口述历史追求历史真实。"[②] 口述记忆同样追求的是记忆的真实，只有保证口述记忆内容的真实性和完整性，才能发挥其在历史研究、文化传承、事件回溯等方面的真正价值和作用。

---

**作者简介：** 孙大东，男，郑州大学信息管理学院档案学专业讲师，博士；于梦文，郑州大学信息管理学院档案学本科生。

①　本文为 2016 年度国家社科基金项目"基于范式论视阈的档案学科与档案职业协同发展研究"（项目批准号：16CTQ034）阶段性研究成果。

②　左玉河. 历史记忆、历史叙述与口述历史的真实性 [J]. 史学史研究，2014（4）：10.

不可避免的，口述记忆会受到个人主观性的影响而导致其不完整性和真实性缺陷，其主观性影响因素主要表现在生理因素、心理因素、知识水平、社会经历四个方面。

生理因素指的是人的年龄、身体素质、记忆系统等不可抗因素对人们记忆的影响。随着年龄的增长、事件发生时间间隔的延长，记忆力会渐趋衰退，记忆不可抗拒地会产生一定的偏差，而由于口述记忆的受访者往往是在事件过去多年以后再重述这段记忆，加之口述者大多为老年人，考虑到其年龄、记忆力以及身体状况等因素，因而对于事件发生的时间、地点等具体的细节问题难免会出现模棱两可或含糊混淆的情况，这是造成口述记忆个人主观性的根本影响因素，也是导致口述记忆不完整性的不可抗拒的因素之一。

心理因素是指人们由于情感、动机、政治立场、民族情怀、信仰等因素而引起的记忆偏差。面对同一社会实践或历史事件，不同心境、不同身份的人对于该事件的体会与认识不尽相同，甚至是根本对立、冲突的。比如，《撕裂的国家：以色列独立战争口述史》一书，以色列独立战争涉及以色列和阿拉伯国家，因而亲历者对于这场战争的认识和回忆都带有本民族的情感，有意或无意地站在本民族的立场，维护本国利益，这就使得口述记忆的内容具有明显的差异与对立。① 同时，对于与自己有关的事件，人们往往会出于一种对自身身份、情感、名誉的认同与维护，趋利避害，刻意宣扬或夸大对自身有利的相关内容，而避开不利于自己的事实，不加叙述或有意减弱其影响。可见，心理因素对于口述记忆中个人主观性的影响十分重大，直接决定了口述记忆的真实性。

知识水平是由人内在的认知能力决定的，不同知识结构和框架的人，对于同一事件的认知情况会有所不同。不置可否的是，由于知识素养的低乏，一些人对于事件的认识会相对片面、孤立，难以从整体中把握事件的全局状况，这就使得记忆从形成初期便不够完善，难以准确、恰当地反映事件全貌，而一孔之见，其形成的口述记忆完整性难以得到保障。

社会经历是指人们在生活、工作等日常生活中积累的社会经验和阅历。

---

① 左玉河. 历史记忆、历史叙述与口述历史的真实性 [J]. 史学史研究，2014（4）：15.

不同社会经历的人对于事情的感受和体悟各不相同，即便拥有相同的政治立场、民族信仰、个人情感等，但由于社会经历的不同，人们对于所发生事件的认识水平难以保持一致，由此形成的记忆在完整性方面也存在着区别和差异。

如萨利乌·姆贝伊在第十一届国际档案大会上所说："口述档案存在着隐蔽、遗漏之处，因为回忆不会全部真实。"① 由于口述记忆是个人形成的记忆，而记忆难免模糊、淡化、存在偏差，口述者因为某些生理、心理或知识水平、社会经历的限制与制约，对于所述记忆有更改或疏漏之处。因此，对于口述记忆的真实性和完整性的鉴别显得尤为重要。

## 2　构建社群口述记忆的价值与意义

### 2.1　社群理念及社群档案的背景及研究

亚里士多德认为能被称为"社群"的人们特征之一是成员之间要有共同分享的基础，从而构成"社群"。② 这些东西可以是物质层面的，也可以是精神方面的，如土地、血缘、政治信仰或民族习俗等。由此，对于社群的理解不能等同于简单地基于相同地域范围划分的群体，而应包括相同种族、信仰、性别、经历、情感和某种身份的共同体。

自 20 世纪六七十年代开始，随着英国多元文化的汇集与发展，人们的思想进一步得到解放，争取自由、独立与平等的呼声渐趋提升，英国及其他西方国家出现了一种社会不同群体保护自身记忆与历史的潮流，越来越多的人要求直接保存档案以获得独立性与自主性。例如，建立社群档案的先驱、黑人文化档案（Black Cultural Archive）的创立者 Len Garrison，毕生致力于黑人历史和教育的研究，再如 Ruth 和 Eddie Frow，二人把房子建成图书馆、档案

---

① 王景高. 口述历史与口述档案［J］. 档案学研究，2008（2）：7.
② 李先桃. 亚里士多德：社群主义理论的源头——论亚里士多德哲学对社群主义的影响［N］. 湖南师范大学社会科学学报，2008（2）：30.

馆甚至是博物馆，以支持工人阶级斗争和组织。尽管不是所有社群的形成都是受到明确的政治目的和文化使命的驱使，但总体来说，这种潮流反映了以黑人、同性恋者、妇女为代表的边缘性社会群体对证明、记录、保护自身身份和履历的渴望。由此，推动了社群的产生与发展。①

2011 年 6 月，在中国档案学术报告会上，著名的档案学教授特里·库克先生介绍了档案认同现阶段正在经历的四个范式：证据（evidence）、记忆（memory）、身份（identity）、社群（community），尽管第四个档案范式社群（community）还没有完全形成，但是西方档案界已经意识到出现了方向性的转变。② 相较于西方档案界对于"社群"相关的研究敏感和研究热潮，国内档案界对于"社群"的研究则较少。因此，有必要深化对"社群"的相关研究，从其产生背景与发展情况入手，分析其研究对象与范围，明确其内涵，进一步把"社群"这一概念与档案领域的研究相结合，发挥其在我国档案界的作用。在这一基础上，本文将"社群"与口述记忆相结合，口述记忆的真实性一直是相关学界的研究热点，也是发挥其价值的保障与基础。本文以此为出发点，从价值保障和实现途径两方面对社群口述记忆进行分析。

## 2.2　社群口述记忆及其价值保障

### 2.2.1　构建社群口述记忆

口述记忆的真实性和完整性难以保障的根本原因在于其个人主观性，要想解决该问题就要从源头着手，加强口述记忆的客观性。因此，构建社群口述记忆是一个有效的解决办法。社群口述记忆，收集的是处于同一社群的人们共同的口述记忆，一方面，共同的口述记忆可以有效避免少数口述者为维护自身利益而隐瞒、遗漏甚至歪曲事实；另一方面，社群口述记忆的收集也可以减少个人叙述时造成的偏差和遗忘现象，更好地还原历史真相、反映事

---

① Andrew Flinn, Mary Stevens, Elizabeth Shepherd. Whose memories, whose archives? Independent community archives, autonomy and the mainstream [J]. Archival Science, 2009（9）：71 – 86.

② 特里·库克，李音. 四个范式：欧洲档案学的观念和战略的变化——1840 年以来西方档案观念与战略的变化 [J]. 档案学研究，2011（3）：81.

件全貌，从根本上提高口述记忆的真实性和完整性，进一步实现口述记忆的价值。

### 2.2.2　社群口述记忆的完整性保障

#### 2.2.2.1　生理方面

社群口述记忆是同一身份、关系、情感的人们对于某一历史事件的共同叙述，从生理因素上，可以较大程度地避免由于个人记忆偏差而导致的叙述不实。由于记忆力与个人的身体素质、大脑结构、思维意识等紧密相关。因此，同一群体中，每个人的记忆能力不同，对同一事件在当时、当地形成的记忆也会有所差别，有的人更注重大局、宏观的内容，有的人更注意细节等细微之处蕴含的深意，而把经历过同一事件的多人或一个社群集中起来，收集其口述记忆，整合、汇总，形成总体的社群口述记忆，可以更加完善对事件的回忆，增强口述记忆的完整性。

#### 2.2.2.2　知识水平方面

处于同一社群的人在知识储备、专业素养、哲学思维等方面不尽相同，其对事件的反映、认识、评价也会有差别，如具备相关知识和专业素养的人可以从学术、专业角度去看待事件、反映情况，而有哲学背景的人可以站在哲学的高度上去思考事件的过程和影响，学识广博的人可以把多门学科的知识综合起来去认识事物的意义。由此，综合同一社群的口述记忆，可以把各个阶层、各种思维方式的人的口述记忆综合比较，全面地还原事件对集体、社会的影响以及人们形成的看法。

#### 2.2.2.3　社会经历方面

社会经历决定了人们认识事情的角度和经验程度。同一事件的经历者，不排除有涉世未深的人，也有已经饱尝社会酸甜苦辣的人，这两种类型的人对于事件的认识会有很大的区别，甚至是矛盾、冲突的。比如，初入社会的人考虑问题会较为简单、直接，而社会经历丰富的人更偏向于从社会背景、间接原因、间接影响、隐藏含义等方面考虑事物的复杂性。因此，社群口述记忆在一定程度上可以帮助完善人们对于事件的记忆。

### 2.2.3　社群口述记忆的真实性保障

社群口述记忆可以很好地解决人们为维护自身利益而选择对事件片面、

部分叙述的问题。一方面，个人隐瞒或有意忽略的事实，很有可能会在其他人口中得到证实或是补充；另一方面，正如在美国流行的一句名言："掌握信息越多或越新的人，就越能支配他人。"人们往往愿意去做掌握核心信息或信息量最大的那个人。因此，在采访同一社群的口述记忆时，由于这方面心理因素的主导，人们在一定程度上更有意愿去分享自己所知的信息和所了解的事实，从而提高口述记忆的真实性、完整性与系统性。

社群口述记忆有利于降低个人为避免承担历史责任而做出不实口述的心理压力。人们往往在叙述事件时，会选择趋利避害、保护自己，而社群口述记忆是多人对于历史的回顾与记忆，在叙述时会减少个人对于承担该历史事件的压力与心理负担，激发人们对于揭发真实历史的意愿与勇气，如致力于研究细菌战的王选女士，非常注意收集当事人共同的口述记忆，以获得丰富且珍贵的口述资料，其中包括细菌战参与者的忏悔录（譬如原日本 731 部队老兵——尾原竹善、汤浅谦铃木、谷崎等）、受害者的痛苦回忆与控诉等。①同时，社群口述记忆有利于提升档案工作人员判别口述记忆真伪的效率。在进行口述工作查考的过程中，档案工作者可以通过整合、对比同一社群、不同人的口述记忆，对于其叙述一致的内容和方面进行整合、汇编，形成信史，而对于其冲突、矛盾之处，查阅相关史料与文件、书籍、档案等进行重点研究、考证，以辨别其差别之处孰是孰非。

## 3　社群口述记忆的实现条件

如前文所提到的，由于是个人口述形式的历史和记忆，因而口述记忆的真实性和完整性是口述历史研究中的难点，也是重点，而社群口述记忆可以在这两个方面予以一定保障。

### 3.1　建立相关的法律机制，完善相应法律体系

法律机制是社群口述记忆发展的保障和基础。建立相关的法律机制，一

---

① 刘旭光，薛鹤婵. 试论口述档案的价值［J］. 档案学通讯，2007（4）：91.

方面，是对口述记忆的征集、整理、编辑、管理、利用等进行立法；另一方面，也进一步规定口述档案的权利与义务。建立相关的法律体系有利于增强口述记忆的真实性保障。尽管《口述历史档案采集标准》现已出台，但是针对口述档案的管理、利用等标准仍不健全，难以向有序化、标准化发展。如刘伟晶、柳旭所说："口述档案管理标准的不健全致使口述记忆缺乏法律的明确导向。"① 因此，要健全社群口述记忆的相关法律体系，以提高口述记忆的真实性，充分发挥其价值。

### 3.2　规范口述工作流程，制订重点导向与计划

口述过程中，访问者所提出的问题、提问题的方式及态度都会对口述者产生一定的导向作用。因此，在进行口述工作的前期准备中，应全面考虑到口述者的心理、情感等因素，具体问题具体分析，针对不同的口述者制订相应的访谈计划，引导口述者全面、真实地回答问题，力求反映历史或事件的全貌。口述工作人员需要有主导口述工作的能力与素质，要根据社群成员的性格、身份、知识素养以及所采访事件本身的性质来确定相应的访谈内容和方式，在访谈过程中，要懂得随机应变，将口述内容向需重点了解的地方和既定计划上引领，以获得充分而真实的有价值的记忆。

### 3.3　注重口述领域专业人才培养，加强与其他学科的交流与融合

一门学科或专业领域的发展离不开具有精深专业素养的人才，口述工作过程中更需要具备档案学专业知识和综合素质的人才。一是要具备档案管理学和档案保护技术学的相关知识。口述记忆的整理、汇编、保管、利用等都需要专业人才参与其中，加之口述记忆的载体不仅限于纸质，还包括录音、影像、光盘等现代化技术载体，由于其载体寿命较短、对设备依赖程度高的特点，对于口述档案的保存要求和标准也相应严格。因此，培养高素质的人才显得尤为重要。二是适当了解掌握历史学、心理学等相关知识。口述工作中，极为重要的一项是判断其叙述历史的真伪性，口述者在叙述过程中不可

---

① 刘伟晶，柳旭. 口述档案管理方法探究［J］. 黑龙江档案，2012 (1)：32.

避免地会形成记忆偏差或产生遗漏、混淆之处，这要求档案工作者熟识相关事件的背景、缘由、影响等内容，根据自己的专业知识去判断口述者的叙述是否与事实相符。同时访问者要具有察言观色的能力，要懂得察觉口述者"隐藏的事实"，根据口述者的动作、表情、语速等行为判别其是否有意隐瞒或逃避某些事实，在访谈过程中及时做出判断，并采取相应的策略纠正这种情况，以便处于谈话的主导方。

### 3.4　采用合理方式进行开发利用，提高社群口述记忆价值

傅光明说："口述史未必是信史。"[1] 因此，对于收集来的口述记忆的内容，档案工作者应该慎重对待、仔细鉴别其真伪，通过查找、考证相关历史资料和研究等方式，严格地进行鉴定工作，整理出确凿可信的内容汇总编辑，使其成为"信使"，以增加口述记忆的真实性，更大程度地发挥其价值。

收集社群口述记忆的目的是为了向人们展现全面的事实，揭露真实的历史。因此，口述工作的重点不仅在于鉴别，更在于开发与利用。档案馆及档案工作人员应加强社群口述记忆的对外宣传，通过举办展览、拍摄纪录片、开设报纸口述专栏等方式，增进人们对于社群口述记忆的了解，提高关注度，加大社群口述记忆的影响力，以发挥社群口述记忆的研究价值。[2]

口述记忆是保留、见证历史的宝贵财富，社群口述记忆一定程度上弥补了个人口述记忆的不足，保障了口述记忆的真实性与完整性，把零散、个体的口述记忆汇集成系统、集体的社群口述记忆，有助于完善我国口述记忆工作的落实，推进口述记忆研究的发展。社群口述记忆的建设需要每一位档案工作者的努力，这也是当代档案工作肩负的重大责任和使命。

---

①　王景高. 口述历史与口述档案 [J]. 档案学研究，2008（2）：7.

②　艾琦. 美国口述史发展与经验及对中国档案部门的启示 [J]. 北京档案，2013（11）：35.

# 少数民族档案学

# 民族文化之瑰宝——藏文档案文献遗产①

## 华　林　方美林　杨　娜

（云南大学历史与档案学院　昆明　650000）

**摘　要：**论文认为，藏文档案文献遗产种类繁多，内容丰富，价值珍贵，在保存藏族历史文化方面做出重要贡献。论文研究藏文档案文献遗产的内涵外延、种类构成和内容价值问题，以展示其历史研究与现实利用价值，更好地发掘利用这一珍贵的民族历史文化遗产。

**关键词：**藏文　档案文献遗产　构成　价值

藏文属印度字母体系，已有 1300 多年的历史。7 世纪上半叶，松赞干布派大臣屯米桑布扎等人前往天竺和西域诸国修习佛法和声明之学，他学成返藏后，依据梵文的字母系统，结合藏语实际，创制了藏文。藏文档案文献遗产就是指藏族先民以藏文形成的反映藏族政治、历史、经济、军事、文化等方面内容，具有保存价值的历史记录。研究藏文档案文献遗产对了解藏族社会历史发展的真实面貌以及西藏地方和历代中央政府的关系均有较高的历史价值和现实意义。

**作者简介：**华林，男，1965 年 11 月，云南大学历史与档案学院档案学专业博士生导师，主要研究档案学、民族档案文献遗产保护等领域；方美林，云南大学历史与档案学院硕士研究生；杨娜，云南大学历史与档案学院硕士研究生。

①　本文为国家社科规划项目"民族记忆传承视域下的西部国家综合档案馆民族档案文献遗产资源共建研究"（项目批准号：16BTQ092）阶段性成果。

# 1　纸质藏文档案文献遗产

## 1.1　藏文古籍

藏文古籍的形成始于佛教经典的翻译，前后历经 1300 多年的历史，多以刻本、写本、稿本、抄本和拓本传世，从档案学的角度划分，它们是一种极其珍贵的手稿档案。

### 1.1.1　宗教类藏文宗教古籍

（1）吐蕃佛典。7 世纪，佛教从印度、汉地传到吐蕃，据藏文史籍记载，最早传到吐蕃的经典有《宝集咒》《宝云经》《宝箧经》《金光明最胜王经》等。自松赞干布王开始，吐蕃赞普重视翻译事业，译注佛经仅《丹噶目录》所载经典数目就有 27 门，约六七百种之多，标明译自汉文的经论共计 31 种（经部 23 种，论部 8 种）。除翻译佛典外，藏族学者也有若干重要著述，最为知名的是梵藏佛教术语对照词汇集《翻译名义大集》，全书共 280 个门类，收词语 9565 条。

（2）大藏经。大藏经分为《甘珠尔》和《丹珠尔》两部分。《甘珠尔》意谓佛语译典总集，由贡噶多吉编订，编成于 14 世纪后半叶。有多种版本，据德格版统计，共收佛语藏文译典 1108 种，包括译成藏文的显宗经律和未译成藏文的梵音密宗经律，内容分为戒律、般若（慧度）、华严、大宝积经、经集、涅槃、续部（密乘，佛教密法及其经典）7 大类。《丹珠尔》意谓论证佛语译典总集，由布敦·仁钦珠编订。编成于 14 世纪后半叶。据德格版统计，共收论典 3461 种，内容包括经律的阐明和注疏、密教仪轨和五明杂著等，分赞颂类（颂资粮集）、咒释类（续部论典，密宗论典）、经释类、目录类 4 大类。大藏经共 326 部，4569 种，全经共有 10000 多块经版，6800 多万字。大藏经中除佛学（内明）为主外，还包括很多学科的著作，内容涉及历史、文学、语言文字、医学、历算、哲学、工艺、艺术等学科，是极为宝贵的世界文化遗产。①

（3）本教典籍。土著原始宗教信仰是巫术，到了公元前 2 世纪布德贡吉时代，本教正式从象雄等地传人蕃地，与原来的黑派巫术者们相结合而形成了新的本教。其后，本教受到了松赞干布的镇压，本教徒在政治压力下，把篡改的佛经埋在各处山洞中，这就是后来发掘出来的本教经典。现存本教经典最具代表性的占卜典籍。占卜有鸟卜、虎骨卜、牛骨卜、牛蹄卜和羊骨卜等卜法，所形成的文献为研究藏族先民对客观事物的认识提供了翔实的记录材料。

### 1.1.2　历史类

藏文史籍主要产生于 13 世纪以后，著名的有：《玛尼全集》《柱下遗教》《王部遗教》《伏藏宝库》等"伏藏"典籍。伏藏即托音吐蕃时期松赞干布和莲花生等人所著，但从内容上已涉及 12 世纪前后的人和事。其他著名史籍有：蔡巴贡噶多吉所著的《红史》（藏族政教史）、萨迦巴·索南坚赞所著的《西藏王统世系明鉴》、郭译师旋努拜所著的《清史》、达仓赛巴·班觉桑布所著的《汉藏史集》、巴卧·祖拉成哇所著的《贤者喜宴》、五世达赖阿旺·罗桑嘉措所著的《西藏王臣史》、松巴堪布益西班觉所著的《如意宝树》、根敦群培所著的《白史》等。藏文史籍叙述了藏族从远古以来的社会发展，描绘了辽阔青藏高原从分裂到统一的曲折过程，写下了藏族和汉族等各族人民的亲密团结关系以及和友邻邦国的频繁交往历史，记载了有关历史人物的丰功伟绩以及西藏地方政治、经济、文化等其他方面的历史轨迹，有极高的历史研究价值。

### 1.1.3　文艺类

藏族文学源于藏族社会生活，从民间诗歌、神话、传说故事、史诗和戏剧作品到历史散文、传记、小说、文论和修辞学等都应有尽有。其中《格萨尔》是一部气势恢宏的英雄史诗，它通过对几十个邦国、部落的描写，记述了在青藏高原上居住、活动着的许多部落或邦国由分散、割据、互不统属、各自为政的状态，经过长期的战争，逐步联合统一起来成为军事联盟的历史

---

①　张公瑾，黄建明，等. 民族古文献概览 [M]. 北京：民族出版社，1997：25－26.

过程。《格萨尔王传》不仅在藏族文学史上占有崇高地位，在展现古代藏族丰富多彩的社会历史发展画卷方面有极高的史料价值。藏文文艺古籍很多，有《松赞干布迎娶文成公主》《米拉日巴道歌》《萨迦格言》《仓央嘉措情歌》等诗歌，《文成公主》《诺桑王子》等剧目，《米拉日巴传》《萨迦班智达传》等传记，《格萨尔王传》（续集）、《阿古登巴的故事》等故事，寓言故事有《猴鸟的故事》《白公鸡》等，长篇小说有《熏努达美》《郑宛达瓦》等。此外还有大量的译著与民间歌谣。

### 1.1.4 科技类

藏文科技古籍博大精深，如藏医学文献形成于吐蕃时期，先为零星，后集大成，著名的有《藏医灸方残卷》《医学大典》《月王药诊》《四部医典》《晶珠本草》等。藏族天文历算的萌发可以追溯到原始社会时期，赤松德赞赞普时撰有《冬夏至图表》《五行珍宝密精明灯》，从汉地翻译的有《九部续》《占卜十五卷》，译自印度的有《时轮根本经释》等；15 世纪时藏族学者撰写有《时轮经释》《历算综论》《韵律占星经释》《明灯》等；17 世纪以后翻译著述有：《麻熙御制汉历藏文译本》、《汉历大全》及其简编本《马扬寺汉历必要》。藏文著作有《天文历算回答》《光辉太阳》《白琉璃》。此外，《藏文大藏经》"十明学"中的"工巧明"，系"伎术机关，阴阳历数"也载录了大量古代藏族科技方面的典籍文献，是藏文科技古籍的重要构成部分。

### 1.1.5 语言文字类

藏文语言文字文献以佛教方面的为多，如《翻译名义大集》共收词语9565 条，分 283 个门类，规模之大，词语之广，是最完善的藏梵对照词汇总集。《瑜伽师地论·菩萨地》是同名原著中藏汉词汇对照本，收词有千余条。声明学本是梵文语言学的称谓，后来藏族学者习惯把藏文文法也纳入声明学体系。梵文声明学文献有藏文译本和藏文转写本，最著名的原著是《声律学·宝生论》，古印度论师兴迪著，是一部详述梵语元音、辅音轻重配合规律的书。后世藏人十分重视藏文文法的研究，12 世纪以来，对图弥三菩扎所著《虚词三十颂》《音韵性入法》二书注疏不断，有旧释本 18 种，新释本 32 种，有关正字法名著 30 部，其要有《三十颂、性入法注—珍奇锁钥》《丁香帐》等。

### 1.1.6 译著类

藏族生活在祖国的西南边疆，除了受到中原汉族文化的直接影响外，还受到来自印度、尼泊尔等国文化的影响，在历史上翻译了大量汉族和其他民族的优秀文化典籍。如吐蕃时期译自中原和印度的佛经就有 27 门，约六七百种之多。其他译自汉族的重要文献有《尚书》《春秋后语》《战国策》《史记》《西游记》《康熙御制汉历大全藏文译本》《马杨寺汉历心要》等；译自印度的有《罗摩衍那》《诗境论》《时轮经》《无垢光大疏》《白莲法王亲传》《白琉璃》《日光论》《时轮历精要》等。

### 1.1.7 综合类

藏文古籍中内容涉及政治、经济、文化等领域的综合类著述很多，其中最为典型的是藏族历代学者的全集。据不完全统计，综有全集的学者约有二三百人，著名的有：《萨迦五祖全集》《布顿全集》《宗喀巴全集》《贾策杰达玛仁钦全集》《洛卧堪钦·索南伦珠全集》《噶玛米觉多杰全集》《五世达赖喇嘛全集》等。这些全集中除历史宗教的著述外，还有很多关于因明学（逻辑学）、传记、语言文字、诗歌、医药、天文历算、工艺、音乐、绘画、雕塑、建筑、地理、书翰等各方面的论述，它们丰富了藏族文化宝库，促进了藏族文化的发展。

## 1.2 藏文文书

藏文文书是藏族处理民族事务、表达思想意图、传达社会信息而形成的一种档案文件，现存文书按其性质可划分为：

### 1.2.1 政务文书

藏文政务文书的起源可追溯到吐蕃政权时期，7 世纪，松赞干布建立吐蕃政权，以藏文颁布了一系列的政务文书。21 世纪初在敦煌石室中发现了大量的吐蕃王朝的文书档案，主要有吐蕃大事记年，吐蕃赞普传记及各小邦邦伯、家臣进表等。现存藏文文书数量极多，如珍藏在西藏档案馆就有元朝的《萨迦帝师仁钦坚赞给洛本果顿和仁钦白桑的封文》《萨迦帝贡嘎坚赞封夏鲁地区的益西贡嘎为万户长的封文》，明代的《答谢遣国师进佛舍利祝贺诞辰事致大宝法王书》《明朝封萨迦派拉康喇章贡嘎扎西为大乘法王》，清朝皇帝颁发给达赖、摄政等政教的汉、满、蒙、藏四种文字的敕谕和诏书，民国时期的《袁世凯为派员赴藏平息藏乱事致十三世达赖喇嘛电》《热振等贺蒋介石兼任行政院院长电》等，是研究中央政府与西藏地方关系的珍贵档案文件。

### 1.2.2　法规文书

新中国成立前，西藏农奴制地方政权建立使用的反映农奴主统治意志，维护其阶级利益的法律规范约有 20 余种。吐蕃时期制定的《神教十善法》《入教十六净法》；元朝时期制定的《元朝的法典》《蒙古族的法典》；明、清时期制定的《十五法典》《十六法典》《正直明镜鉴》《蒙古法律六十条》《拉萨大祈愿法令的坐次法规》《噶厦办事规则二十三条》《彭措林地区关于流放奴隶服役之规章》，《山南地区的夏季法契约》等。这些法典反映了不同时期藏族社会的阶级情况，对研究藏族社会政治、经济、宗教、文化、法律等方面的历史状况有重要的史料价值。

### 1.2.3　经济文书

藏文经济文书产生于吐蕃时期，如新疆南部古城堡遗址出土了吐蕃军旅在天山南路屯戍、设置驿站、派官员组织当地居民耕种土地、经营放牧、管理军民的档案文件，重要文件有《P. T. 1111 号，寺庙粮食帐目清单》《P. T. 1297 号，收割青稞雇工契》等。元朝时期形成的藏文经济文书有元政府在乌思藏设置十三万户府，派员前往清查户口、建立驿站和厘定赋税经济文书以及为肯定西藏各地封建主对所属庄园的占有而颁布的封地文书等。明代以后形成的藏文经济文书更为丰富，如明洪武三十年（1397 年）《第一任乃东王朝大司徒绛曲坚赞指令玉曲巴不得在加茶地放牧的令文》、永乐六年（1408 年）《致如来大宝法王书及赏单》、清乾隆六十年（1795 年）《松筠等遵旨减免百姓差徭告示》、藏历木虎年（1854 年）《噶厦为征收诵经金事给雪卡谿堆和浪卡孜宗堆令》、民国时期藏历水牛年（1913 年）《四世嘉木祥关于毛兰木法会与二月法会分配布施物品训令》、藏历水鸡年（1933 年）《嘉木祥拉章关于浪格塘等村缴纳地租账册》等。

### 1.2.4　谱牒文书

较为典型的有《西藏王统记》，为萨迦·索南坚赞著于 1388 年，内容包括藏族人种的由来、吐蕃史前传说史、吐蕃史、吐蕃王朝崩溃后诸小王割据史等，重点叙述了松赞干布、赤松德赞、赤热巴巾等"藏王三杰"的事迹以及汉藏交往关系，对研究西藏王族史、社会发展史有很高的史料价值。《萨迦世系谱》成书于 1629 年，作者即为持咒师阿旺贡噶索南扎巴坚赞贝桑波，是专门叙述萨迦昆氏家族的谱牒文书。《犀牛宝卷》据推测为朗氏本族所留的宗谱谱系，约成书于 1430 年，其内容记载帕木竹巴政权的保持者朗氏及帕竹万户的发展史。其他藏文谱牒文书还有降巴·贡噶坚赞著的《德格土司世系》，无名氏著的《朗氏家族史·灵犀宝鉴》等。

### 1.2.5　西藏人民抗英斗争文书

清光绪年间，英国觊觎西藏地区，多次进行武装挑衅，驻藏大臣五次照会英印政府，并派汉藏官员查界，同英谈判。英国不仅破坏谈判，还在 1903 年再次武装侵入西藏。为此，西藏人民在骨鲁、江孜等地英勇抗敌，在抗英斗争中产生了大量的抗英文书，较为珍贵的有藏历阳火狗年（1886 年）《西藏扩大会议之命令》、藏历阳火狗年（1886 年）《西藏、尼泊尔边界各宗豁代表为防止英国入侵西藏订立之甘结》、藏历阴火猪年（1887 年）《卡达地区寺庙及政府属民为不让外民族越境入侵西藏订立之甘结》等。这些文书反映了西藏人民在历史上抗击英帝国主义侵略西藏，保卫家园的历史史实。

## 2　金石藏文档案文献遗产

### 2.1　藏文石刻

藏族大多居住在青藏高原，由于书写材料匮乏，常把各种社会信息刻写在石质载体上，从而产生了大量的藏文石刻，传世藏文石刻主要有以下类型：

#### 2.1.1　碑刻

今存藏文碑刻种类较多，按其用途的不同又可划分为墓碑，如西藏山南琼结吐蕃赞普墓葬群扎赤德松赞墓侧遗存的《赤德松赞赞普墓碑》；寺祠碑，著名的有西藏山南扎囊县桑耶区桑耶寺，建于赤松德赞赞普时期 779 年的《桑耶寺兴佛证盟碑》，原存拉萨西北郊堆龙德庆楚布寺原址（今楚布寺已毁，碑尚存）建于赤松德赞赞普时期的《楚布江埔建寺碑》等；纪功碑，如拉萨西城建于赤松德赞赞普时期的藏文《恩兰·达扎路恭纪功碑》，是现存吐蕃碑刻中年代最早的一方；会盟碑，最珍贵的是 823 年立于拉萨的《唐蕃会盟碑》，碑文赞美汉藏友谊，追溯唐蕃历史，记述会盟经过，是汉藏人民团结友好的历史见证；圣旨碑，如云南省迪庆藏族自治州德钦县喀瓦噶波雪山发掘到一块立于明天顺五年（1461 年）的《法王皇帝圣旨碑》，系藏文楷书，200余字。残碑上发现一枚镌刻有"圣称四川左布政之印"九个篆文的汉文大印印迹。① 碑文反映了明朝优待噶玛噶举派的态度和当时噶举派、萨迦派和格鲁派的一些情况，有珍贵的历史查考价值。

### 2.1.2　摩崖

摩崖石刻是镌刻在岩壁之上的记事文字。现存藏文摩崖有西藏林芝县米瑞区广久的赤德松赞赞普（798—815 年在位）继位后不久所建的《工布第穆萨摩崖石刻》，有藏文 21 列。碑文内容反映了吐蕃王室以和所辖各个小邦结盟并给予世袭特权的形式来加强自己统治的历史史实。谐拉康右侧山后遗存有建于吐蕃时期的《谐拉康摩崖刻石》，有藏文 12 列。此石刻无题款，有藏文正书十二列，字迹具备吐蕃时期特点。究其内容，似刻于谐拉康建寺之前。这类摩崖刻石在吐蕃时期比较普遍，用以纪功、述德，往往能反映出时代风尚及社会背景。

### 2.1.3　石经墙、石经片和石经墩

在青海省黄南州泽库县城西 80 千米处的和日寺中，有许多刻满藏文的石经墙、石经片和石经墩，其中有两处石经墙分别刻的是 3966 万余字的大藏经《甘珠尔》和 3870 余万字的《丹珠尔》。在甘德县东吉多卡寺也有石刻藏文《大藏经》，其数量之多，质量之高极为罕见，据统计，此石经的内容远远超过《甘珠尔》和《丹珠尔》的内容，所刻经片约有十万多块，石片大小不一，有大如桌面的，也有小似椅面的，厚约一厘米，石面光滑，字迹清晰。此外，四川省也发现了这种藏文石经，这些珍贵的藏文石经墙、石经片和石经墩有待于进一步发掘、研究和利用。

---

① 杰当·西饶江措. 法王皇帝圣旨藏文石碑释略 [C]. 西藏研究，1995（4）：51—54.

## 2.2　金文

藏族在历史上曾产生过部分金文档案，如明永乐十二年（1414 年），皇帝召宗喀巴入京，宗喀巴派得意弟子释迦也失代为前往，被明朝封为大慈法王。永乐皇帝还下令在南京印制《甘珠尔》《丹珠尔》，制成铜印版模，印制了数套红油墨楼梯折叠式的《甘珠尔》《丹珠尔》，封题为金字汉藏对照。除铜印版模外，其他较为典型的藏文金文尚有：

### 2.2.1　《桑耶寺钟》

建于吐蕃时期，系青铜所铸，工艺水平较高。顶端有藏文两圈，回环，铸刻藏文 11 列，阳文。钟现存于桑耶寺，完好。铭文记载："王妃甲茂赞母子二人，为供奉十方三宝之故，铸造此钟，以此福德之力，祈愿天神赞普赤松德赞父子、眷属，具六十种妙音，证无上之菩提！"

### 2.2.2　《昌珠寺钟》

原在山南雅垄河谷中心的昌珠寺，近已不存。藏文铭文两圈，回环，有藏文 10 行，阳文。字形与桑耶寺钟铭同，是吐蕃时期遗物无疑。译文记载："（没庐妃菩提明之劝请），令一切众生齐皈善业之故，特铸造此大钟。钟声有如天神鼓乐，嘹亮于浩渺虚空，此亦增天神赞普赤德松赞之住世寿元也。施主为王妃菩提氏，并由唐廷汉比丘大宝（仁钦）监铸。"

### 2.2.3　《叶尔巴钟》

原在拉萨东郊扎叶尔巴寺内。扎叶尔巴寺为松赞干布第三妃蒙氏尺姜在该地修建的二座小神殿，相当古老。山后石窟为松赞干布坐静处，后于此地修寺。钟铭两圈，回环，有藏文 6 行。从文字形体、笔势来看。应是吐蕃时期遗物，钟现已毁。碑文说："持诸胜者（佛）之圣教正法，奉一切菩提行，净治善行诸端，获未来一切劫中受用。"[①]

---

①　华林. 藏文历史档案研究［M］. 昆明：云南大学出版社，1982：144－147.

# 3   其他藏文档案文献遗产

## 3.1   藏文印章

早在 7 世纪，藏王松赞干布时期就已使用藏印。元朝建立以后，中央王朝对西藏以萨迦派为首的宗教领袖加以掌封赐印，藏印的使用范围进一步扩大。明清时期，随着藏区"政教合一"体制的逐步形成和发展，加之中央政府重视对藏族上层人士的封赐，印鉴便成为西藏宗教上层领袖的宝物。现存藏印除金、银、铜印外，还有象牙、石、木等类型，印文多为正楷体，清晰易辨，是佐证中央政府与西藏地方隶属关系的珍贵档案文献。重要藏印有：

（1）《西天大善自在佛所领天下释教普通瓦赤拉呾喇达赖喇嘛之印》。清代，金印，重 8257 克，如意纽，高 10.1 厘米，方，边长 11.4 厘米，藏罗布林卡，为七世达赖的封印。

（2）《弘宣佛法王布忒达阿白迪之印》。清代，木纽铁印，宝烟纽，高 10.7 厘米，方，边长 10.3 厘米，藏罗布林卡，是清圣祖赐给第巴桑结嘉措的印信。原封金印已不知下落，现存两方木身铁印，显系当时的复制印。也许是由于汉族工人不懂得藏文，两方同样的印章，其藏文有一字之差。

（3）《敕封班臣额尔德尼之印》。清代，金印，如意纽，高 8.7 厘米，方，边长 10.8 厘米，藏扎什伦布寺。1713 年清朝政府正式册封五世班禅罗桑益西为"班禅额尔德尼"，并照封五世达赖之例，颁给金册金印。印文为"敕封班臣额尔德尼之印"；汉、满、藏三体合璧。"班臣"即班禅的异写字。①

（4）《护国宣化广慧大师班禅之印》。民国，铜印，直纽，高 15 厘米，方，边长 117 厘米，藏扎什伦布寺。这是国民党政府赐给九世班禅的印信。印文系藏、汉合璧。

（5）《辅国普化禅师热振呼图克图印》。民国，铜印，直纽，高 12 厘米，方，边长 8.8 厘米，款识：侧"中华民国二十四年十一月　日　印铸局造"，

---

①　欧朝贵，其美. 西藏历代藏印［M］. 西藏：西藏人民出版社，1991：57－75

藏罗布林卡。这是民国政府册封热振活佛的印信。现存之印，即是这次的封印，印文系藏、汉合璧。[①]

此外，罗布林卡、扎什伦布寺等还珍藏有《敕封班惮额尔德尼之宝》《管理西藏事务黄帽班丹诺门汗之印》《黄帽丹巴结萨彭巴诺门汗之印》《西域达赖驻重庆办事处印》《西藏班禅驻重庆办事处印》等重要的藏文金文印信。

## 3.2　竹简、木刻、骨文等

今存吐蕃木牍大部分出土于新疆南部罗布泊南岸的米古城遗址（今属若羌县辖），另一部分出土于于阗以北的万顷流沙妆中的慕土塔克地区。此遗址中还发现了相当数量的卜骨，为羊胛肩骨卜辞。此外，在青海省海西州都兰县热水村的古墓葬中也发现过吐蕃时期的藏文简牍，是用墨写在柏木片上的。这些吐蕃简牍的内容大多反映经济（土地、粮食、赋税），军事，氏族部落，地名，文书，宗教及其他一些方面的历史情况。藏文木刻档案文献遗产中最为珍贵的是木刻印经雕版。木刻雕版版本多以印经院所在地命名，藏区比较著名的印经院有纳塘寺、德格、拉萨、塔尔寺、拉卜楞寺、卓尼禅定寺等。印版规格大小不一，最长的有 85 厘米左右，主要作为供奉之用；常见的是 60~70 厘米的，称为箭杆本（意为一箭杆的长度）；中等为 40 厘米左右，称为一肘本（意为成人一肘之长）；最后一种长约 20 厘米。版本的大小因经书内容多寡而定，即使同一部书，各印经院也没有统一的刊印标准。此外，藏文木刻还有部分木刻牌位。例如，西藏布达拉宫红宫殿内供奉着乾隆皇帝的肖像，像前竖立着一块精雕细刻的藏、汉、满、蒙四种文体的"当今皇帝万岁、万万岁"的金字牌位。

① 欧朝贵，其美. 西藏历代藏印［M］. 西藏：西藏人民出版社，1991：102-103.

# 西夏历法档案整理研究[①]

## 赵彦龙

（宁夏大学人文学院　银川　750021）

**摘　要：** 西夏历法档案就是西夏国人在观测日、月、五行等活动中保留下来的既有西夏文历法档案，也有汉文历法档案，还有夏汉合璧的历法档案的不同文字的珍贵而原始的史料，能够真实再现西夏历法工作的原貌，故其有重要的文物和档案价值。这些档案主要出土于西夏故地黑水城、武威等地，现分散收录于《中国藏西夏文献》《俄藏黑水城文献》《英藏黑水城文献》等大型文献之中。经过详细爬梳统计，西夏历法档案大约有 26 件。现对西夏历法档案所反映出来的内容进行具体分析和研究，从而挖掘出西夏历法档案的实质以及西夏历法的水平。

**关键词：** 西夏　历法档案　整理　研究

西夏是公元 11 世纪至 13 世纪以党项羌族为主体在西北边鄙地区建立的封建王朝。西夏从李继迁叛宋（982 年）算起，到最后灭亡（1227 年），历时近 250 年。在这两个多世纪的时间里，西夏产生了数量众多、种类繁杂的档案资料。从近几年西夏故地出土的西夏档案来看，的确如其他中原王朝一样保留下来了非常丰富的原始档案资料，具有珍贵的文物和档案学价值，为人类精神文明和科学技术建设等做出了比较突出的贡献。特别是西夏的科技档

**作者简介：** 赵彦龙（1966—），宁夏西吉县人，宁夏大学人文学院教授，硕士生导师，主要研究方向为文献学、文书档案学。

① 本文系国家社科基金西部项目"西夏档案及档案工作"（项目批准号：12XTQ013）阶段性成果；"十三五"自治区重点学科"中国语言文学"和"十三五"自治区重点专业"汉语言文学"建设成果。

案，虽然说有学习中原王朝科技档案的技术，但也适时地有独创的成分，这无疑是西夏科技档案最重要的价值所在。为此，本文拟对西夏科技档案中的历法档案进行专题整理研究。

# 1　西夏历法档案概况

西夏历法档案主要以历书为主，就是西夏国人在观测日、月、五行等活动中保留下来的不同文字的原始档案资料。

西夏历法档案的内容主要就是关于日、月及五大行星的运动规律，由数量众多的历书构成。我们现在所见到的西夏历书基本上出土于西夏故地黑水城、武威等地，大部分已收录在《中国藏西夏文献》（以下简称《中藏》）、《俄藏黑水城文献》（以下简称《俄藏》）、《英藏黑水城文献》（以下简称《英藏》）等大型文献之中，大约有西夏文、汉文以及夏汉合璧历书 26 件。这 26 件西夏历法档案给我们提供了有关西夏历法工作的珍贵史料。现将 26 件历法档案按照原图版编号、档案名称、版本、纸质、字体、书写文字、档案出处以及该档案的其他相关信息简单整理成表 1。

表 1　　　　　　　　　　西夏历法档案

| 序号 | 图版编号 | 档案名称 | 版本 | 纸质 | 字体 | 书写文字 | 档案出处 | 备注 |
|---|---|---|---|---|---|---|---|---|
| 1 | 中藏 G21·028 | 历书 | 写本 | 麻纸 | 楷书 | 汉文 | 《中藏》第十六册①第274页。 | 残页。单页，高15.8，宽10,②以墨线单栏划分。残存上半截 4 行，为七月至十二月十日日历，记录有闰十一月，为西夏人庆二年日历 |

---

① 史金波，陈育宁. 中国藏西夏文献［M］. 兰州：甘肃人民出版社，敦煌文艺出版社，2006.
② 注：本文中所标纸张的高、宽等阿拉伯数字之后的单位均为厘米。

| 序号 | 图版编号 | 档案名称 | 版本 | 纸质 | 字体 | 书写文字 | 档案出处 | 备注 |
|---|---|---|---|---|---|---|---|---|
| 2 | 中藏 M21·021 | 历书 | 写本 | 麻纸 | 楷书 | 西夏文、汉文合璧 | 《中藏》第十七册①第163页。 | 残页。残高14，残宽3.5。大小字相间，存24字 |
| 3 | 俄 TK269 | 历书 | 活字印本 | 未染麻纸 | 楷书 | 汉文 | 《俄藏》第四册②第355页。 | 保存有下段。原卷轴装，后叠称经摺装。首尾缺。5纸，表格式具注历，墨色单栏划分 |
| 4 | 俄 TK297 | 历书 | 刻本 | 麻纸 | 楷书 | 汉文 | 《俄藏》第四册第385页。 | 前后上下均有残失。残存有17日的具注历和两行月序文字的内容，从上至下有5栏 |
| 5 | 俄 ИНВ. NO. 2546 | 历书 | 刻本 | 麻纸 | 楷书 | 汉文 | 《俄藏》第六册③第300页。 | 或为夏历书。高9，宽20.5。存字5行，上单边。表格残片，墨色单栏划分 |
| 6 | 俄 ИНВ. NO. 5229 | 历书 | 活字印本 | 麻纸 | 楷书 | 汉文 | 《俄藏》第六册第315页。 | 或为夏历书。高18.5，宽26.3。共5竖栏。首尾缺。表格式，墨色单栏划分，排列不整齐 |

①　史金波，陈育宁. 中国藏西夏文献［M］. 兰州：甘肃人民出版社，敦煌文艺出版社，2006.
②　史金波，魏同贤，克恰诺夫. 俄藏黑水城文献［M］. 上海：上海古籍出版社，1997.
③　史金波，魏同贤，克恰诺夫. 俄藏黑水城文献［M］. 上海：上海古籍出版社，2000.

续表

| 序号 | 图版编号 | 档案名称 | 版本 | 纸质 | 字体 | 书写文字 | 档案出处 | 备注 |
|---|---|---|---|---|---|---|---|---|
| 7 | 俄ИНВ.NO.5285 | 历书 | 活字印本 | 麻纸 | 楷书 | 汉文 | 《俄藏》第六册第315页。 | 残。高 19.5，宽27.5。楷书。保存上段。表格状。表中各栏有汉字 |
| 8 | 俄ИНВ.NO.5306 | 历书 | 活字印本 | 麻纸 | 楷书 | 汉文 | 《俄藏》第六册第316页。 | 残。高 19.6，宽29.2。保存上段。表格状。表中各栏有汉字 |
| 9 | 俄ИНВ.NO.5469 | 历书 | 写本 | 麻纸 | 楷书 | 汉文 | 《俄藏》第六册第316页。 | 残。保存上段。表格状。表中各栏有汉字 |
| 10 | 俄ИНВ.NO.8117 | 历书 | 活字印本 | 麻纸 | 宋体 | 汉文 | 《俄藏》第六册第326页。 | 共2块残片，表格式。墨色不匀，首尾缺 |
| 11 | 俄ИНВ.NO.5282 | 己酉乙卯年月略历 | 写本 | 麻纸 | 楷、草书 | 西夏文、汉文合璧 | 《俄藏》第十册①第139页。 | 残页。高 22，宽15.5。表格，纵13格，横14格 |
| 12 | 俄ИНВ.NO.647 | 大德戊午年月略历 | 写本 | 麻纸 | 楷书 | 西夏文 | 《俄藏》第十册第141页。 | 残页。表格式。纵14格，横11格。第1竖格上部为年干支"戊午"字。内有墨色单栏划分 |

① 史金波，魏同贤，克恰诺夫. 俄藏黑水城文献［M］. 上海：上海古籍出版社，1999.

续表

| 序号 | 图版编号 | 档案名称 | 版本 | 纸质 | 字体 | 书写文字 | 档案出处 | 备注 |
|---|---|---|---|---|---|---|---|---|
| 13 | 俄ИНВ.NO.5868 | 大庆庚申年月略历 | 写本 | 麻纸 | 楷书 | 西夏文、汉文合璧 | 《俄藏》第十册第142页。 | 残页。高26.5，宽22。表格。纵13格，横12格。第1竖行上部为年干支"庚申"字 |
| 14 | 俄ИНВ.NO.7926 | 光定戊寅八年至辛巳十一年历 | 写本 | 麻纸 | 行草书 | 西夏文、汉文合璧 | 《俄藏》第十册第143页。 | 残卷。高20.2，宽66行。每年历书前有一行西夏字记年甲子。两月一行，始为西夏文月序，汉字记大小月份。以西夏文左右小字记该月朔日甲子，最后以西夏文和汉文双行小字记该月的节气及该节气的日期① |
| 15 | 俄ИНВ.NO.8214 | 光定四至七年年历 | 写本 | 麻纸 | 行草书 | 西夏文、汉文合璧 | 《俄藏》第十册第143页。 | 残页4件。高宽不一。四周有栏线，页中行有隔线，有时根据需要还有横线 |
| 16 | 俄ИНВ.NO.7385 | 历书 | 写本 | 麻纸 | 草书 | 西夏文 | 《俄藏》第十册第171页。 | 蝴蝶装。高18.5，宽12.5。3个半纸。半页9行。有行界，有画押 |

---

　① 注：俄 ТК269、297、俄 ИНВ. NO. 647、5229、5282－2、5285、5306、5469、5868、7926、8085、8117、8214 等历书史金波已做过介绍，见《西夏的历法和历书》，《民族语文》2006 年第 4 期，第 43－45 页。

续表

| 序号 | 图版编号 | 档案名称 | 版本 | 纸质 | 字体 | 书写文字 | 档案出处 | 备注 |
|------|---------|---------|------|------|------|---------|---------|------|
| 17 | 俄ИНВ.NO.6711 | 历书 | 写本 | 麻纸 | 楷书 | 西夏文、汉文合璧 | 《西夏的历法和历书》。① | 残页。这件历书未见文献收录，只在史金波先生的论文中得见 |
| 18 | 俄ИНВ.NO.8085 | 历书 | 写本 | 麻纸 | 草书 | 西夏文、汉文合璧 | 《西夏的历法和历书》。② | 表格式。每年一表占一页，分左右两面，右上角有该年的干支。这件历书未见文献收录，只在史金波先生的论文中得见 |
| 19 | 英Or.12380－0016 | 历书 | 印本 | 麻纸 | 草书 | 西夏文 | 《英藏》第一册③第7页。 | 1纸残片。135×150④ |
| 20 | 英Or.12380－0668－0669RV | 历书 | 印本 | 麻纸 | 草书 | 西夏文 | 《英藏》第一册第243页。 | 1纸。残片。55×45⑤ |

---

① 史金波. 西夏的历法和历书 [J]. 民族语文，2006 (4)：43.
② 史金波. 西夏的历法和历书 [J]. 民族语文，2006 (4)：43.
③ 谢玉杰，吴芳思. 英藏黑水城文献 [M]. 上海：上海古籍出版社，2005.
④ 注：原定名称"佛经科文"，现据2010年第5辑《西夏学》第1－16页中史金波《〈英藏黑水城文献〉定名刍议及补证》改定名称为"历书"。
⑤ 注：原定名称"佛文"，现据2010年第5辑《西夏学》第1－16页中史金波《〈英藏黑水城文献〉定名刍议及补证》改定名称为"历书"。

续表

| 序号 | 图版编号 | 档案名称 | 版本 | 纸质 | 字体 | 书写文字 | 档案出处 | 备注 |
|---|---|---|---|---|---|---|---|---|
| 21 | 英 Or. 12380 −2058 | 癸丑年历书 | 写本 | 麻纸 | 草书 | 西夏文 | 《英藏》第二册①第316页。 | 残甚历书② |
| 22 | 英 Or. 12380 −2919 | 历书 | 写本 | 麻纸 | 草书 | 西夏文 | 《英藏》第三册③第282页。 | 1纸残片。75×93。表格式，存字1行④ |
| 23 | 英Or. 12380− 3156RV | 历书 | 印本 | 麻纸 | 草书 | 西夏文 | 《英藏》第四册⑤第22页。 | 83×30。多纸。蝴蝶装。有污渍⑥ |
| 24 | 英 Or. 12380 −3679 | 历书 | 印本 | 麻纸 | 草书 | 西夏文 | 《英藏》第四册第324页。 | 195×150。多纸。有污渍。蓝色布面封皮⑦ |
| 25 | 英 Or. 12380 −3743 | 历书 | 印本 | 麻纸 | 草书 | 西夏文 | 《英藏》第五册⑧第36页。 | 60×90。2纸残页。表格式。纸质薄 |
| 26 | 英 Or. 12380 −3947 | 历书 | 写本 | 麻纸 | 草书 | 西夏文、汉文合璧 | 《英藏》第五册第357页。 | 220×220，215×160。2纸，背面有字 |

---

① 谢玉杰，吴芳思. 英藏黑水城文献 [M]. 上海：上海古籍出版社，2005.

② 注：原定名称"历书"，现据2010年第5辑《西夏学》第1−16页中史金波《〈英藏黑水城文献〉定名刍议及补证》改定名称为"癸丑年历书"。

③ 谢玉杰，吴芳思. 英藏黑水城文献 [M]. 上海：上海古籍出版社，2005.

④ 注：史金波在《西夏的历法和历书》（《民族语文》2006年第4期，第43页）、许生根在《英藏黑水城出土西夏历书概述》（《西夏研究》2011年第4期第37页）一文中都对该历书有介绍。

⑤ 谢玉杰，吴芳思. 英藏黑水城文献 [M]. 上海：上海古籍出版社，2005.

⑥ 注：原定名称"残片"，现据2010年第5辑《西夏学》第1−16页中史金波《〈英藏黑水城文献〉定名刍议及补证》改定名称为"历书"。

⑦ 注：原定名称"佛经科文"，现据2010年第5辑《西夏学》第1−16页中史金波《〈英藏黑水城文献〉定名刍议及补证》改定名称为"历书"。

⑧ 谢玉杰，吴芳思. 英藏黑水城文献 [M]. 上海：上海古籍出版社，2010.

## 2　西夏历法档案研究

我们仅从以上大型文献丛书中摘录出的西夏历法档案可知，西夏的历法档案虽说数量不是很多，但种类齐全，内容也十分丰富，价值珍贵，对后世历法工作有很大的借鉴作用。现根据以上简单整理的西夏历法档案的概况，对西夏历法档案进行简要的研究。

### 2.1　西夏历法档案种类齐全，形式多样

西夏历法档案的种类和形式具体可以分为以下六种情况：

#### 2.1.1　从编制历书的文字种类上看

既有西夏文历书，如俄 ИНВ. NO. 8214《历书》，又有汉文历书，如俄 TK297《历书》，还有西夏文、汉文合璧历书，如俄 ИНВ. NO. 8085《历书》。这是中国历史上其他王朝在编制历书过程中鲜有的一种现象。因此，这类历书有助于帮助语言学家研究中国古代历书所用文字的情况，其语言学价值重大。

#### 2.1.2　从西夏历书的流行版本上看

从版本上来看几乎囊括了中国古籍版本的各种类型，既有刻本西夏文历书，如英 Or. 12380－2919《历书》，又有刻本汉文历书，如俄 TK297《历书》；既有写本汉文历书，如中藏 G21·028《历书》，还有写本西夏文、汉文合璧历书，如俄 ИНВ. NO. 8085《历书》；同时还有活字本汉文历书，如俄 TK269、俄 ИНВ. NO. 5229、5285、5306、5469、8117 等《历书》。

#### 2.1.3　从西夏历书使用纸张上看

从使用纸张上来看，有少量的历书使用未染麻纸，如俄 TK269；但大部分历书则使用麻纸印制，如中藏 G21·028 汉文写本《历书》、俄 ИНВ. NO. 8085 西夏文、汉文合璧《历书》、英 Or. 12380－2919 西夏文《历书》等。

#### 2.1.4　从西夏历书的书（刻）写字体上看

西夏历书的书（刻）写字体比较繁杂和丰富，既有西夏文草书历书，如

俄 ИНВ. NO. 7385《历书》、英 Or. 12380－3743《历书》；有西夏文、汉文合璧草书历书，如俄 ИНВ. NO. 8085《历书》、英 Or. 12380－3947《历书》；有西夏文、汉文合璧行草书历书，如俄 ИНВ. NO. 7926《光定戊寅八年至辛巳十一年历》、俄 ИНВ. NO. 8214《光定四至七年年历》；有西夏文、汉文合璧的楷、草书历书，如俄 ИНВ. NO. 5282《己酉乙卯年月略历》；有西夏文楷书历书，如俄 ИНВ. NO. 647《大德戊午年月略历》；还有西夏文、汉文合璧楷书历书，如俄 ИНВ. NO. 5868《大庆庚申年月略历》；有汉文楷书历书，如中藏 G21·028《历书》；有汉文宋体历书，如俄 ИНВ. NO. 8117《历书》等。这种用不同字体书写历书的现象在中国古代绝无二朝，自然也会显示出其各种不同的价值。

### 2.1.5 从西夏历书的印制排列方式上看

西夏历书大都为表格式历书，如俄 ИНВ. NO. 8085 西夏文、汉文合璧《历书》最为典型，这也是中国古代通用的历书印制排列方式。

### 2.1.6 从西夏历书的装帧形式上看

从装帧形式上来看，有卷子装的历书，如俄 ИНВ. NO. 7926 西夏文、汉文合璧写本《光定戊寅八年至辛巳十一年历》；有经折装的历书，如俄 TK269 汉文活字印本《历书》；还有蝴蝶装历书，如俄 ИНВ. NO. 7385 西夏文写本《历书》、英 Or. 12380－3156RV 西夏文印本《历书》；更有缝缋装的历书，如俄 ИНВ. NO. 8085 西夏文、汉文合璧《历书》① 等，可谓装帧形式丰富多彩。

## 2.2 西夏历法档案内容丰富

从《俄藏》《英藏》以及《中藏》和《中国藏黑水城汉文文献》等收录的各种西夏历书或年历中，我们可以了解很多有关西夏历法文化的内容。如从俄 ИНВ. NO. 8085 西夏文、汉文合璧《历书》和英 Or. 12380－3947 西夏文、汉文《历书》等汉、夏文历书中，反映出了从日常生活的"二十四节

---

① 彭向前. 几件黑水城出土残历日新考［J］. 中国科技中杂志，2015（2）：189.

气”，到天体学的"二十八宿直日"，再到关乎国家、君主和庶民命运等吉凶的"忌宜"。① 可以说，西夏历法档案涵盖了民俗、天学乃至星占、卜算等多个学科，负载了丰富多样的西夏文化内容，体现了西夏人的聪颖才智，以及西夏人惊人的模仿学习中原先进文化的能力。

### 2.3　西夏历法档案科技含量高

#### 2.3.1　西夏的历法档案不仅有刻本的历书，还有写本的历书，尤其有活字本的历书

之前已简单探讨了西夏的刻本和写本历书，该部分主要涉及西夏的活字本历书，这也是西夏历书编制的一个特点。从俄 TK269、俄 ИНВ. NO. 5229、5285、5306、5469、8117 等活字本残《历书》来看，虽然字号大小不一，墨色深浅不均，表格横竖线不齐整，印刷质量比较粗糙，但是，这些活字印刷本的历书却是目前所知最早的汉文活字印本，在中国活字印刷史上占有重要的地位，② 是研究中国古代历法档案的第一手资料。

#### 2.3.2　西夏历法档案中有历时 86 年的历书

譬如俄 ИНВ. NO. 8085 西夏文、汉文合璧写本《历书》，记录从西夏庚子年至第二乙丑年，即从西夏元德二年（1120 年）至天庆十二年（1205 年）连续 86 年的中古时期的历书。"这是目前所知中国保存至今历时最长的古历书。根据一般历书当年用过即成无用的废纸的特点，现在能见到连续 86 年的中古时期的历书，十分难得。时间跨度这样长的历书原件，绝无仅有。"③ 关于此件历书的时间跨度有学者经过重新考察得知应该是连续 88 年而非 86 年。④ 可见，西夏历书档案之丰富和齐全。

#### 2.3.3　西夏还保存有目前所知最早有二十八宿的历书

英人斯坦因在黑水城发现的英 Or. 12380－3947 西夏文、汉文写本《历

---

① 彭向前. 几件黑水城出土残历日新考［J］. 中国科技中杂志，2015（2）：185－189.
② 史金波. 西夏的历法和历书［J］. 民族语文，2006（4）：46.
③ 史金波. 西夏的历法和历书［J］. 民族语文，2006（4）：44.
④ 彭向前. 俄藏 ИНВ. NO. 8085 西夏历日目验记［C］. //杜建录主编. 西夏学（第 10 辑）.
上海：上海古籍出版社，2014：67.

书》残片是每年一页，每月一行，其中有月序、该月朔日干支、大小月、二十八宿、二十四节气、日、木、火、土、金、水、罗、月孛、紫气等九曜星宿与该月时日的关系。这一历书经西夏学专家考证，认为是西夏天授礼法延祚十年（1047 年）的历书。这一历书不仅是现存西夏最早的历书，也是目前所知有二十八宿的历书，它比原认为最早使用二十八宿的南宋宝祐四年（1256）历书要早 209 年，也是保存至今最早的西夏文献。① 当然，至于英 Or. 12380－3947 西夏文、汉文写本《历书》到底是哪年历书，有学者经过重新认真考证提出了异议，认为该历书是西夏乾祐二年（1171 年）历书。② 不论是哪年的历书，而这一历书所应具有的文物价值以及兼具学术研究、版本学价值等多种价值的存在是客观事实。

## 2.4　中原历书的编制对西夏历书编制的影响

西夏历书的编制总体上还是受中原王朝历书编制的影响，或可能不排除只将中原历书翻译成西夏文历书而继续在国内使用的痕迹。如俄 ИНВ. NO. 8214 的刻本西夏文残历书是一部西夏光定乙亥五年（1215 年）的具注历日，经西夏学专家查考与南宋嘉定八年的月份大小和朔日干支完全一致。证明西夏编制和测算历法的方法与宋朝相同。西夏不仅黑水城地区的历书与宋朝相同，就连西夏时期的甘肃武威出土的历书大都与宋朝的历书一致。如 1972 年在武威小西沟岘发现的一纸汉文历书残片，也是每月一行的历书，内容包括月序、大小月、该月朔日干支、二十四节气、二十八宿以及日、木、火、土等九曜星宿与该月时日的关系。这一汉文历书据西夏学专家考订认为是西夏人庆二年（1145 年）的历书，亦与宋朝的历书吻合。③ 可见，西夏历法受到中原王朝历法编制的影响很深，西夏历法编制过程中的独创内容和成分并不是很多。

---

① 史金波. 西夏的历法和历书 [J]. 民族语文，2006（4）：44－45.
② 彭向前. 几件黑水城出土残历日新考 [J]. 中国科技史杂志，2015（2）：189.
③ 史金波. 西夏的历法和历书 [J]. 民族语文，2006（4）：45.

## 2.5　西夏历法档案出现避讳现象

关于西夏的避讳，在汉文西夏史籍和通用文书档案中已经有比较详细的记载。西夏从建立初就为本国避讳，如元昊为避父德明讳，将宋"明道"年号改为"显道"。不仅如此，西夏还为宋、辽、金朝避讳。① 此外，在出土的西夏历书中同样发现了西夏避讳的客观事实，如俄 TK269 汉文活字印本《历书》中第 1 竖行，俄 TK297 汉文刻本《历书》残片一第 5、8 栏和残片二第3、4 竖栏，俄 TK5285 汉文活字印本《历书》中第 3 竖行，俄 ИНВ. NO.8117 汉文活字印本《历书》中第 4 竖行，俄 ИНВ. NO. 5306 汉文活字印本《历书》中第 1 竖行和第 4 竖行，俄 TK5229 汉文活字印《历书》中第 2 竖行，俄 TK5469 汉文活字印本《历书》中第 5 竖行、第 8 竖行、第 11 竖行、第 12竖行、第 21 竖行等的"明"字右部的"月"明显缺中间两笔，也就是该字的最后两横笔。② 这显然是避西夏太宗德明的名讳。可见，西夏历法档案的编制也要避前朝皇帝的名讳。

## 2.6　西夏历法档案中的西夏文俗字现象

关于西夏汉文文书档案中的俗字现象，已经有学者在进行其他方面的研究过程中做过一些不成系统的归纳和研究。③ 但是，关于西夏文历法档案中是否有俗字这一现象，目前只有在彭向前先生相关的西夏历法档案的研究论文中有过简单的阐述，他认为西夏历法档案中的确存在西夏文俗字。例如，俄 ИНВ. NO. 8085 西夏文、汉文合璧《历书》中庚子年至西夏第二乙丑年中的西夏文"庚子"二字的写法不太规范，或可视之为俗体字。④ 这的确是一个新的研究课题，可为我们研究西夏文俗字提供依据，具有比较重要的文

① 赵彦龙. 西夏文书档案研究 [M]. 银川：宁夏人民出版社，2010：63.
② 史金波. 西夏的历法和历书 [J]. 民族语文，2006（4）：45-46.
③ 赵彦龙. 种类齐全　价值珍贵——西夏账册档案研究之三 [J]. 宁夏师范学院学报，2015（4）：63. 俄藏黑水城西夏汉文 NO. 2150 号文书再探讨 [J]. 西夏研究，2016（3）：29.
④ 彭向前. 俄藏 ИНВ. NO. 8085 西夏历日目验记 [C]. //杜建录主编. 西夏学（第 10 辑）.上海：上海古籍出版社，2014：67.

字学价值。

综上所述，我们以为，西夏王朝有完整的记录和保存历法档案的机制，正因为如此，才保留了种类齐全、形式多样的历书档案，这些历书档案不仅具有重要的学术价值，而且还可以弥补中国历法档案的某些不足，显示出其特有的稀缺特点和价值。

# 档案学史

# 十年来学界对民国时期文书档案工作
# 研究的文献梳理与分析①

## 张会超

（上海师范大学人文与传播学院　上海　200234）

**摘　要：**民国时期文书档案工作开创了新局面并不断发展，学界对之做了深入研究，十年来也屡有新成果出现。本文从文书档案改革、明清档案整理和民国档案学术研究深化三个方面对十年来所取得的研究成果做了文献梳理与总结，用表格形式展现了这些年的研究成果，同时还对十余年来这一领域的硕博论文做了检索和展示，最后对这些研究文献进行了分析，肯定了成绩，也认识到不足，因此提出了学术研究深化的新思路，即加强民国时期文书档案管理思想研究，希望有助于学界参考。

**关键词：**文书档案改革　明清档案整理　文书档案连锁法　管理思想

"档案学"一词在 1935 年出现并不断应用起来，逐渐发展成为一门学科，迄今已有八十多年的历史。档案学的兴起与发展，和当时的明清档案整理、文书档案改革均有紧密关系。针对民国时期文书档案工作的改革和发展，以及明清档案的整理，乃至档案学的兴起和繁荣，学界做了很多研究工作，取得了显著的成绩，近年来尤为明显，从各个角度对那一时期的档案现象和内容进行了深入地探讨，但却缺乏整体上的学术把控，需要宏观上来审视十年

────────────

**作者简介：**张会超，男，河南郾城人，上海师范大学人文与传播学院信息管理系副教授，博士。

①　本文为 2017 年国家社科基金项目"民国时期档案管理思想研究"（项目批准号：17BTQ077）阶段性研究成果。

来学界对民国时期档案工作和档案学研究的成果。有鉴于此，本文试从文献综述的角度，对十年来学界在民国时期文书档案工作和档案学领域的研究进行梳理和分析，希望可以促进学界深入了解这些学术成果，并能在此基础上更好地前进。

# 1 十年来学界对民国时期文书档案工作的探讨

民国时期文书档案工作的发展可以从文书档案改革、明清档案整理和民国档案学术研究深化三大方面来理解，学界对此研究的成果也主要集中在这三个方面，按图索骥，可以为后续学术研究提供有益的文献支持和学术基础。

## 1.1 文书档案改革的探讨

档案界对民国时期文书档案改革研究颇多，从 20 世纪五六十年代以来，不断有人撰写文章，阐述文书档案改革的过程、得失和经验教训，特别是对其中的文书档案连锁法屡屡论及。① 早在 20 世纪 80 年代中期董俭就对南京国民政府文书档案改革运动做了系统介绍，② 2005 年浙江大学傅荣校对南京国民政府文书档案改革的背景、过程和意义做了深入论述，③ 同年中国第二历史档案馆杨璐对 20 世纪 30 年代南京国民政府文书档案改革运动的影响做了详细阐述，④ 广西民族大学档案学专业研究生覃凤琴则从甘乃光与文书档案改革运动关系角度做了探讨，⑤ 展现了改革带来的启示，而蒋卫荣则从民国时期的《公文程式》看到了文书与档案工作的创新和演进⑥，并通过对文书

---

① 殷钟麒. 文书档案连锁办法的主要内容和批判 [J]. 档案工作，1958 (2)：20—21.

② 董俭. 浅论南京国民政府的文书档案改革运动 [J]. 档案学通讯，1989 (5)：63—69.

③ 傅荣校. 论三十年代南京国民政府的文书档案改革 [J]. 档案学通讯，2005 (1)：87—90.

④ 杨璐. 三十年代南京国民政府文书档案改革运动的影响 [J]. 山西档案，2005 (5)：28—30.

⑤ 覃凤琴. 论甘乃光与"文书档案改革运动"[J]. 档案管理，2010 (1)：64—67；覃凤琴. 历史局限与"种瓜得豆"——甘乃光与"文书档案改革运动"及启示再探讨 [J]. 档案与建设，2010 (4)：13—16.

⑥ 蒋卫荣，郭添泉. 民国时期文书与档案工作的创新与演进——以各时期《公文程式（令）》的考察为中心 [J]. 档案学通讯，2009 (6)：87—90.

档案改革的研究认为传统文书档案工作的近代转型完成于抗战时期;① 张莉则从我国档案管理现代化的历史起点这一角度来审视文档连锁制度,② 张会超从史料入手对文书档案连锁法做了还原和论述,③ 马林青从登记制革新实验的视角重新审视了文书档案连锁法。④ 这些为数不多但颇有见地的文章逐渐从文书档案改革的过程和表象中看到了这一活动背后存在的内在逻辑和学术机理。

但遗憾的是,在对文书档案改革研究中,文章整体数量有限,2005 年以后傅荣校、杨璐、蒋卫荣、覃凤琴和王雅慧⑤五人的文章很有见地,学术水平较高,其他文章则较为一般,而在文书档案连锁法的近年研究中亦是成果不断,以张会超和马林青两人的三篇文章为代表。具体研究文书档案连锁法的文章可以检索到 19 篇,但唐振华的文章一稿两发,实际上只有 18 篇文章,主要作者为殷钟麒、施懿超、倪道善、张会超和马林青五人,如表 1 所示。

表 1　　　　　　　　　　文书档案连锁法研究文章一览

| 序号 | 作者 | 题名 | 发表刊物 | 发表时间 |
|---|---|---|---|---|
| 1 | 罗夏钻 | 文书档案连锁法与文档一体化之比较 | 大众科技 | 2016.04.20 |
| 2 | 俞娜 | 文书档案连锁法的重新审视 | 科技与企业 | 2016.01.22 |
| 3 | 刘娜 | 文书档案连锁法与文件生命周期理论的比较 | 黑龙江史志 | 2015.07.08 |

---

① 蒋卫荣,郭添泉. 传统文书档案工作的近代转型完成于抗战时期 [J]. 档案学通讯,2011 (5):95－99.

② 张莉. 论我国档案管理现代化的历史起点——文档连锁制度再研究 [J]. 西北大学学报 (哲社版),2004 (2):171－175.

③ 张会超. 文书档案连锁法学术争鸣赏析 [J]. 档案学通讯,2011 (6):30－33;张会超. 文书档案连锁法的重新审视 [J]. 档案学研究,2011 (6):85－89.

④ 马林青. 文书档案连锁法的重新发现:一场登记制的革新实验 [J]. 档案学通讯,2015 (1):31－34.

⑤ 王雅慧. 20 世纪 30 年代以来国民政府文书档案工作改革研究 (1933—1949) [D]. 上海师范大学专门史,2014.

续表

| 序号 | 作者 | 题名 | 发表刊物 | 发表时间 |
|---|---|---|---|---|
| 4 | 马林青 | 文书档案连锁法的重新发现：一场登记制的革新实验 | 档案学通讯 | 2015.01.18 |
| 5 | 王文武 | 文书档案连锁法与文件生命周期理论的比较 | 赤子（上中旬） | 2014.11.05 |
| 6 | 刘昌岭 | 探讨文书档案连锁法的重新审视 | 办公室业务 | 2014.09.05 |
| 7 | 张会超 | 文书档案连锁法的重新审视 | 档案学研究 | 2011.12.28 |
| 8 | 张会超 | 文书档案连锁法学术争鸣赏析 | 档案学通讯 | 2011.11.18 |
| 9 | 董婷、周晓繁、王越 | 文书档案连锁法失败原因浅析 | 兰台世界 | 2008.01.01 |
| 10 | 唐振华 | 文书档案连锁法与文件生命周期理论值比较 | 山西档案 | 2007.02.20 |
| 11 | 倪道善 | 文书档案连锁法与"文档一体化" | 档案 | 2000.10.30 |
| 12 | 王德俊 | 百年沧桑话档案（三）以文书档案连锁法为中心内容的文书档案改革运动 | 北京档案 | 2000.10.20 |
| 13 | 施懿超 | 文书档案连锁法与吉林模式的比较——兼论文书档案一体化管理 | 兰台内外 | 2000.04.15 |
| 14 | 倪道善 | "文书档案连锁法"对我们的启示 | 北京档案 | 2000.01.20 |
| 15 | 施懿超 | 机关文书档案一体化管理问题刍议——兼评文书档案连锁法 | 重庆商学院学报 | 1999.10.30 |
| 16 | 吕军 | 文书档案连锁法与文书档案工作一体化管理之比较研究 | 档案与建设 | 1995.02.15 |
| 17 | 王玉风、张立军 | 评述国民党时期推行的"文书档案连锁法" | 档案管理 | 1994.10.20 |
| 18 | 殷钟麒 | 文书档案连锁办法的主要内容和批判 | 档案工作 | 1958.03.02 |

通过上述文章可知，近年来虽然对文书档案改革和文书档案连锁法有所研究，但高质量的成果较少，存在着重复性研究和低水平研究问题，罕有重大突破和阐释，反映出在民国时期档案工作关注和探索领域人员有限、成果不多的局面。

## 1.2　明清档案整理的研究

近年来，民国时期历史档案的整理逐渐成为学术热点，涌现出大量的研究成果。除了王传注意到了中山大学语言历史研究所对地方历史档案的整理外，① 其他文章多是针对明清两朝中央政府与皇家档案而言的。张会超于2005—2008 年在中国人民大学攻读档案学博士学位时，撰写出了 27 万字的博士论文《民国时期明清档案整理研究》，并于 2011 年 12 月在上海世界图书出版公司出版了同名专著；而庚向芳从 2007 年到 2016 年陆续有 8 篇文章论述了民国时期明清档案整理的具体问题（如表 2 所示），赵彦昌也发表了系列文章探讨民国时期诸位先生与明清档案整理之间的关系（如表 3 所示）。期间，朱兰兰对沈兼士在明清档案整理方面的贡献做了论述，② 梁继红则先后陈垣明清档案编纂思想和明清档案文献整理的角度做了梳理和总结，③ 段雪玉对梁方仲和明清档案的整理关系进行了论述，④ 郭鹏、王向女对北大整理清内阁大库的方法和贡献做了新的诠释和介绍，⑤ 这些论文陆续从历史档案整理的方法、过程的研究转变到了重要人物的参与和作用层面。

---

　　① 王传. 中山大学语言历史学研究所的档案学理论和实践评述 [J]. 档案学通讯，2011 (5)：23—26；王传. 民国时期中山大学对广东官厅档案的整理 [J]. 历史档案，2011 (3)：129—132.
　　② 朱兰兰. 沈兼士与明清档案 [J]. 档案管理，2007 (6)：8—9.
　　③ 梁继红. 陈垣明清档案编纂思想简论 [J]. 历史档案，2008 (1)：128—132；梁继红. 陈垣先生与明清档案文献整理 [J]. 文献，2012 (2)：188—196.
　　④ 段雪玉. 梁方仲与明清档案的整理 [J]. 华南师范大学学报（社科版），2009 (5)：90—95.
　　⑤ 郭鹏，王向女. 试论国立北京大学对清代内阁大库档案的整理方法及贡献 [J]. 档案学通讯，2017 (2)：99—103.

表 2　　　　　　庾向芳近年来发表的有关明清档案整理的文章一览

| 序号 | 作者 | 题名 | 发表刊物 | 发表时间 |
|---|---|---|---|---|
| 1 | 庾向芳 | 陈垣为故宫文献馆购入端方档案时间考 | 历史档案 | 2007.05.15 |
| 2 | 庾向芳 | 陈垣与故宫博物院文献馆 | 档案学研究 | 2007.08.28 |
| 3 | 庾向芳、汤勤福 | 试论民国时期史语所对内阁大库档案史料的整理及贡献 | 历史教学（高校版） | 2009.12.16 |
| 4 | 庾向芳 | 蔡元培与明清档案史料 | 历史档案 | 2010.02.15 |
| 5 | 庾向芳 | 徐中舒与清代内阁大库档案的整理和研究 | 安徽大学学报（哲社版） | 2010.03.10 |
| 6 | 庾向芳、汤勤福 | 民国故宫博物院文献馆清档出版时间订正 | 齐鲁学刊 | 2010.03.15 |
| 7 | 庾向芳、汤勤福 | 论方甦生的学术贡献 | 档案学研究 | 2012.10.28 |
| 8 | 庾向芳 | 试论北大国学门内阁大库档案整理的成就与不足 | 史学史研究 | 2016.03.15 |

　　通过表 2 可以看出，从 2005 年在南开大学攻读历史学博士开始，庾向芳选中了民国时期明清档案整理这一主题，写出了多篇文章，最终在 2008 年完成了题为《民国时期的清史学》的博士论文，其后她陆续在华东师范大学历史学博士后流动站和上海对外经贸大学工作，继续对这一主题进行了深入的研究，发表了多篇高质量的论文，令人刮目相看。

　　而辽宁大学赵彦昌更是从 2006 年就开始对这一问题进行了深入研究，并且发表了系列文章。和庾向芳有论文合作者一样，赵彦昌的系列文章也有合作者，而且赵彦昌的合作者多达四人，说明在这一问题的研究上不仅实现了学术研究的可持续性，而且还影响并推动了学生进行科研尝试，学生与老师一起撰写出了学术文章。赵彦昌的这一系列文章有五篇曾被收入《中国档案史专题研究》（黑龙江出版社 2009 年 4 月出版）一书中，作为独立的第三章"名人与明清档案"存在。除了这一系列文章外，赵彦昌还有文章涉及民国时期档案学的内容，即《毛坤先生与中国近代档案学》（《青海民族大学学报》

2010 年第 3 期）一文。

**表 3　　　　　赵彦昌近年来发表的有关明清档案整理的文章一览**

| 序号 | 作者 | 题名 | 发表刊物 | 发表时间 |
|---|---|---|---|---|
| 1 | 赵彦昌 | 傅斯年与明清档案 | 山东档案 | 2006.10.15 |
| 2 | 赵彦昌 | 论陈垣先生对明清档案的历史贡献 | 兰台世界 | 2007.01.15 |
| 3 | 赵彦昌、唐莹 | 沈兼士与明清档案 | 兰台世界 | 2008.10.01 |
| 4 | 赵彦昌、唐莹 | 李广涛与明清档案 | 档案 | 2008.12.20 |
| 5 | 赵彦昌 | 徐中舒与明清档案——纪念徐中舒教授诞辰 110 周年 | 兰台世界 | 2009.03.01 |
| 6 | 赵彦昌、王琦 | 单士魁与明清档案 | 山东档案 | 2010.02.15 |
| 7 | 赵彦昌、王琦 | 单士元与明清档案 | 山东档案 | 2010.04.15 |
| 8 | 赵彦昌、陈聪 | 汤象龙与明清档案 | 山东档案 | 2011.12.15 |
| 9 | 赵彦昌、李晓光 | 吴晗与明清档案 | 山东档案 | 2012.04.15 |

综上所述，十年来民国时期明清档案的整理已经成为学术界研究的一大热点，以庾向芳、赵彦昌和张会超三人为代表，取得了显著成绩，成果众多，涉及了民国时期明清档案整理的诸多方面。但如何进一步深化研究，就值得思考了。

## 1.3　民国档案学术研究的深化

中国档案学兴起于 20 世纪 30 年代，早在 20 世纪 80 年代吴宝康先生就在《档案学理论与历史初探》一书中详细介绍了档案学产生和发展的过程；进入新世纪，对档案学术的研究日益深化，覃兆刿对中国档案事业的传统与现代化进行了研究，特别是对过渡时期的档案思想做了详细论述；① 李财富从中国档案学史的角度论述了档案学产生和发展的问题；② 胡鸿杰从中国档

---

① 覃兆刿. 中国档案事业的传统与现代化——兼论过渡时期的档案思想 [M]. 北京：档案出版社，2003.

② 李财富. 中国档案学史 [M]. 合肥：安徽大学出版社，2005.

案学理念与模式的视角对档案学进行了评析，① 剖析了档案学产生的背景、人物和内容；而王协舟则从学术评价的视角对中国档案学进行了阐释与批判，② 档案学产生和发展成了其评价的基础和对象；陈祖芬从范式的视角对档案学历史演进及未来发展做了论述。③

除了宏观和整体研究外，王芹从档案法规的角度做了深入探讨，④ 沈蕾对民国时期公文程式进行了研究，⑤ 李章程对民国时期公文改革和行政效率的关系做了研究，⑥ 而吴荣政从中国档案事业发展的社会文化角度论述了近代档案事业背后的社会文化因素⑦，这些成果详细研究了某一方面的具体内容，促进了学术研究的纵深发展。

除了以上有代表性的著作外，对档案管理及其学术发展进行研究的成果还有诸多学术论文，较早研究这一问题的是四川大学的黄存勋教授，他提出了档案馆学派这一观点，⑧ 并分析了其对创建中国近代档案学的贡献和启示，而后河北大学胡燕对近代档案学著作中有关档案行政的新思想进行了述评，⑨ 徐辛西关注到了行政效率运动对中国近代档案学产生的影响，⑩ 张会超对档案学形成时期的外来影响做了深入分析，⑪ 而梁继红对近代"档案学"一词的出现做了深入考察，⑫ 刘旭光等人先后对何鲁成、周连宽等人的档案学思

① 胡鸿杰. 化腐朽为神奇——中国档案学评析［M］. 上海：世界图书出版公司，2010.
② 王协舟. 基于学术评价视域的中国档案学阐释与批评［M］. 湘潭：湘潭大学出版社，2009.
③ 陈祖芬. 档案学范式的历史演进及未来发展［M］. 上海：世界图书出版公司，2010.
④ 王芹. 民国时期档案法规研究［M］. 合肥：合肥工业大学出版社，2010.
⑤ 沈蕾. 民国时期公文程式研究［M］. 上海：世界图书出版公司，2014.
⑥ 李章程. 民国时期的公文改革与行政效率［M］. 北京：中国社会科学出版社，2016.
⑦ 吴荣政. 中国档案事业发展的社会文化探源［M］. 北京：中国档案出版社，2008.
⑧ 黄存勋. 档案馆学派对创建中国近代档案学的贡献及其启示［J］. 四川档案，1998（6）：6—10.
⑨ 胡燕. 近代档案学著作有关档案行政的新思想述略［J］. 档案学通讯，2003（5）：23—25.
⑩ 徐辛西. "行政效率运动"对中国近代档案学产生的影响［J］. 山西档案，2006（4）：17—20.
⑪ 张会超. 档案学形成时期的外来影响探究［J］. 图书情报知识，2010（2）：48—54.
⑫ 梁继红. 中国近代"档案学"词源新考［J］. 档案学通讯，2010（5）：21—24.

想做了评述，① 黄世喆等人探讨了欧美档案学对中国近代档案学产生的影响。②

　　而随着 1934 年档案工作的深化，档案教育也应运而生。对民国时期档案教育的研究一直在进行，既有史料的发掘，也有不同角度的认识，其中以梁建洲先生的系列文章为代表，有典型的意义和作用。③ 因为 2009 年是毛坤先生诞辰 110 周年，所以学界陆续发表了多篇文章来纪念毛先生。具有代表性的有姚乐野等人的文章，该文对毛坤档案学教育思想做了详细论述，④ 还有古俪的《毛坤先生与文华档案特种教席》（《图书情报知识》2010 年第 5 期）和何振、杨文的《浅论毛坤先生对我国近现代档案事业的贡献》（《档案学通讯》2015 年第 6 期），以及彭敏惠的《旧墨重痕留新知——毛坤先生〈档案经营法〉手稿整理记》（《图书情报知识》2013 年第 4 期）。当然，除了继续探讨文华图专和毛坤先生的档案教育外，还有邵金耀的《档案教育起源探究》（《档案学通讯》2006 年第 1 期）、侯强的《民国时期的档案教育仁爱培养模式》（《档案与建设》2010 年第 3 期）和余骏、项建英的《近代中国档案教育综论》（《浙江师范大学学报》2013 年第 6 期），而陈慧聘、薛理桂的《中国档案学教育发轫与在台湾发展情况》（《档案学通讯》2015 年第 3 期）亦涉及了中国档案教育起源和发展问题，张衍的《苏州大学档案教育源流探析——顺记周连宽教授和徐家麟教授在苏州大学的档案学教学》（《档案学通讯 2013 年第 5 期》）和《江苏学院档案学教育溯源》（《档案学研究》2016 年第 1 期）则论述了江苏档案教育的起源和发展问题，以个案研究的形式丰富了民国时期档案教育的内容，增加了专业教育的知识与见证。

　　另外，由于 2013 年上海世界图书出版公司出版了《档案学经典著作（第

　　① 刘旭光，魏会玲. 何鲁成档案管理思想研究 [J]. 档案学通讯，2012（4）：98－101；马伏秋，刘旭光. 论周连宽档案学思想的特色及影响 [J]. 档案学通讯，2015（5）：33－36；程广沛，刘旭光. 继承　借鉴　创新——近代中国档案学的来源研究 [J]. 档案学通讯，2017（1）：28－32.

　　② 黄世喆，林明香. 欧美档案学对中国近代档案学的影响 [J]. 档案学研究，2014（6）：84－88.

　　③ 梁建洲. 回头看看私立武昌文华图书馆学专科学校档案管理专业教育的贡献 [J]. 图书情报知识，2007（1）：99－107.

　　④ 姚乐野，王阿陶. 毛坤先生档案学教育思想探微 [J]. 图书情报知识，2009（5）：117－122.

一卷)》和《档案学经典著作（第二卷）》，收录了档案学十三本旧著，再加上2014 年 10 月在中国人民大学召开了第四届档案学博士论坛，该论坛以"回望经典"为主题，对"中外档案学的比较和借鉴"进行了深入交流，两大学术行为均促使学界进一步关注和研究档案学十三本旧著，所以此后陆续发表了一系列的文章，比如河北沧州师范学院范铮于 2016 年在《档案学研究》上先后发表了《程长源〈县政府档案管理法〉的思想内容及价值管窥》和《秦翰才〈档案科学管理法〉的主要内容及其当代价值》两篇文章。

但早在几年前《档案管理》就曾陆续刊登了档案学十三本旧著的多篇书评，现列表（如表 4 所示）予以展示和分享。这些书评是王星光、张会超两人同《档案管理》杂志社一起运作和推动的结果，目的在于引起学界关注和阅读，后来二人还联合发表了档案学十三本旧著的第一篇介绍性文章，即《中国近代档案学成就之荟萃——档案学十三本旧著述论》（《档案管理》2008年第 6 期）。

表 4 　　　　　　　　《档案管理》杂志刊登十三本旧著书评一览

| 题名 | 作者 | 文章出处 |
| --- | --- | --- |
| 傅振伦与《公文档案管理法》 | 王星光 | 1998 年第 3 期 |
| 许同莘与《公牍学史》 | 何金龙 | 2006 年第 3 期 |
| 殷钟麟与《中国档案管理新论》 | 崔红伟 | 2006 年第 4 期 |
| 龙兆佛《档案管理法》评述 | 张晓 | 2006 年第 5 期 |
| 陈国琛与《文书之简化与管理》 | 吴永林 | 2006 年第 6 期 |
| 程长源与《县政府档案管理法》 | 李静、谢玉 | 2007 年第 1 期 |
| 周连宽与其档案学著作 | 柳凤敏、李新利 | 2007 年第 3 期 |
| 秦翰才与《档案科学管理法》 | 左琳 | 2007 年第 4 期 |
| 傅振伦《公文档案管理法》的学术价值 | 王汇 | 2007 年第 5 期 |
| 徐望之与《公牍通论》 | 孔冬青 | 2007 年第 6 期 |
| 何鲁成与《档案管理与整理》 | 吴永林 | 2008 年第 2 期 |
| 黄彝仲与《档案管理之理论与实际》 | 张长海 | 2008 年第 2 期 |
| 梁上燕之《县政府公文处理与档案管理》 | 赵小强 | 2008 年第 3 期 |

从上表可以发现，除了王星光老师在 1998 年发表了早期的一篇文章外，其余十二篇书评均刊登于 2006—2008 年，充分说明这是有目的性的展示和介绍。这些书评的确引起了学界注意，以《档案学经典著作》前两卷为例，收录的十三本旧著均附录了相应书评，其中所用九篇书评均出自上述《档案管理》所刊载的书评，只有何鲁成的《档案管理与整理》一书附录了刘国能先生的文章《忘不了啊！何鲁成的一本书——纪念〈档案管理与整理〉出版 70 周年》（《中国档案》2008 年第 6 期）。

## 2　十年来民国时期文书档案工作研究的硕博论文

在学界对民国时期文书和档案工作深入研究之际，很多研究生也把目光投向了这一领域，纷纷将其具体问题作为毕业论文的选择。根据中国知网和维普万方两大数据库的检索，可以发现从 2004 年到 2016 年，共有 36 篇硕博论文直接论述了民国时期文档工作领域内的某一主题和问题，而且大部分论文集中在近几年，如表 5 所示。

表 5　　　　　十余年来民国时期文书和档案工作研究硕博论文一览

| 序号 | 作者 | 题目 | 学校 | 专业 | 导师 | 时间 |
|---|---|---|---|---|---|---|
| 1 | 张会超 | 民国时期明清档案整理研究 | 中国人民大学 | 档案学 | 刘耿生 | 2008 |
| 2 | 王芹 | 民国时期档案法规研究 | 苏州大学 | 中国近现代史 | 王国平 | 2009 |
| 3 | 胡明波 | 新中国建立前中国共产党文书工作的现代化进程研究 | 南京师范大学 | 应用文体学 | 丁晓昌 | 2014 |
| 4 | 袁晓川 | 政治秩序与行政效能：南京国民政府时期公文制度研究 | 山东大学 | 中国近现代史 | 赵兴胜 | 2016 |
| 5 | 高燕 | "行政效率运动"与中国近代档案学 | 安徽大学 | 档案学 | 王成兴 | 2013 |
| 6 | 葛春蕾 | 《行政效率》杂志与中国近代档案学的发展 | 安徽大学 | 档案学 | 王春芳 | 2016 |

| 序号 | 作者 | 题目 | 学校 | 专业 | 导师 | 时间 |
|---|---|---|---|---|---|---|
| 7 | 覃凤琴 | 论甘乃光与"文书档案改革运动" | 广西民族大学 | 档案学 | 吴荣政 | 2008 |
| 8 | 林明香 | 欧美档案学对中国近代档案学的影响研究 | 广西民族大学 | 档案学 | 黄世喆 | 2015 |
| 9 | 崔坤洪 | 北洋政府时期机关档案工作问题研究 | 河北大学 | 档案学 | 孟世恩 | 2014 |
| 10 | 周俊红 | 近代中国行政公文的演变及其规律 | 河北师范大学 | 中国近现代史 | 王宏斌 | 2004 |
| 11 | 刘君杰 | 关于中国近代档案法规发展演变的历史考察 | 黑龙江大学 | 档案学 | 刘迎红 | 2009 |
| 12 | 于怀明 | 近代中外档案事业发展比较研究 | 黑龙江大学 | 档案学 | 刘迎红 | 2009 |
| 13 | 许晋 | 国民政府时期档案法规评述 | 黑龙江大学 | 档案学 | 刘迎红 | 2013 |
| 14 | 丁一 | 民主革命时期中共档案法规建设研究 | 黑龙江大学 | 档案学 | 刘迎红 | 2014 |
| 15 | 吴洋 | 我国近代档案学思想研究 | 黑龙江大学 | 档案学 | 刘迎红 | 2015 |
| 16 | 薛涛 | 抗战时期民主政权文书档案工作研究 | 黑龙江大学 | 档案学 | 刘迎红 | 2016 |
| 17 | 李永丹 | 民国时期档案学者群体研究 | 辽宁大学 | 档案学 | 苏晓轩 | 2014 |
| 18 | 孟晓姣 | 民国时期文档名词研究 | 辽宁大学 | 档案学 | 丁海斌 | 2014 |
| 19 | 康胜利 | 清晚期文档名词嬗变研究 | 辽宁大学 | 档案学 | 丁海斌 | 2016 |
| 20 | 聂萌 | 论民国时期（1911—1949）机关文书档案工作的形成与发展 | 山东大学 | 历史文献学 | 王云庆 | 2008 |
| 21 | 田雪华 | 民国时期档案利用成就研究 | 山东大学 | 档案学 | 王云庆 董雪梅 | 2012 |

续表

| 序号 | 作者 | 题目 | 学校 | 专业 | 导师 | 时间 |
|---|---|---|---|---|---|---|
| 22 | 魏会玲 | 民国时期档案学著作研究 | 山东大学 | 档案学 | 刘旭光 | 2013 |
| 23 | 马付秋 | 周连宽档案学思想研究 | 山东大学 | 档案学 | 刘旭光 | 2016 |
| 24 | 陈玉琴 | 近代档案史料新发现与学术发展研究 | 上海大学 | 档案学 | 丁华东 | 2010 |
| 25 | 王雅慧 | 20世纪30年代以来国民政府文书档案工作改革研究（1933—1949） | 上海师范大学 | 专门史 | 吕元智 | 2014 |
| 26 | 曹宇 | 上海公共租界工部局档案管理研究 | 上海师范大学 | 专门史 | 吕元智 | 2015 |
| 27 | 丁玲玲 | 民国时期的通用文种研究 | 苏州大学 | 档案学 | 王铭 | 2011 |
| 28 | 葛婷 | 评近代档案学人的学术贡献 | 苏州大学 | 图书情报与档案管理 | 蒋卫荣 | 2016 |
| 29 | 延黎 | 黄彝仲档案学思想研究 | 西南大学 | 图书馆学 | 郑宏 | 2013 |
| 30 | 张敏 | 北洋政府时期文书档案制度及其实践 | 扬州大学 | 中国近现代史 | 周新国 华国梁 | 2007 |
| 31 | 周欣 | 南京国民政府时期（1927—1937）文书档案工作述论 | 扬州大学 | 中国近现代史 | 周新国 | 2010 |
| 32 | 马立伟 | 《公牍学史》研究 | 云南大学 | 档案学 | 张昌山 | 2016 |
| 33 | 刘凯 | 民国时期公文规范化进程研究 | 云南大学 | 档案学 | 张昌山 | 2015 |
| 34 | 李孟珂 | 殷钟麒档案学思想研究 | 云南大学 | 档案学 | 张昌山 | 2014 |
| 35 | 高阳 | 史学研究会的档案整理与研究 | 中国人民大学 | 档案学 | 何庄 | 2011 |
| 36 | 叶上 | 论民国时期沈兼士对明清宫廷档案的整理 | 中山大学 | 档案学 | 杨权 | 2009 |

　　根据表5可知，除了前面四篇为博士论文，其余32篇则为硕士论文，反映出无论是硕士还是博士，都有很多人关注到了民国时期文书和档案工作的

发展，从一个感兴趣的角度切入，并进行了深入研究。这些硕博论文除了档案学专业以外，还有历史学（中国近现代史和专门史）、历史文献学、应用文体学和图书馆学等多个专业，学科门类众多，说明不同学科的研究者都关注到了这一领域，而且可以从各个学科角度进行论述，极大地拓展了学术研究的视野和方法，丰富了民国时期文书档案工作的研究成果。

另一方面，这些论文涉及了全国多所院校，可知学术研究者分布广泛，固然有研究者个人的学科背景和学术兴趣所致，但更重要的则是导师的引导和影响，以档案学专业为例，可以发现论文主要集中在黑龙江大学、山东大学、云南大学、辽宁大学和上海师范大学，与黑龙江大学刘迎红教授、山东大学王云庆教授与刘旭光教授、云南大学张昌山教授、辽宁大学丁海斌教授和上海师范大学吕元智教授有直接的关系，导师在授课和科研活动中涉及了这一领域，所以引起了学生的兴趣，启发同学们进一步思考，论文选题时往往就会从中选择，结果也就非常明确了。硕博论文的成功书写，离不开导师的启发和帮助，更是各位研究生自己努力耕耘的见证，最终共同书写了民国时期文书档案工作研究的新篇章，成就了这一领域新的进步与发展。教学相长，研究生毕业论文的写作也是人才培养和科学研究的重要组成部分，研究生也逐渐成为这一领域学术研究的有生力量。

## 3 十年来学界对民国时期文书档案工作研究的成果分析

综观以上成果，学界对于民国时期文档管理及其学术发展已经做了很多研究工作，取得了显著的成绩，有大量论著问世，但还存在着不足和遗憾，主要体现在以下三个方面：

一是研究主题分散，现有的研究成果数量众多，但研究主题多元，成果相对零散，没有形成合力，所以导致学界对民国时期文书档案管理和档案学的认识不够全面和系统；二是研究缺乏深入，以往的研究多停留在表面层次，没有由表及里，往往停留在档案管理的具体行为层面，而忽视了背后的存在因素和本质内容；三是缺乏管理视角下的系统研究，民国时期文书档案管理的研究不断有成果出现，但目前还没有专门的著作论述文书档案管理思想发展变化这一问题，留下了研究的空间，有待于加强和突破。既然公文处理和档案管理都是管理行为，就需要从管理学的角度来审视问题，关注管理行为及其背后的思想的变化。

有鉴于此，学界需要以"民国时期文书档案管理思想研究"为主题，对民国时期文书和档案管理思想的来龙去脉和发展变化进行探讨，将有助于学术史的回顾和学术思想的研究，并推动文档管理现代化转型中的理念与实践关系分析。这一学术研究是学术发展的趋势所在，更是深化研究的选择，该研究存在着较大的学术价值和应用价值，可以从三个层面来认识：

（1）推动中国档案学术史的深入研究。档案学已经出现八十多年了，但学术史的研究却远远不够，没有形成系统的知识体系，仅仅在点面层次上有一些成果出现，而且还不够深入。这一选题从文档管理思想的发展变化和功能作用角度做一番梳理，由表及里，发掘知识背后存在的因素，找到更多的细节和内容，并形成系统和详实的认识，从而对近代档案学知识体系的建立起到奠基作用。

（2）深化文档管理思想和行为之间的系统认识。学界对民国时期中国文书档案管理的认识，目前还停留在"文书档案改革""文书档案连锁法"和"档案学十三本旧著"的层面，没有构建起理论和实践之间的桥梁，所以这一研究旨在发掘民国时期文书档案管理思想的形成和发展，突出历史人物在文书档案管理实践和学术知识发展过程中的巨大作用，不断发掘文书档案管理主体及其思想形成的内外因素。

（3）提供未来文档管理转型的历史经验和应用价值。民国时期文书档案管理思想的形成、发展和传播，对文书档案管理实践和档案学的兴起有着重要的智力作用。而民国时期档案事业的发展是中国档案事业的重要转型阶段，从以往的王朝阶段转变为现代化的管理模式，所以管理思想和应用型的方法技术之间有着密不可分的关系。这一时期的文书档案管理思想研究不仅可以推动学术史的研究，而且还对现实和未来文书档案管理的发展有着重要的借鉴作用，可以从中正确认识思想存在和应用的价值，并为未来的文书档案管理转型提供历史经验和理念参考。

　　总之，学界十年来对民国时期文书和档案工作做了深入研究，取得了显著成果，现在根据文献进行综合分析，可以发现，有成绩也有不足，学术研究如何进一步发展，需要有新视角、新史料，而宏观的学术概括和深入的学术研究，将有助于民国时期文书档案工作新的发掘和探讨。民国时期文书档案管理思想研究的提出，正是对这一局面的回应，希望可以有所推动，假以时日，期待有更多高水平论著的出现。

# 台湾地区档案学教育历史脉络溯源（1945—2016）

## 张 衍

（上海大学图书情报档案系 上海 200444）

**摘 要**：台湾地区档案学教育的发轫可以追溯到陈国琛在台湾地区行政管理机构举办的文书讲习会。根据台湾地区档案学教育历史脉络，可以将其发展分成 3 个阶段：萌芽阶段（1945—1957 年）、发展阶段（1958—1995 年）、提速阶段（1996 年至今）。本文在回溯台湾地区档案学教育发展脉络的基础上，概述台湾地区档案学教育发展现况，总结其问题与建议。

**关键词**：档案学教育 学科史 台湾地区

## 1 前言

1945 年第二次世界大战结束，日本战败。根据《开罗宣言》，台湾光复。国民政府于 1945 年 8 月 29 日委任陈仪作为台湾地区行政管理机构负责人进行相关接收与管理事宜。随同陈仪一同前往台湾的队伍中，就有江苏省立江苏学院行政管理系讲授文书与档案管理的陈国琛教授。

## 2 台湾地区档案学教育发展阶段划分

根据台湾地区档案学教育发展脉络，可将其分成 3 个阶段：萌芽阶段

---

**作者简介**：张衍，男，上海大学图书情报档案系讲师，台湾政治大学图书资讯与档案学研究所博士，发表学术论文 20 余篇。

（1945 年至 1957 年）、发展阶段（1958 年至 1995 年）、提速阶段（1996 年至今）。

## 2.1 萌芽期的档案学教育（1945—1957 年）

陈国琛在《文书改革在台湾》中痛陈文书档案制度的种种弊端：

一般通行的文件，照例是层级转递或层级推卸责任……其中最令人奇怪的，许多公务员，至今还认为办公事就是办公文，只要他的公文办完，也就算是政府公事办好。所以尽管中央对于分层负责问题，嗓子嚷破，他们依然是我行我素，不闻不知。[①]

这种文书档案制度所产生的"推诿习气，像台风似的，四面八方，渐向新光复的台湾，包围袭击……不但政治进度，异常疲缓，而且把初入祖国仕途的台湾同胞，更弄得拍案惊奇，莫名其妙"。[②] 且在档案管理制度上采取分散管理，致使各单位自行其是，不论人员、制度等，皆造成极大混乱。[③]

台湾地区行政管理机构负责人陈仪在对公务员的训话中多次提及此事，并认为，"文书要简化，并要将本署公报充实起来，使它能够达到简化公文的目的"；"凡大陆一切不好的习惯，大家千万不可随便搬到台湾来"。[④] 为了解决台湾地区文书档案管理面临的诸多问题，陈仪敦请时任台湾地区行政管理机构公报室（后改为编辑室）主任陈国琛重新研拟改革方法，改革台湾地区的文书管理制度。

陈国琛结合其在福建改革文书档案管理制度的经验，辅以台湾地区面临的实际情况，着手文书档案管理制度改革。而改革的第一件事情就是培训相关的人才。1946 年 5 月 27 日，台湾地区行政管理机构通电并通知台湾地区各县市政府秘书或主管文书科长、台湾地区行政管理机构各直附属机关所有收发和管卷人员以及台湾地区行政管理机构文书科工作人员前来台北受训，

---

① 陈国琛. 文书改革在台湾 [M]. 台北：卢斐，1947：4.
② 陈国琛. 文书改革在台湾 [M]. 台北：卢斐，1947：4.
③ 吴宇凡. 陈国琛与战后台湾文书改革 [J]. 档案学通讯，2015（3）：99—104.
④ 陈国琛. 文书改革在台湾 [M]. 台北：卢斐，1947：2.

第一批前来报到受训计89人，① 如表1所示。为便于更多文书档案管理人员受训，陈国琛采用"瓜代"之法，轮训各县市及长官公署文书档案管理人员。此次培训共受训153人。②

表1　　　　　　　　　　文书讲习会第一批受训人员

| 类别 | 人数 |
|---|---|
| 台湾地区十七县市科秘人员 | 25 |
| 台湾地区行政管理机构各处会室收发及管卷人员 | 23 |
| 台湾地区行政管理机构各附属机关 | 17 |
| 台湾地区行政管理机构文书科 | 24 |
| 合计 | 89 |

资料来源：陈国琛. 文书改革在台湾［M］. 台北：卢斐，1947：28.

负责此次文书讲习会的讲师有两人，一为主任讲师陈国琛，二为从台湾地区行政管理机构人事室借调的专员助教王愞藩。王愞藩与陈国琛一起工作多年，曾任福建省政府管卷股分类组主任，③ 且有十五年以上的工作经验。④ 彼时，陈国琛任福建省政府秘书处第一科科长（1936年8月至1937年9月、1937年11月至1938年11月）。⑤ 因此，陈国琛亲切地称王愞藩为"老伙计"。⑥ 整个讲习会，陈国琛负责《文书行政》与《应用技术》的讲授，王愞藩负责《档案分类表解》和《自习研讨》两个部分。⑦

课程有"改革文书行政"（2小时）、"改革收发及档案管理制度"（2小时）、"档案初步整理法"（1小时）、"统一文书处理通则"（2小时）、"自习研讨"（11小时）、"统一收发处理程序"（4小时）、"统一文稿处理程序"（4小时）、"统一档案处理程序"（4小时）、"统一文书检查方法"（2小时）、"档案分类表解"（10小时）、"文书用具及用纸管理"（2小时）、"公报编行"（2小

① 陈国琛. 文书改革在台湾［M］. 台北：卢斐，1947：28.
② 陈国琛. 自序［M］//文书改革在台湾. 台北：卢斐，1947：2
③ 陈国琛. 文书改革在台湾［M］. 台北：卢斐，1947：25.
④ 陈国琛. 文书改革在台湾［M］. 台北：卢斐，1947：31.
⑤ 福建省地方志编纂委员会. 福建省志·档案志［M］. 北京：方志出版社，1997：140.
⑥ 陈国琛. 文书改革在台湾［M］. 台北：卢斐，1947：30.
⑦ 陈国琛. 文书改革在台湾［M］. 台北：卢斐，1947：31.

时)、"文书与政令"(2 小时)、"政令宣导"(1 小时)、"文书与政治"(1 小时)、"统一公报改良准则"(2 小时)、"统一区乡文书管理"(2 小时),外加行政长官及秘书处长讲话之训导各一小时,整个讲习会共计 7 天,56 小时,[①]如表 2 所示。

表 2　　　　　　　　　　　　文书讲习会课程表

| | | 星期四 | 星期五 | 星期六 | 星期日 | 星期一 | 星期二 | 星期三 |
|---|---|---|---|---|---|---|---|---|
| 上午 | 8:00 8:50 | 负责人讲话 | 统一文书处理通则 | 统一收发处理程序 | 统一文稿处理程序 | 统一档案处理程序 | 统一文书检查方法 | 文书用具及用纸管理 |
| | 9:00 9:50 | 秘书处长讲话 | | | | | | |
| | 10:00 10:50 | 改革文书行政 | 档案分类表解 | 档案分类表解 | 档案分类表解 | 档案分类表解 | 档案分类表解 | 公报编行 |
| | 11:00 11:50 | | 自习研讨 | 自习研讨 | 自习研讨 | 自习研讨 | 自习研讨 | |
| 下午 | 2:00 2:50 | 改革收发及档案管理制度 | 统一收发处理程序 | 统一文稿处理程序 | 统一档案处理程序 | 统一公报改良准则 | 统一区乡文书管理 | 文书与政令 |
| | 3:00 3:50 | | | | | | | |
| | 4:00 4:50 | 档案初步整理方法 | 档案分类表解 | 档案分类表解 | 档案分类表解 | 档案分类表解 | 档案分类表解 | 政令宣导 |
| | 5:00 5:50 | 自习研讨 | 自习研讨 | 自习研讨 | 自习研讨 | 自习研讨 | 自习研讨 | 文书与政治 |

资料来源:陈国琛. 文书改革在台湾 [M]. 台北:卢斐,1947:31—32.

　　上述课程自 1946 年 6 月 6 日开始,至 6 月 12 日结束。6 月 16 日至 8 月底开始对台湾地区行政管理机构集中起来的文书档案进行实习、整理与现场教学。其中,部分第一批报到人员在 7 月 2 日、3 日,先后返回原县市展开文

---

①　陈国琛. 文书改革在台湾 [M]. 台北:卢斐,1947:31—32.

书档案管理与改革,① 如图 1 所示。

图 1　文书讲习会最后一批实习人员留影

陈国琛主持的台湾地区行政管理机构文书讲习会与文书档案制度改革，无疑是成功的。陈国琛在《文书改革在台湾》之第三章《拿事实来领导全省文书整理》中写道：

我们这次竭一百五十三人之力，也虽然在短期内，把各单位的旧卷，一共整理了十二万六千多件，新卷一共处理了七万九千多件。但方法是否都对？而成绩又究竟如何？倘无事实证明，总未免有点像卖狗皮膏药的自我宣传，令人难于置信。所以我们又在八月二十三日将本机构各单位，一一排定时间，然后通知他们届时指派高级人员，前来文书科管卷室亲自检调抽查，试验快慢。依照当时规定，是每一来宾，准调六卷，内用事由和新编统一收发文号各两卷，同时把全部将近二十万文号的新旧卷号登记簿，一起分类陈列出来，听凭来宾各用调卷证，自由记录调阅。所有"交证"及"交卷"时间，每次也都是请他们各自推定一人担任计时员。计自八月二十六

---

①　陈国琛. 文书改革在台湾［M］. 台北：卢斐，1947：31—32.

日起，至三十日止，一共抽查了一百八十五卷，需时四百四十九分另二十八秒。还好，不坍台，平均每卷检出的成绩，是二分另二十六秒弱。这比较我们从前在福建省政府平均每卷三分钟检出底成绩，还进步了三十四秒。①

可见文书讲习会之后，台湾的文书档案管理为之一新，文书档案运转效率得到提高，其平均处理时效比陈国琛改革之后的福建省还高。

为了将长官文书讲习会的培训经验传播到台湾地区各处，统一台湾地区的文书档案管理制度，台湾地区行政管理机构在 1946 年 9 月 20 日发行的公报要求：各县市政府应在本年十月十五日以前各须召集所属区乡主管文书人员开文书管理讲习会，会期至少三日，实习期至少十日；由主任秘书，或前经参加文书管理讲习会之较高级人员担任主任讲师，以利推行。

除了通令各县市开展"文书讲习会"之外，台湾地区行政管理机构还将秘书处的文书档案管理向"机关或驻省各机关暨各公司、学校工厂、矿场之主管文书人员"开放，以便上述文书管理人员至台湾地区行政管理机构秘书处学习文书档案管理制度。

这是现行可考最早的关于台湾地区档案学教育的纪录。此一阶段，台湾地区档案学教育主要以在职培训为主，尚未有正规档案学教育。

## 2.2　发展期的档案学教育（1958—1995 年）

1958 年，倪宝坤在"台湾省立师范大学"（以下简称台湾师范大学）社会教育学系图书馆组开设"档案管理"课程，首开台湾地区正规教育中设档案课程之先河。当时，台湾师范大学社会教育学系图书馆组第一届学生（1955 年入学）即修该门课程。②

此一时期，台湾地区档案学教育从授课的主体来区分可以分为三种：一为学校开设的档案课程，在大学部教育、专科教育、推广教育中均有开

---

① 陈国琛. 文书改革在台湾［M］. 台北：卢斐，1947：42—43.
② 张树三. 台湾地区"档案管理"教育之发展［C］//王振鹄教授七秩荣庆庆祝寿论文集编辑小组编. 当代图书馆事业论集：庆祝王振鹄教授七秩荣庆论文集. 台北：正中书局，1994：73—79.

设，并有较大幅度成长；二为相关专业学会开设的档案培训班；三为政府主导的公务人员训练机构——台湾地区训练团等开设的档案管理培训或课程。

在大学部教育中，除了台湾师范大学之外，亦有淡江大学（原淡江文理学院）、台湾大学、辅仁大学等校先后开设档案管理课程。台湾师范大学的档案管理课程在社会教育学系图书馆组期间（1955—1997 年）档案管理课程一开始作为图书馆组学生必修课程，全年 4 学分。而后改为选修课程。① 之后，台湾师范大学社会教育学系图书馆组的档案管理课程学分降为两学分。张树三在 1994 年发表的《台湾地区"档案管理"教育之发展》一文中的调查显示，是时，台湾师范大学社会教育学系图书馆组的档案管理选修课已经停开四年。② 但淡江大学、辅仁大学、台湾大学等仍开设档案管理或档案学选修课程，如表 3 所示。

表 3　　　　　　1958—1992 年台湾地区档案管理课程开设学校举要

| 开设学校及其系（科）别 | 1958—1970 年 | 1971—1981 年 | 1982—1992 年 |
|---|---|---|---|
| 台湾师范大学社会教育学系图书馆组 | 档案管理 | 档案管理 | 档案管理（1989 年停开） |
| 淡江大学教育资料科学系 | 档案管理 | 档案管理 | 档案管理 |
| 辅仁大学图书馆学系（日）（夜） | 中（英）文档案管理 | 中英文档案管理 | 档案管理 |
| 台湾大学图书馆学系 | 档案学 | 档案学 | 档案学 |
| 世界新闻专科学校图书资料科（日）（夜） | 档案管理 | 档案管理 | 档案管理 |

①　吴美美. 国立台湾师范大学图书资讯学教育［M］//蔡明月. 图书资讯学教育. 台北：五南，2013：64.

②　张树三. 台湾地区"档案管理"教育之发展［C］//王振鹄教授七秩荣庆祝寿论文集编辑小组编. 当代图书馆事业论集：庆祝王振鹄教授七秩荣庆论文集. 台北：正中书局，1994：73-79.

续表

| 开设学校及其系（科）别 | 1958—1970 年 | 1971—1981 年 | 1982—1992 年 |
|---|---|---|---|
| 逢甲大学企管系 | — | 商业档案管理 | 停开 |
| 台北商业专科学校商业文书科 | — | 中（英）文<br>档案管理 | 档案管理 |
| 致理商业专科学校商业文书科 | — | 中（英）文<br>档案管理 | 档案管理 |
| 铭传商业专科学校商业文书科<br>（日）（夜） | — | 中（英）文<br>档案管理 | 档案学 |
| 淡水工商管理专科学校文书科 | — | 档案管理 | 停开 |
| 崇佑企业管理专科学校商业文书<br>事务科 | — | 中（英）文<br>档案管理 | 停开 |
| 实践家政专科学校商业文书科 | — | 档案管理 | 档案管理 |

　　资料来源：张树三. 台湾地区"档案管理"教育之发展［C］//王振鹄教授七秩荣庆祝寿论文集编辑小组. 当代图书馆事业论集：庆祝王振鹄教授七秩荣庆论文集. 台北：正中书局，1994：73—79。

　　在专科教育中，世界新闻专科学校（1991 年更名为世界新闻传播学院，1997 年改制为世新大学）、台北商业专科学校、致理商业专科学校等校开设有档案管理相关课程。1971 年至 1981 年间，全台湾的商业专科学校的文书管理科都开设了文书档案课程。[1] 1982 年之后，随着大批专科学校商业文书科、文书事务科的停办或停招，档案管理课程也停止开设。除此之外，在短期补习性质的推广教育中，如淡江大学商学院每学期均开设档案管理课程，采用大班学分制，每期上课 9 小时。铭传商业专科学校也在秘书班内开课，

---

　　[1]　张树三. 台湾地区档案教育之我见［C］//中华档案暨资讯微缩管理学会. 海峡两岸档案暨微缩学术交流会论文集. 台北：中华档案暨资讯微缩管理学会，2000：117—121.

每期亦为 9 小时。①

相关专业学会开设的档案培训班中，以中华档案暨资讯微缩管理学会最为显著。中华档案暨资讯微缩管理学会早年的培训集中在档案、资料的微缩处理；自 1990 年起，每年均办理"档案专业训练班"、"档案管理高级研究班"。培训对象为政府机关、工商企业机构、公司行号等单位的档案管理人员。② 历年的培训班，如表 4 所示。

政府主导的公务人员训练机构，如台湾地区行政管理机构人事行政局、台湾地区训练团、台北市公务人员训练中心以及其他县市地方之公务人员训练单位等均多次举办文书档案人员在职训练班。③

表 4　　　　中华档案暨资讯微缩管理学会办理各种讲习班一览表

| 讲习班名称 | 时间 | 讲习要点 | 人数 | 期数 | 时数（H/W） |
|---|---|---|---|---|---|
| 缩影系统讲习会 | 1981—1982 年 | 缩影技术及作业程序 | 160 | 2 | 30H |
| 地政资料缩影研讨会 | 1983 年 3 月 | 地政资料缩影技术 | 78 | 1 | 30H |
| 地政资料缩影讲习班 | 1983 年 4 月 | 地籍资料缩影作业程序 | 62 | 1 | 30H |
| 图书资料缩影讲习会 | 1984 年 5 月 | 图书资料缩影技术 | 53 | 1 | 21H |
| 缩影技术讲习会 | 1986—1989 年 | 缩影技术与法律地位 | 259 | 5 | 33H |
| 初级缩影人员技术讲习会 | 1988 年 11 月 | 缩影技术及质量要求 | 36 | 1 | 36H |
| 资讯缩影实务研习会 | 1990 年 1 月 | 缩影与光盘技术结合暨计算机联机 | 160 | 2 | 30H |

① 张树三. 台湾地区档案管理教育概况 [J]. 中国图书馆学会会报，1983（35）：342-344.
② 薛理桂. 台湾地区档案事业与档案教育发展现况与前瞻 [J]. 图书与资讯学刊，2006（59）：16-24.
③ 张树三. 台湾地区档案教育之我见 [C] //中华档案暨资讯微缩管理学会. 海峡两岸档案暨微缩学术交流会论文集. 台北：中华档案暨资讯微缩管理学会，2000：117-121.

| 讲习班名称 | 时间 | 讲习要点 | 人数 | 期数 | 时数(H/W) |
|---|---|---|---|---|---|
| 微缩实务研习班 | 1992 年 3 月 | 微缩作业与光盘计算机结合技术 | 60 | 1 | 36H |
| 微缩技术专业讲习班 | 1992 年 9 月 | 微缩技术及作业程序 | 55 | 1 | 36H |
| 微缩资讯专业讲习班 | 1991—1992 年 | 微缩资讯专业应用实务讲习 | 88 | 2 | 4W |
| 档案管理专业训练班 | 1992—1993 年 | 档案管理作业技术要求 | 102 | 4 | 90H |
| 档案管理实务研习班 | 1993—1999 年 | 字处理与档案管理实务作业 | 351 | 10 | 40H |
| 面向对象系统研习会 | 1993 年 11 月 | 导向系统分析、设计、整合测试 | 32 | 1 | 12H |
| 微缩技术实务研习班 | 1993—1994 年 | 微缩技术与国家标准 | 75 | 2 | 30H |

资料来源：杜陵. 从资料处理到档案管理 [J]. 档案与微缩，2000（57）：5－21.

此一时期，在各校担任档案管理课程授课教师的有倪宝坤（台湾师范大学、铭传商业专科学校）、方同生（淡江大学、台湾大学）、薛理桂（淡江大学）、高桦瑶（淡江大学）、陈浩（世界新闻专科学校、实践家政专科学校）、张树三（世界新闻专科学校、辅仁大学、台北商业专科学校、致理商业专科学校、铭传商业专科学校）、张泽民（世界新闻专科学校）、程素珠（世界新闻专科学校）、王征（辅仁大学）、廖又生（台湾大学）、凌公山（逢甲大学）、晏重庆（台北商业专科学校）、廖龙波（台北商业专科学校）、林品香（致理商业专科学校）、黄大为（铭传商业专科学校）、黄淑英（铭传商业专科学校）、徐玲玲（淡水工商管理专科学校）、杨光祚（崇佑企业管理专科学校）、张世惠（崇佑企业管理专科学校）、范金波（铭传商业专科学校）、路守常（中华档案暨资讯微缩学会）等。

## 2.3　提速期的档案学教育（1996 年至今）

1996 年以来，台湾地区档案教学进入提速阶段。这一时期发生了三件标志性事件，标志着提速阶段的到来。分别是政大图书资讯与档案学研究所档案组成立、《档案法》颁布施行、档案管理局成立。

1996 年，政治大学图书资讯学研究所成立。[①] 该所成立之初设置图书资讯学、档案学与博物馆学三个分组。档案组的成立，象征着台湾地区档案学正规教育走向系统化与专门化。

档案学组开设了一系列与档案学相关的课程，诸如档案学研究、档案选择与鉴定、档案编排与描述、档案营销学、档案参考服务、国际档案学、电子文件管理专题、档案馆管理、清代档案制度、文件保护技术、档案工作实务等课程。2003 年 8 月，政治大学图书资讯学研究所更名为"图书资讯与档案学研究所"，从此在台湾地区开始有以"档案学"为名的研究所。[②] 2010 年，政大图书资讯与档案学研究所博士班成立。该博士班并未分组，博士生可选择图书资讯或档案学专业。台湾地区有了第一个培养档案学博士的学术机构，迄今为止，该所已经招收了 6 届博士生，其中有多位博士生选择以档案学为其专业。

1999 年，《档案法》公布，并于 2002 年 1 月 1 日正式施行，该法为台湾地区档案管理制度的建立提供了法律依据。2001 年 10 月 24 日，《档案管理局组织条例》公布施行，同年 11 月 23 日，档案管理局正式成立。该局的成立标志着台湾地区第一个档案主管机关的正式诞生。《档案法》的施行和档案中央主管机关的成立推动了档案事业和档案学教育的发展。

这一时期开设档案学教育的学校有政治大学、台湾大学、台湾师范大学、辅仁大学、淡江大学、世新大学。除了上述提及的档案学教育之外，档案管理局、政大公企中心、中华档案暨资讯微缩学会亦开展档案学分、证书课程以及相关的培训。

---

① 彭明辉. 政治大学校史（1987—1996）[D]. 台北：政治大学，2007：265.
② 薛理桂. 台湾地区档案事业与档案教育发展现况与前瞻 [J]. 图书与资讯学刊，2006（59）：16－24.

# 3　台湾地区档案学教育现况

本节将从系所设置、学科隶属与学位授予、地理分布、入学方式与考试四个方面展开论述。

## 3.1　系所设置

判断台湾地区大学院校的系所是否存有档案学教育的标准有二。一是该系所是否隶属于"传播学门"之下的"一般大众传播学类"或"图书资讯档案学类",因为一般大众传播包括广播、电视,资讯来自新闻、广告、博物馆图书(管理与档案)以及联结两者的公共关系学、传播学。而"图书资讯档案学类"培养现代化的图书馆资讯与档案服务研究、教学与实务工作人才,且探讨新的资讯、传播科技于图书馆资讯与档案服务上之应用。此二类均与档案专业相关。二是该系所是否开设与档案相关课程与人才培养,表现为本科阶段开设与档案相关课程;硕士研究生阶段规划或开设与档案相关课程且有教师指导学生撰写档案相关毕业论文;博士研究生阶段规划或开设与档案相关课程且有教师指导学生撰写档案相关毕业论文。

据此判断调查之后发现:现阶段,台湾地区开设档案正规教育的学校共有6所,分别是政治大学图书资讯与档案学研究所、台湾大学图书资讯学系、台湾师范大学图书资讯学研究所、辅仁大学图书资讯学系、淡江大学资讯与图书馆学系、世新大学资讯传播学系;开展档案学大学部教育的系所有3所,分别是台湾大学图书资讯学系、辅仁大学图书资讯学系、世新大学资讯传播学系;开展档案学硕士研究生教育的系所有5所,分别是政治大学图书资讯与档案学研究所、台湾大学图书资讯学系、台湾师范大学图书资讯学研究所、淡江大学资讯与图书馆学系、世新大学资讯传播学系;开展档案学博士研究生教育的系所只有政治大学图书资讯与档案学研究所,如表5所示。

表 5                        台湾地区档案学教育系所一览表

| 所在县市 | 院校系所名称 | 层次/开设档案课程时间 | | |
|---|---|---|---|---|
| | | 本科 | 硕士 | 博士 |
| 台北市 | 政治大学图书资讯与档案学研究所 | — | 1996 | 2010 |
| 台北市 | 台湾大学图书资讯学系 | * | * | — |
| 台北市 | 台湾师范大学图书资讯学研究所 | — | * | — |
| 新北市 | 辅仁大学图书资讯学系 | * | — | — |
| 新北市 | 淡江大学资讯与图书馆学系 | * | * | — |
| 台北市 | 世新大学资讯传播学系 | — | * | — |

注："—"表示该系所未开设本层次教育，"＊"表示有开设档案管理教育或课程，但起讫时间不详。

从本科生层次来看，台湾地区尚无以"档案学"或"档案管理学"为名的本科专业。表 5 中的学校，台湾大学、辅仁大学、淡江大学三校均是在"图书资讯学"专业下开设档案相关课程。淡江大学资讯与图书馆学系规划或开设 9 门、台湾大学开设 6 门、辅仁大学开设 1 门，如表 6 所示。淡江大学规划或开设有档案学概论、档案馆藏发展与维护、电子公文档案资讯系统、档案读者服务、档案编排与描述、政府资讯与出版、数位典藏、数位档案管理、数位资讯保存课程；台湾大学开设有政府档案管理实务、政府档案资讯行政、档案研究、数位典藏专题研究、档案馆营销、档案学导论、政府资讯资源、档案编排与描述课程；辅仁大学仅开设档案管理。以上所有课程均为选修课，各校尚未开设档案必修课。由此可见，在本科生层次，台湾大学与淡江大学对档案学教育比较关注，开设了较多选修课程。

**表 6**　　　　　　　　台湾地区部分院校系所开设档案管理课程一览表

| 院校系所名称 | 课程名称 | 学分 | 层次 | 必/选修 | 授课教师 |
|---|---|---|---|---|---|
| 台湾大学图书资讯学系 | 档案学导论 | 3 | 学士班 | 选修 | 林奇秀 |
| | 政府资讯资源 | 3 | 学士班 | 选修 | 林奇秀 |
| | 档案编排与描述 | 3 | 学士班 | 选修 | 张郁蔚 |
| | 政府档案管理实务 | 3 | 学士班/硕士班 | 选修 | 林秋燕 |
| | 政府档案资讯行政 | 3 | 学士班/硕士班 | 选修 | 林秋燕 |
| | 档案馆营销 | 3 | 学士班/硕士班 | 选修 | 张郁蔚 |
| | 数位典藏专题研究 | 3 | 硕士班 | 选修 | 陈雪华 |
| | 档案研究 | 3 | 硕士班 | 选修 | 张郁蔚 |
| 台湾师范大学图书资讯学研究所 | 档案学研究 | 3 | 硕士班 | 选修 | — |
| 辅仁大学图书资讯学系 | 档案管理 | 2 | 学士班 | 选修 | — |
| 淡江大学资讯与图书馆学系 | 档案学概论 | 2 | 学士班 | 选修 | — |
| | 档案馆藏发展与维护 | 2 | 学士班 | 选修 | |
| | 电子公文档案资讯系统 | 2 | 学士班 | 选修 | |
| | 档案读者服务 | 2 | 学士班 | 选修 | |
| | 档案编排与描述 | 2 | 学士班 | 选修 | |
| | 政府资讯与出版 | 2 | 学士班 | 选修 | |
| | 数位典藏概论 | 2 | 学士班 | 选修 | |
| | 数位档案管理 | 3 | 学士班 | 选修 | |
| | 数位资讯保存 | 3 | 学士班 | 选修 | |
| | 数位资源管理 | 3 | 硕士班 | 选修 | |
| | 电子档案管理 | 3 | 硕士班 | 选修 | |
| | 档案管理学研究 | 2 | 硕士班 | 选修 | |
| | 档案鉴定 | 3 | 硕士班 | 选修 | |
| | 档案编排描述 | 3 | 硕士班 | 选修 | |
| | 数位资讯保存研究 | 3 | 硕士班 | 选修 | |

续表

| 院校系所名称 | 课程名称 | 学分 | 层次 | 必/选修 | 授课教师 |
|---|---|---|---|---|---|
| 世新大学资讯传播学系 | 商业档案学研究 | 3 | 硕士班 | 选修 | — |

资料来源：台湾大学图书资讯学系. 课程资讯［EB/OL］.［2017-2-21］. http：// www. lis. ntu. edu. tw/? page _ id=148；台湾师范大学图书资讯学研究所. 课程资讯［EB/OL］.［2017-2-21］. http：//www. glis. ntnu. edu. tw/course/super _ pages. php? ID=course0；辅仁大学图书资讯学系. 学士班-课程资讯［EB/OL］.［2017-2-21］. http：//web. lins. fju. edu. tw/chi/college-structure；淡江大学资讯与图书馆学系. 课程规划［EB/OL］.［2017-2-21］. http：//www. dils. tku. edu. tw/dilswordpress/；世新大学资讯传播学系. 课程资讯［EB/OL］.［2017-2-21］. http：//ic. shu. edu. tw/；注："—"表示任课教师不详。

从硕士生层次来看，政治大学、台湾大学、台湾师范大学、淡江大学与世新大学开设档案专业或档案课程。政治大学图书资讯与档案学研究所招收"档案学组"研究生。台湾大学、台湾师范大学、淡江大学与世新大学则是在课程体系中加入一定数量的档案课程。如台湾大学图书资讯学系开设政府档案管理实务、政府档案资讯行政、档案研究、数位典藏专题研究、档案馆营销5门课程；淡江大学资讯与图书馆学系开设数位资源管理、电子档案管理、档案管理学研究、档案鉴定、档案编排描述、数位资讯保存研究6门课程。而台湾师范大学图书资讯学研究所与世新大学资讯传播系仅开设一门档案学课程，分别是档案学研究、商业档案学研究，如表6所示。

从博士生层次来看，只有政治大学图书资讯与档案学研究所招收"档案学组"博士生（后改为不分组），且开设档案学课程的博士班也只有政治大学图书资讯与档案学研究所，如表6所示。图书资讯学与档案学有着共同的学科基础与理论，多门课程均为两专业所必修。故上述系所虽未专门设置"档案学组"，但有多位学生撰写档案学相关博、硕士论文，如表7所示。

表 7　　　　台湾地区部分院校系所学生撰写档案学博、硕士论文（截止到 2016 年）

| 院校系所 | 论文题目 | 作者 | 指导教授 | 年份 | 层次 |
|---|---|---|---|---|---|
| 台湾大学图书资讯学系 | 档案价值内涵与其形成过程之研究——以政府机关档案为例 | 林素甘 | 陈雪华、薛理桂 | 2006 | 博士 |
| | 档案馆用户资讯行为及其情境脉络之探索 | 王丽蕉 | 林珊如 | 2014 | 博士 |
| | 政府文书档案互动整合模式之建构 | 林秋燕 | 陈雪华 | 2014 | 博士 |
| | 台湾大学收藏台湾人文社会旧籍与档案资料沿革之研究 | 郑景文 | 卢秀菊 | 1993 | 硕士 |
| | 美国政府资讯指引服务之研究 | 陈莹芳 | 陈雪华 | 1999 | 硕士 |
| | 淡新档案行政篇索引典建构之研究 | 黄邦欣 | 黄慕萱 | 1999 | 硕士 |
| | 政府机关开放资料分享之影响因素探讨——以台中市政府为例 | 赖泆州 | 杨东谋 | 2015 | 硕士 |
| | 政府开放资料承办人员之资料寻求历程初探 | 马中哲 | 杨东谋 | 2016 | 硕士 |
| | 全球 500 大企业之档案取用性探讨 | 谢孟颖 | 张郁蔚 | 进行中 | 硕士 |
| 辅仁大学图书资讯学系 | 我国古代档案制度考述（商周时期） | 陈忠诚 | 卢荷生 | 1996 | 硕士 |
| | 我国政府档案分类之回顾与前瞻 | 胡英麟 | 卢荷生 | 1998 | 硕士 |
| 淡江大学资讯与图书馆学系 | 电子档案封装策略及其工具之研究 | 陈莉娟 | 欧阳崇荣 | 2009 | 硕士 |
| | 电子档案管理标准之研究 | 刘昌柏 | 欧阳崇荣 | 2012 | 硕士 |
| | 数位资讯保存格式辨识工具之探讨 | 刘承达 | 欧阳崇荣 | 2015 | 硕士 |
| 台湾师范大学图书资讯学研究所 | 全集层次诠释资料之应用研究：以 EAD 为例 | 萧伯瑜 | 陈昭珍 | 2007 | 硕士 |

续表

| 院校系所 | 论文题目 | 作者 | 指导教授 | 年份 | 层次 |
|---|---|---|---|---|---|
| | 民国以来档案管理制度之研究 | 吴宇凡 | 薛理桂 | 2015 | 博士 |
| | 我国国家档案馆保存策略之研究 | 陈淑美 | 薛理桂 | 2016 | 博士 |
| | 我国国家档案馆组织与功能之研究 | 唐建清 | 薛理桂 | 1997 | 硕士 |
| | 档案描述编码格式（EAD）在中文档案应用之研究 | 赖丽雯 | 薛理桂 | 1999 | 硕士 |
| | 我国大学电子公文系统架构及其内容之研究——以北区大学为例 | 陈政益 | 薛理桂 | 2000 | 硕士 |
| | 档案描述规则之比较研究：以 ISAD（G）、APPM 及 MAD3 为例 | 傅明仪 | 薛理桂 | 2001 | 硕士 |
| | 台湾地区建置县（市）立档案馆可行性之研究 | 洪一梅 | 薛理桂 | 2001 | 硕士 |
| 政治大学图书资讯与档案学研究所 | 我国大学档案馆设置可行性之研究 | 黄亭颖 | 薛理桂 | 2001 | 硕士 |
| | 档案学硕士教育之比较研究：以五国九校为例 | 叶淑慧 | 薛理桂 | 2002 | 硕士 |
| | 档案馆用户之资讯行为研究：以中研院近史所档案馆为例 | 陈碧珠 | 薛理桂 | 2002 | 硕士 |
| | 我国历史档案馆馆藏发展政策订定之研究 | 刘佳琳 | 薛理桂 | 2002 | 硕士 |
| | 台湾医院院史馆管理体制之研究 | 朱玉芬 | 薛理桂 | 2003 | 硕士 |
| | 我国政府机关电子文件鉴定制度之研究 | 黄国斌 | 薛理桂 | 2003 | 硕士 |
| | 我国历史档案馆藏检索系统在 Web 环境中建置之研究 | 张淑惠 | 薛理桂 | 2003 | 硕士 |
| | 照片档案编排与描述之研究 | 蔡青芳 | 薛理桂 | 2003 | 硕士 |
| | 行宪以来我国历任总统文物管理之研究 | 窦薇薇 | 薛理桂 | 2003 | 硕士 |
| | 我国大学校史馆（室）之功能与行政隶属研究 | 钱中媛 | 薛理桂 | 2003 | 硕士 |

| 院校系所 | 论文题目 | 作者 | 指导教授 | 年份 | 层次 |
|---|---|---|---|---|---|
| 政治大学<br>图书资讯<br>与档案学<br>研究所 | 我国个人文件典藏管理之研究：以公部门为例 | 林嘉玫 | 薛理桂 | 2003 | 硕士 |
| | 档案在高中台湾史教学运用之研究 | 张凯迪 | 薛理桂 | 2003 | 硕士 |
| | 中研院近史所档案馆数位保存后设资料项建置之研究 | 王文英 | 薛理桂 | 2004 | 硕士 |
| | 档案控制层次在历史档案编排之应用 | 叶美珠 | 薛理桂 | 2004 | 硕士 |
| | 美国、英国、澳洲国家档案馆档案网络开放应用之比较研究 | 叶俊宏 | 薛理桂 | 2004 | 硕士 |
| | 历史档案策展研究——理论、概述与实例 | 蔡宜娟 | 冯明珠 | 2004 | 硕士 |
| | 城市建设档案管理体系建置之研究 | 陈慧娉 | 薛理桂 | 2004 | 硕士 |
| | 台湾地区典藏古地契资源之研究 | 刘纯芬 | 薛理桂 | 2004 | 硕士 |
| | 台湾地区公营事业民营化过程之档案管理研究：以台盐公司、台电公司、台湾烟酒公司、中船公司为例 | 陈珈宏 | 薛理桂 | 2004 | 硕士 |
| | 台湾当局领导人办公场所档案编排与描述之研究 | 黄淑惠 | 薛理桂 | 2006 | 硕士 |
| | 从主题档案馆功能探讨我国军事档案馆设置之必要性 | 熊蒂生 | 薛理桂 | 2006 | 硕士 |
| | 台湾地区银行产业档案管理体系之研究——以国内两家民营银行为例 | 苏仓楠 | 薛理桂 | 2006 | 硕士 |
| | 我国档案法立法过程之研究 | 廖彩惠 | 薛理桂 | 2006 | 硕士 |
| | 我国国家档案征集政策之研究 | 凌宝华 | 薛理桂 | 2007 | 硕士 |
| | 参考服务在国内档案典藏单位应用之研究 | 陈忆华 | 薛理桂 | 2007 | 硕士 |
| | 台湾家族档案公部门搜藏及管理之研究 | 刘美伶 | 薛理桂 | 2007 | 硕士 |
| | 台湾地区档案馆危机管理之研究 | 王昉晧 | 薛理桂 | 2008 | 硕士 |
| | 台湾地区档案素养评估指标之研究 | 高君琳 | 薛理桂 | 2008 | 硕士 |

| 院校系所 | 论文题目 | 作者 | 指导教授 | 年份 | 层次 |
|---|---|---|---|---|---|
| 政治大学图书资讯与档案学研究所 | Web 2.0 概念与技术在我国档案典藏单位应用之研究 | 林国勋 | 薛理桂 | 2008 | 硕士 |
| | 档案典藏单位档案应用推广之研究 | 邓莲华 | 薛理桂 | 2009 | 硕士 |
| | 个人档案编排与描述之研究——以国内两大典藏机构为例 | 廖淑媚 | 薛理桂 | 2009 | 硕士 |
| | 台湾档案典藏单位口述历史馆藏整理与应用 | 颜佩贞 | 薛理桂 | 2009 | 硕士 |
| | 无线射频识别（RFID）应用于档案典藏单位库房管理可行性之研究 | 王钰蕙 | 薛理桂 | 2010 | 硕士 |
| | 高中校史档案管理与运用——以台湾光复前成立之中等学校为例 | 周旻邑 | 薛理桂 | 2010 | 硕士 |
| | 档案管理人员继续教育满意度与需求之研究 | 陈秋瑾 | 薛理桂 | 2011 | 硕士 |
| | 我国档案专业学会组织与活动之分析研究 | 吴俞伶 | 林巧敏 | 2011 | 硕士 |
| | 档案目录整合检索系统之优使性研究——以 ACROSS 为例 | 郑伊廷 | 林巧敏 | 2012 | 硕士 |
| | 台湾文学作家手稿征集与典藏之研究 | 蔡孟轩 | 薛理桂 | 2012 | 硕士 |
| | 台湾文献遗产登录世界记忆之研究 | 林柏伶 | 薛理桂 | 2012 | 硕士 |
| | 台湾地区县史馆转型为公共档案馆可行性研究 | 黄雅佩 | 林巧敏 | 2013 | 硕士 |
| | 档案典藏机构推广服务应用营销组合之研究 | 王欣愉 | 林巧敏 | 2013 | 硕士 |
| | 苗栗县国中校史档案管理与运用之研究 | 陈海鹏 | 薛理桂 | 2013 | 硕士 |
| | 高职学生建构数位学习档案历程之个案分析 | 赵佩瑜 | 薛理桂 | 2013 | 硕士 |

续表

| 院校系所 | 论文题目 | 作者 | 指导教授 | 年份 | 层次 |
|---|---|---|---|---|---|
| 政治大学图书资讯与档案学研究所 | 台湾地区古文书的编排与描述之研究 | 郭纹秀 | 薛理桂 | 2014 | 硕士 |
| | 影音档案网站架构内容分析研究 | 戴芳伶 | 林巧敏 | 2014 | 硕士 |
| | 档案典藏机构开放取用与限阅政策之研究 | 林玉佩 | 林巧敏 | 2014 | 硕士 |
| | 公立高级职业学校学籍档案管理与运用之研究——以台北市与新北市为例 | 叶贵兴 | 薛理桂 | 2014 | 硕士 |
| | 数位档案资源在小学教学之应用：以新竹县为例 | 刘宛琪 | 薛理桂 | 2014 | 硕士 |
| | 台湾与澳门档案机关行政管理体制之比较研究 | 周婷铌 | 薛理桂 | 2015 | 硕士 |
| | 档案馆运用 Facebook 粉丝专页互动经营之研究 | 王琪宽 | 林巧敏 | 2016 | 硕士 |
| | 美术馆艺术档案征集与整理之研究 | 郭姿妙 | 薛理桂 | 2016 | 硕士 |
| | 台湾地区博物馆历史档案之典藏与管理 | 钟秉慧 | 薛理桂 | 2016 | 硕士 |
| | 国际档案学文献之书目计量分析（1976—2015） | 许荪咪 | 林巧敏 | 2016 | 硕士 |

资料来源：台湾大学图书资讯学系. 学术研究—学位论文［EB/OL］.［2017—2—21］. http：//www. lis. ntu. edu. tw/? page_id＝440；台湾师范大学图书资讯学研究所. 学术研究—历届论文［EB/OL］.［2017—2—21］. http：//www. glis. ntnu. edu. tw/per2/super_pages. php? ID＝per201；辅仁大学图书资讯学系. 硕士班—论文资讯［EB/OL］.［2017—2—21］. http：//web. lins. fju. edu. tw/chi/thesis；淡江大学资讯与图书馆学系. 学术研究—历届毕业论文［EB/OL］.［2017—2—21］. http：//etds. lib. tku. edu. tw/etdservice/bl? from＝DEPT&deptid＝D0002001003；政治大学图书资讯与档案学研究所. 学术成果—博硕士论文［EB/OL］.［2017—2—21］. http：//www2. lias. nccu. edu. tw/study/pages. php? ID＝study2.

## 3.2  学科隶属与学位授予

台湾地区教育主管部门编制的大专院校学科标准分类系参照联合国教科文组

织（United Nations Education Scientific and Cultural Organization，UNESCO）国际教育标准分类（International Standard Classification of Education，ISCED）1997 年版修订，主要供为教育统计资料在搜集、汇编及国际比较时，具有一致基准。该分类标准共将学科分为九个领域，即教育领域，人文及艺术领域，社会科学、商业及法律领域，科学领域，工程、制造及营造领域，农学领域，医药卫生及社福领域，服务领域，其他领域。"社会科学、商业及法律领域"分为四门：社会及行为科学学门、传播学门、商业及管理学门、法律学门。传播学门又细分为九类：一般大众传播学类、新闻学类、广播电视学类、公共关系学类、博物馆学类、图书资讯档案学类、图文传播学类、广告学类、其他传播及资讯学类。由此可见，"图书资讯档案学类"属于"社会科学、商业及法律领域"中"传播学门"。①

图书资讯档案学类的定位在于"培养现代化的图书馆资讯与档案服务研究、教学与实务工作人才，且探讨新的资讯、传播科技于图书馆资讯与档案服务上之应用"。② 在图书资讯档案学类下面可设的系科有四，分别是（资讯与）图书馆学系（系科代码：320601）、（数位）图书资讯学系（系科代码：320602）、图书资讯与档案学研究所（系科代码：320603）、数位出版与典藏数位学习研究所（系科代码：320605）。而世新大学资讯传播学系则属于传播学门下的一般大众传播学类，其定位在于"一般大众传播包括广播、电视，资讯来自新闻、广告、博物馆图书（管理与档案），以及联结两者的公共关系学、传播学"，③ 如图 2 所示。

根据台湾地区"教育部"《大学各系所（组）授予学位中、英文名称参考手册》，图书资讯学系、图书资讯与档案学研究所、资讯与图书馆学系可授予文学学士（Bachelor of Arts）或图书资讯学学士（Bachelor of Library &

---

① "教育部". 大专校院学科标准分类查询［EB/OL］.［2016-10-6］. https：//stats. moe. gov. tw/bcode/.

② "教育部". 大专校院学科标准分类查询［EB/OL］.［2016-10-6］. https：//stats. moe. gov. tw/bcode/.

③ "教育部". 大专校院学科标准分类查询［EB/OL］.［2016-10-6］. https：//stats. moe. gov. tw/bcode/.

Information Science)、文学硕士（Master of Arts）或图书资讯学硕士（Master of Library and Information Science）、文学博士或图书资讯学博士（Doctor of Philosophy）。而资讯传播学系授予文学学士（Bachelor of Arts）、文学硕士（Master of Arts）、文学博士（Doctor of Philosophy）。①

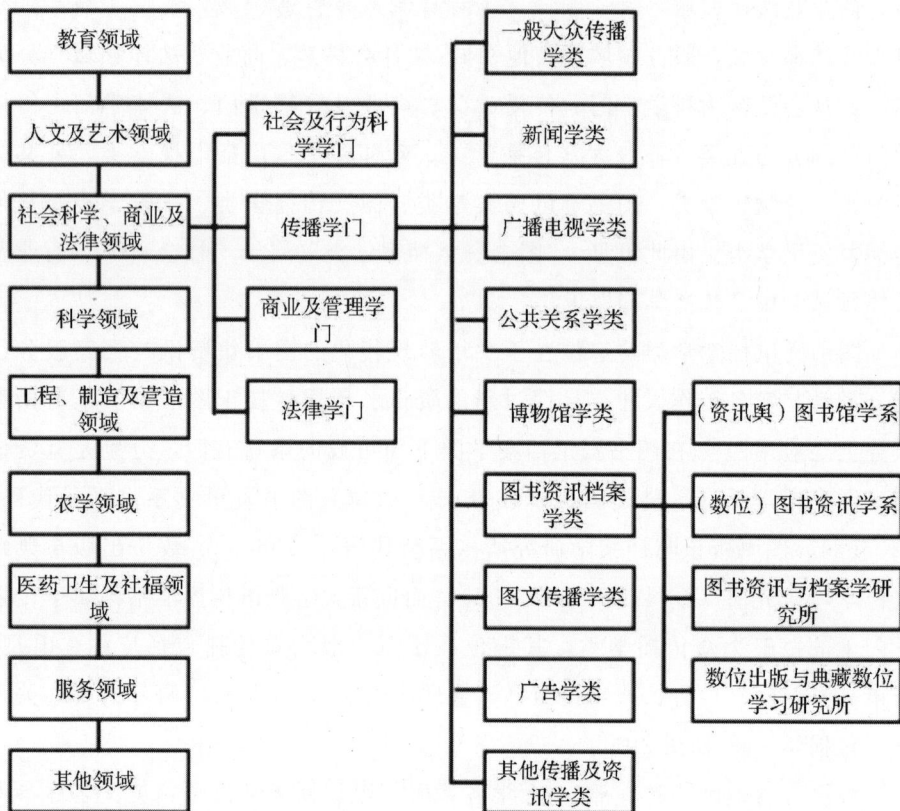

图 2　台湾地区图书资讯与档案学类学科结构图

资料来源：根据"教育部"．大专校院学科标准分类查询［EB/OL］．［2017－2－22］https：//stats. moe. gov. tw/bcode/.

---

① "教育部"高等教育司. 大学各系所（组）授予学位中、英文名称参考手册［EB/OL］.（2005－6－21）［2017－2－22］. http：//dgaa. web. nthu. edu. tw/ezfiles/74/1074/img/360/rule4－3. pdf.

### 3.3 地理分布

台湾地区现有档案正规教育的学校共 6 所。其中，4 所分布在台北市、2 所分布在新北市。而桃园市、台中市、台南市、高雄市、基隆市、新竹市、嘉义市、新竹县、苗栗县、彰化县、南投县、云林县、嘉义县、屏东县、宜兰县、花莲县、台东县、澎湖县、金门县、连江县等县市的数量为 0，如表 8 所示。

**表 8** 台湾地区档案学教育系所地理分布

| 区域 | 数量 |
|---|---|
| 台北市 | 4 |
| 新北市 | 2 |
| 桃园市、台中市、台南市、高雄市、基隆市、新竹市、嘉义市、新竹县、苗栗县、彰化县、南投县、云林县、嘉义县、屏东县、宜兰县、花莲县、台东县、澎湖县、金门县、连江县 | 0 |

### 3.4 入学方式与考试

#### 3.4.1 档案学相关大学部的入学方式与考试

台湾地区高中生通过多元入学管道进入大学部学习。其方式分为"大学甄选入学"及"大学考试入学"两大招生管道。"大学甄选入学"管道又分为"繁星推荐"及"个人申请"两种招生方式。①

学生依据其填报的志愿进入档案学相关大学部就读。在大学部期间还可以通过转系、辅系、双主修、转学等方式修读档案学相关大学部及课程。

#### 3.4.2 档案学研究生的入学方式与考试

台湾地区档案学相关系所的研究生入学管道有两种：甄试与一般考试。

---

① "教育部". 第七次"中华民国"教育年鉴［M/OL］. 台北："教育部"，2012：153－215. ［2017－3－24］http：//www. naer. edu. tw/ezfiles/0/1000/attach/32/pta _ 5456 _ 1563025 _ 23798. pdf.

### 3.4.2.1 档案学硕士研究生的入学方式与考试

台湾地区档案学相关系所硕士研究生甄试入学的甄试项目比较一致，一般为书面审查、口试，仅台湾大学图书资讯学系书目审查与口试之外，另有一门笔试，笔试内容为英文。书面审查的材料一般为自传、研究计划、历年成绩单、推荐信、其他有利审查之材料，如英文鉴定证明、学术成果、参与社团证明、得奖证明等。书面审查与口试成绩所占比重各为50%。台湾师范大学图书资讯学研究所书面审查成绩占40%、口试成绩占60%。台湾大学图书资讯学系甲、乙两组因有笔试成绩，其书面审查成绩、口试成绩、笔试成绩，分别占40%、40%、20%。而丙组因为没有笔试，审查成绩、口试成绩所占比重各为50%，如表9所示。

表9　　　　　　　　　台湾地区档案学相关系所硕士研究生甄试

| 院校系所 | 类别 | 报考要求 | 甄试科目 | 成绩比重 |
|---|---|---|---|---|
| 政治大学图书资讯与档案学研究所 | 一般生 | 大学或研究所毕业；大学（含同等学力）或研究所之毕业生于毕业（或取得同等学力资格）后，在图书馆、档案馆或资讯服务相关单位工作一年以上 | 书面审查 | 50% |
| | | | 口试 | 50% |
| 台湾大学图书资讯学系 | 甲组一般生 | 报考者须为图书资讯学相关学系毕业（含应届）生 | 书面审查 | 40% |
| | | | 笔试：英文 | 20% |
| | | | 口试 | 40% |
| | 乙组在职生 | 报考者须为图书资讯学相关学系毕业生；报名时须缴交现职工作单位主管同意在职进修证明书，此证明中须有"同意该员在职进修"之字句 | 书面审查 | 40% |
| | | | 笔试：英文 | 20% |
| | | | 口试 | 40% |
| | 丙组一般生 | 报考者须为图书资讯学相关学系以外之毕业（含应届）生 | 书面审查 | 50% |
| | | | 口试 | 50% |
| 台湾师范大学图书资讯学研究所 | 一般生 | 大学毕业具有学士学位者（含应届），或具有同等学力者 | 书面审查 | 40% |
| | | | 口试 | 60% |

**续表**

| 院校系所 | 类别 | 报考要求 | 甄试科目 | 成绩比重 |
|---|---|---|---|---|
| 淡江大学资讯与图书馆学系 | 一般生 | 大学毕业（含应届毕业生）或具同等学力者 | 书面审查 | 50% |
| | | | 口试 | 50% |
| 世新大学资讯传播学系 | 一般生 | 大学毕业具有学士学位者（含应届）、具同等学力资格者 | 书面审查 | 50% |
| | | | 口试 | 50% |

资料来源：政治大学图书资讯与档案学研究所. 招生资讯 [EB/OL]. [2017－2－22]. http：//www2. lias. nccu. edu. tw/admiss/recruit. php? class＝101；台湾大学教务处研究生教务组. 台湾大学 106 学年度硕士班甄试招生（系所）简章 [EB/OL]. [2017－2－22]. http：//gra103. aca. ntu. edu. tw/brochure/detail. asp；台湾师范大学教务处企划组. 106 学年度硕士班甄试入学招生简章 [EB/OL]. （2016－9－1）[2017－2－22]. http：//www. aa. ntnu. edu. tw/news/news. php? Sn＝58；淡江大学教务处招生组. 106 学年度硕博士班甄试招生简章 [EB/OL]. （2016－10－5）[2017－2－22]. http：//www. acad. tku. edu. tw/AS/news/news. php? Sn＝1278；世新大学教务处招生组. 106 甄试入学招生简章 [EB/OL]. [2017－2－22]. https：//drive. google. com/file/d/0BwegzJIBPrXgb1E4Yi0tamtEUWs/view.

　　台湾地区档案学相关系所硕士研究生一般入学考试科目，除台湾大学图书资讯学系丙组及世新大学资讯传播学系通过书面审查和口试的方式考核之外，其余学校均需要笔试。在需要考试的系所中，淡江大学将英文作为选考科目，而政治大学图书资讯与档案学研究所、台湾大学图书资讯学系、台湾师范大学图书资讯学研究所则是将英文作为必考科目。但是各系所对英文成绩的处理方式不尽相同，政治大学图书资讯与档案学研究所将英文成绩记入笔试总成绩；台湾大学图书资讯学系的英文成绩不记入总分，但是英文成绩未达50%之前的考生，不予录取；台湾师范大学图书资讯学研究所英文成绩不记入总分，但是作为同分的参酌，如表 10 所示。

**表 10**　　　　　　台湾地区档案学相关系所硕士研究生一般入学考试科目

| 院校系所 | 类别 | 报考要求 | 考试科目 | 成绩比重 |
|---|---|---|---|---|
| 政治大学图书资讯与档案学研究所 | 一般生 | 大学毕业具有学士学位者（含应届），或具有同等学力者 | 英文 | 100% |
| | | | 档案学、中国现代史（2选1） | |
| 台湾大学图书资讯学系 | 一般生 | 报考者须为图书资讯学相关学系毕业（含应届）生 | 英文（A） | 0% |
| | | | 图书资讯学、参考资源与服务、资讯组织 | 100% |
| 台湾师范大学图书资讯学研究所 | 一般生 | 大学毕业具有学士学位者（含应届），或具有同等学力者 | 图书资讯学导论、资讯传播学概论、电子计算器概论（3选1） | 100% |
| | | | 英文 | 同分参酌 |
| 淡江大学资讯与图书馆学系 | 一般生 | 获学士学位或同等学力者 | 图书馆学与资讯科学 | |
| | | | 资讯概论、英文（2选1） | 100% |
| 世新大学资讯传播学系 | 一般生 | 大学毕业具有学士学位者（含应届）、具同等学力资格者 | 书面审查 | 40% |
| | | | 口试 | 60% |

资料来源：政治大学图书资讯与档案学研究所. 招生资讯［EB/OL］.［2017－2－22］. http：//www2. lias. nccu. edu. tw/admiss/recruit. php？ class＝101；台湾大学教务处研究生教务组. 硕士班招生［EB/OL］.［2017－2－22］. http：//www. aca. ntu. edu. tw/aca2012/gra/access/accma/callname. asp；台湾师范大学教务处企划组. 106 学年度硕士班甄试入学招生简章［EB/OL］.（2016－12－18）［2017－2－22］. http：//www. glis. ntnu. edu. tw/admiss/recruit. php？ Sn＝76；淡江大学教务处招生组. 106 学年度硕博士班招生简章［EB/OL］.（2016－11－11）［2017－2－22］. http：//www. acad. tku. edu. tw/AS/news/news. php？ Sn＝1290；世新大学教务处招生组. 106 硕士班招生简章（公告）［EB/OL］.［2017－2－22］. https：//drive. google. com/file/d/0BwegzJIBPrXgN3pFSV9xTWpJM28/view.

### 3.4.2.2　档案学博士研究生的入学方式与考试

台湾地区档案学博士研究生招生单位，仅政治大学图书资讯与档案学研究所一校。故本部分仅就政治大学图书资讯与档案学研究所博士研究生的招生说明。

政治大学图书资讯与档案学研究所博士研究生入学考试分为甄试和一般考试。两种考试方式在时间安排上有先后，先甄试，后一般考试。两种入学考试的项目均相同，即分为书面审查和口试，成绩分占 50%，如表 11 所示。

表 11　　　　　　台湾地区档案学博士研究生入学考试

| 院校系所 | 甄试 | | 一般考试 | |
|---|---|---|---|---|
| | 项目 | 成绩比重 | 考试科目 | 成绩比重 |
| 政治大学图书资讯 | 书面审查 | 50% | 书面审查 | 50% |
| 与档案学研究所 | 口试 | 50% | 口试 | 50% |

资料来源：政治大学图书资讯与档案学研究所. 招生资讯 [EB/OL]. [2017－2－22]. http：//www2. lias. nccu. edu. tw/admiss/recruit. php? class＝101.

# 4　问题与建议

台湾地区档案学教育发轫于陈国琛在台湾地区行政管理机构举办的文书讲习会，迄今已历七十余年。其发展阶段历经萌芽、发展和提速三个时期。2010 年政治大学图书资讯与档案学研究所博士班的成立，标志着台湾地区档案学教育进入新阶段。

台湾地区档案学教育的层次较高，主要集中在硕士和博士研究生的培养，建议在大学部设置档案专业大学部教育，亦可以在大学部阶段采用辅系、学分学程、学位学程等方式，一方面可以拓宽档案硕士和博士研究生报考的学生基础，另一方面也可以满足更多用人单位，尤其是企业对一般档案管理人才的需求。

台湾地区当前的档案学教育系所主要分布在北部，建议在中部、南部分别设置一所档案学教育系所，优化档案学教育系所的地理分布。目前，中部地区的中兴大学设有图书资讯学研究所，但该所未开设档案相关课程。若在该所适当增加档案专业教师，开设档案相关课程，培养档案专业毕业生，将有效缓解档案学教育系所过度集中之问题，为中南部培养档案专业人才。此外，南部地区虽无图书资讯档案学类相关系所，但亦可在与档案学较为相关的公共行政科系或历史科系开设档案相关课程，如中山大学公共事务管理研究所，以求优化档案学教育系所地理分布之缺憾，培养相关档案专业人才，服务南部。

# 外国档案馆建筑历史与文化

# 从仓库到宝库：澳大利亚国家档案馆 历史与建筑演变①

## 魏筱颜　谭必勇

（山东大学历史文化学院　济南　250100）

**摘　要：** 澳大利亚国家档案馆从早年的国家图书馆档案分部、联邦档案馆办公室、澳大利亚档案馆发展到如今的国家档案馆，走过了百年历史进程。国家档案馆建筑随着档案开放利用政策的变化不断变迁，最终选定历史感厚重的东座大楼。文章阐述了澳大利亚国家档案馆的发展脉络，介绍了档案馆建筑演变过程，分析了新馆的设计特色。

**关键词：** 澳大利亚国家档案馆　档案馆历史　档案馆建筑　开放利用　东座大楼

## 1　澳大利亚国家档案馆历史发展

### 1.1　国家档案馆萌芽：联邦国家图书馆档案分部（1901—1961年）

澳大利亚联邦成立之初，由联邦国会图书馆（The Commonwealth Parliamentary Library）负责收集联邦政府产生的档案。"一战"期间，著名战

---

**作者简介：** 魏筱颜，女，山东大学历史文化学院档案学专业 2015 级硕士研究生；谭必勇，男，管理学博士，山东大学历史文化学院副教授，硕士生导师，美国加州大学洛杉矶分校（UCLA）访问学者。

① 本文系国家社科基金青年项目"中外公共档案馆发展路径比较及对策研究"（项目批准号：13CTQ054）的阶段性成果。

争史学家查尔斯·毕恩（Charles Bean）提出，国家应提供一座建筑保存与"一战"相关的档案。1920 年，澳大利亚总理威廉·休斯（William Hughes）指示有关部门将富有史料价值的战争档案转移到战争博物馆（War Museum，后更名为澳大利亚战争纪念馆 Australian War Memorial）。1927 年，国会图书馆委员会（Parliamentary Library Committee）起草了一份《档案法》（Archives Bill）草案，首次尝试制定政府档案销毁条例，但法案未能提交给国会。①

20 世纪 40 年代，查尔斯·毕恩宣称早期战时档案的毁坏阻碍了他对"一战"史的研究。在 1940 年图书馆员协会召开的以"档案"为主题的大会上，他同许多历史学家、图书馆员、政治学家一道在会上倡议为子孙后代保存"二战"档案。1942 年，澳大利亚总理约翰·柯廷（John Curtin）批准成立历史档案收集与保存委员会（Committee on the Collection and Preservation of Historical Records），不久更名为战争档案委员会（War Archives Committee），查尔斯·毕恩担任会长。该委员会保管两次世界大战产生的档案，制定战争档案处置方针，也保管多个政府部门自 1901 年澳大利亚联邦成立以来形成的档案。②

1944 年，联邦国会图书馆下属的国家图书馆（National Library）任命伊恩·麦克莱恩（Ian Maclean）为档案专员（Archives Officer），他是政府任命的第一位档案官员，此举是澳大利亚国家档案馆（National Archives）诞生的萌芽。他早期的工作主要是提醒政府部门鉴定档案价值，将有价值的档案移交给馆保存。控制销毁成为战后临时机构清盘的主要问题之一。在此期间，国家图书馆坚持认为档案馆的主要目标是提高政府行政部门的工作效率。战后，有效处置档案以节约开支的需求远大于记录历史的需求。③ 此外，伊恩·麦克莱恩批评档案工作者"为历史学家服务的历史学家"的职业认知，

---

① National Archives of Australia. Our history：Timeline [EB/OL]. [2017－5－6]. http：//naa. gov. au/about－us/organisation/history/timeline. aspx.

② National Archives of Australia. Our history：The first steps [EB/OL]. [2017－5－6]. http：// naa. gov. au/about－us/organisation/history/index. aspx.

③ National Archives of Australia. Our history：Australia's first Archives Officer [EB/OL]. [2017－5－6]. http：//naa. gov. au/about－us/organisation/history/index. aspx.

认为档案人员要主动控制文件管理过程①。他在推动澳大利亚档案部门的独立过程中发挥了重要作用。

1946 年，战争档案委员会更名为联邦档案委员会（Commonwealth Archives Committee），负责对所有档案的处置进行监管，协调战争纪念馆和国家图书馆的档案工作。政府部门必须先咨询国家图书馆、联邦档案委员会或战争纪念馆才能处置档案，这三个机构保管具有永久保存价值的档案。联邦档案委员会致力于向政府各部门宣传国家图书馆档案分部（Archives Division of the National Library）的工作，档案分部不仅为政府部门保存档案，也是国家的文化资源宝库。由于缺乏档案开放利用政策，学者们进行每项研究必须向相关部门提交申请。该委员会便积极效仿英国，开放 50 年前形成的档案。

1952 年，联邦图书馆档案分部扩展到 25 名工作人员，分部接管和承担了战争纪念馆的档案工作职责，成为单独的档案机构。②

1954 年，美国国家档案馆档案管理部主任谢伦伯格作为富布莱特学者到访澳大利亚③，通过走访政治家和公务员，他认为档案开放的标准应该小于 50 年，建议档案分部从图书馆中独立出来，成立国家档案馆。

## 1.2　按保管需求扩建库房：联邦档案馆办公室（1961—1974 年）

1961 年 3 月《国家图书馆法》生效，国家图书馆档案分部获得独立，成为总理部门下属的联邦档案办公室（Commonwealth Archives Office），在堪培拉郊区设有包括尼森小屋（Nissen huts）在内的多处库房，如图 1 所示。然而，它尚未产生真正的影响力。对于不具有价值的档案移交进馆的部门，联

---

① Maizie H. Johnson. Archives Administration in Australia [J]. The American Archivist，1965 (2)：231-238.

② National Archives of Australia. Our history：Australia's first Archives Officer [EB/OL]. [2017-5-6]. http：//naa. gov. au/about-us/organisation/history/index. aspx.

③ Michael Piggott. The Visit of DR T. R. Schellenberg to Australia 1954 [EB/OL]. [2017-5-6]. http：//www. naa. gov. au/Images/Dr％20TR％20Schellenberg _ COMPLETE _ tcm16-49443. pdf.

邦档案办公室无计可施。

图 1 尼森小屋

1964 年，跨部门委员会有关联邦档案的报告强调了国家档案馆在收集和保存政府档案方面的重要作用[1]。1966 年，澳大利亚内阁引入英国国家档案馆档案满 50 年向公众开放的政策（1967 年，英国政府调整为满 30 年开放），推动了"一战"档案顺利开放，便于学者的学术研究。然而，这一消息并未得到广泛传播，因为联邦档案办公室没有足够的人手应对突增的利用申请。同时，随着高等教育扩张，想要查询政府档案的利用者越来越多。

1970 年，澳大利亚政府开始采用档案满 30 年开放的原则，同意"为重要学术著作"开放"二战"档案。由于 20 世纪 40 年代末期档案才开始移交进馆，档案部门产生了大量积压。无论是联邦档案办公室还是其他政府部门，都没有办法快速整理这些档案。在这一背景下，不管采取何种开放利用政策，没有详细的查询安排和著录标准，档案仍然难以获取。[2]

1972 年，首个专门建造的档案库房在悉尼维拉伍德（Villawood）投入使用。经过多年租借和凑合场地，联邦档案办公室认为，专门建造库房是守护

---

① Interdepartmental Committee. Report of the interdepartmental Committee on Commonwealth Archives [EB/OL]. [2017-5-6]. http：//www. naa. gov. au/Images/Interdepartmental _ complete _ tcm16-49444. pdf.

② National Archives of Australia. Our history：Independence and public access [EB/OL]. [2017-5-6]. http：//naa. gov. au/about-us/organisation/history/index. aspx.

国家遗产的第一道防线。该库房将容纳各种形式的档案，包括国防部、ABC广播电台等机构移交的影像、缩微胶片、电子、音频、视频档案。[①]

1973 年，加拿大自治领地前档案馆馆长威廉·凯·兰姆（William Kaye Lamb）应邀对澳大利亚档案制度进行述评。他的报告指出，现代国家档案馆的职责是"对政府档案自形成到销毁或永久保存进行保管和处理"。他强调要通过立法承认和加强档案馆的作用，而联邦档案办公室忽视了其开放馆藏以方便研究的第二职能。[②]

## 1.3 获得法定保管权力：澳大利亚档案馆（1974—1998 年）

1974 年，特别国务大臣莱昂内尔·鲍文（Lionel Bowen）向议会提交了兰姆的报告，并许诺出台一部档案法。同年，联邦档案馆办公室更名为澳大利亚档案馆（Australian Archives），开启了发展的新方向。

1975 年，历史学家罗伯特·尼尔（Robert Neale）教授被任命为澳大利亚档案馆总干事（Director-General）。他的工作是推动档案资料的利用。他必须向公共服务部门宣讲档案立法的整体思路，为了实现兰姆的报告愿景，他还必须游说政治家给予"人力、机器和砖石"。但是，政府更迭和经济衰退使此事推迟。

档案馆建筑项目受到影响，设计更加严格和昂贵。到 1975 年维拉伍德库房建设第二阶段完成时，已经花费了近六百万美元，费用包括为永久档案提供空调设备，为影像和录音档案提供低温保藏库，以及建设查询室和会议室。该库房还包括一个演播室，彻底改变了档案馆向 ABC 广播电台提供的借阅服务方式，允许声音档案通过陆上运输。

在堪培拉建设国家档案馆大楼的宏伟愿景没能实现，档案仍保存在帕克斯（Parkes）的尼森小屋和其他空间不足的库房里。1976 年暴雨期间，人们甚至猜测格里芬湖（Lake Burley Griffin）泛滥会淹没澳大利亚档案馆的核心

---

① National Archives of Australia. Our history: Significance lies in context [EB/OL]. [2017-5-6]. http: //naa. gov. au/about-us/organisation/history/index. aspx.

② William Kaye Lamb. Development of a National Archives: report [EB/OL]. [2017-5-6]. http: //www. naa. gov. au/Images/Lamb Report tcm16-49445. pdf.

区域。用尼尔的话说，这是"国家的耻辱"。①

1978 年 6 月，参议院通过了首部《信息和档案自由法》，赋予澳大利亚档案馆更多责任，因为档案馆比各个机构自身更了解其起源、发展历史及生成的档案。

1983 年《档案法》的出台从法律上授权澳大利亚档案馆保存政府档案，确定档案馆作为各机构开展档案保管、鉴定和处置的主要顾问。法案制定了档案处置和移交条款，规定只有档案馆有权批准联邦档案的处置和销毁，首次对破坏和篡改档案设置处罚条例，除判定为销毁外，档案一满 25 年就应尽快向档案馆移交，由档案馆决定哪些档案属于"联邦档案资源"。由于对档案开放获取的时间存在争议，法案推迟到 1984 年 6 月 6 日生效。至此，联邦档案馆首次受到立法保护，澳大利亚档案馆首次在立法委任权下运行。法案扩大了政府档案的定义，确立了公众对档案有研究的权利。随着公共服务分散化及公共委员会废除，档案馆成为唯一能为档案管理制定标准的专业性机构。②

## 1.4 开放利用新台阶：国家档案馆新馆（1998 年—现在）

1998 年 2 月，澳大利亚档案馆更名为澳大利亚国家档案馆（National Archives of Australia）。参议院议长玛格丽特·里德（Margaret Reid）主持了国家档案馆新总馆的开幕式。新总馆位于堪培拉国会三角区东部。③ 自 2001 年 2 月 28 日起，国家档案馆成为澳大利亚通信、信息技术和艺术部的执行机构。自 2011 年 12 月 12 日起，隶属于艺术及体育部。该部门 2013 年被废除后，国家档案馆转而隶属于总检察署。

国家档案馆投入了大量资源帮助利用者，世界各地的研究者都能在国家档案馆网站查询馆藏。2001 年引入"数字化需求"策略，用户可从档案馆在

---

① National Archives of Australia. Our history: A new direction [EB/OL]. [2017-5-6]. http: //naa. gov. au/about-us/organisation/history/index. aspx.

② National Archives of Australia. Our history: Legislation strengthens the archives' Powers [EB/OL]. [2017-5-6]. http: //naa. gov. au/about-us/organisation/history/index. aspx.

③ National Archives of Australia. Our history: Timeline [EB/OL]. [2017-5-6]. http: //naa. gov. au/about-us/organisation/history/timeline. aspx.

线数据库文件查询（RecordSearch）下载所选档案的复制件。2008 年《档案法（修正案）》通过后，国家档案馆馆藏的大部分档案开放年限缩减到 20 年①。可以说，澳大利亚国家档案馆的发展与其开放利用政策的变更有着密切关联。澳大利亚国家档案馆（NAA）及相关部门发展变迁，如表 1 所示。

表 1　　　　　　　澳大利亚国家档案馆（NAA）及相关部门发展变迁

| 时间 | 澳大利亚国家档案馆变迁 | 其他相关档案部门 | 相关法律 |
|---|---|---|---|
| 1901 年 | 澳大利亚联邦国会图书馆（Commonwealth Parliamentary Library）成立 | | |
| 1941 年 | | 澳大利亚战争纪念馆（Australian War Memorial）成立② | |
| 1942 年 | | 历史档案收集与保存委员会（Committee on the Collection and Preservation of Historical Records）成立，后更名为战争档案委员会（War Archives Committee） | |
| 1944 年 | 任命首位国家图书馆档案专员（Archives Officer） | | |
| 1946 年 | | 战争档案委员会更名为联邦档案委员会（Commonwealth Archives Committee） | |

① National Archives of Australia. Our history：Further challenges ［EB/OL］. ［2017－5－6］. http：//naa. gov. au/about－us/organisation/history/index. aspx.

② Wikipedia. Australia War Memorial ［EB/OL］. ［2017－5－6］. https：//en. wikipedia. org/wiki/Australian_War_Memorial.

续表

| 时间 | 澳大利亚国家档案馆变迁 | 其他相关档案部门 | 相关法律 |
|---|---|---|---|
| 1952 年 | 国家图书馆档案分部（Archives Division of the National Library）接管战争纪念馆职责 | | |
| 1960 年 | 国家图书馆（National Library）从联邦国会图书馆（Commonwealth Parliamentary Library）中独立 | | |
| 1961 年 | 国家图书馆档案分部独立：联邦档案办公室（Commonwealth Archives Office） | | 国家图书馆法（National Library Act）生效 |
| 1974 年 | 联邦档案办公室更名为澳大利亚档案馆（Australian Archives） | | |
| 1978 年 | | | 信息和档案自由法（Freedom of Information and Archives Bills）通过 |
| 1983 年 | | | 澳大利亚首部档案法（Archives Act）出台 |
| 1998 年 | 澳大利亚档案馆更名为澳大利亚国家档案馆（National Archives of Australia） | | |

## 2　国家档案馆建筑变迁

### 2.1　无果的奠基

研究早期档案馆建筑需要研究早期国家图书馆建筑。1911 年，澳大利亚议会确定在新南威尔士州一处距离悉尼 238 公里，距离墨尔本 507 公里的地点划出一片空地作为新首都。这期间"一战"爆发，建造计划被搁置，墨尔本一直作为临时首都，国家图书馆等政府机构设立在墨尔本。

20 世纪初期，澳大利亚各州首府的图书馆多为临时建筑，政府不会优先考虑图书馆的安置。新成立的联邦政府也并不关心其历年形成的档案，因而尚未制定档案管理政策，政府档案和其他出版物一样存放于各州的图书馆内。建国初期，出于对存储空间的考虑，人们放弃了当时盛行的希腊—罗马神庙风格建筑的构想①。1920 年，威尔士亲王爱德华八世主持了国家档案馆的奠基仪式，但仪式结束后未建造任何建筑②。联邦政府曾派弗雷德里克·布兰登（Frederick Bladen）前往欧洲参观档案馆建筑，他对欧洲存放档案的宫殿、城堡等宏伟大厦留下了深刻印象，然而这种早期的探索未带来任何新建筑的落成。③ 事实上，联邦政府几十年来都未建造档案馆。

### 2.2　"剥离古典"的图书馆

从 20 世纪 20 年代开始，图书馆建筑的历史一直与堪培拉作为首都的历史相连。1927 年，堪培拉临时国会大厦竣工，政府机构开始从墨尔本搬往堪培拉。20 世纪 30 年代，国家图书馆搬迁至堪培拉一座具有"剥离古典

---

① Sigrid McCausland. Temporary or 'temple'? Archives buildings and the image of archives in Australia [J]. The Australian library journal，2013，62（2）：90—99.

② Wikipedia. National Archives of Australia [EB/OL]. [2017—5—6]. https：//en. wikipedia. org/wiki/National _ Archives _ of _ Australia.

③ Sigrid McCausland. Temporary or 'temple'? Archives buildings and the image of archives in Australia [J]. The Australian library journal，2013，62（2）：90—99.

(stripped classical)"风格的临时建筑。相比于悉尼旧有的砂岩式古典风格的大型公共建筑（美术馆、博物馆、图书馆）和墨尔本的公共图书馆，这座建筑更加克制，欠缺气势。解剖学研究所大楼（后于 1984 年翻新为国家影音档案馆）也采用了"剥离古典"风格。堪培拉城市建造者极力避免完整的古典设计，他们青睐带有渲染的外墙和有艺术装饰的端庄建筑，如旧国会大厦、与之相连的东座和西座办公大楼。①

20 世纪 50 年代中期，图书馆馆藏甚至分布在堪培拉的太平间、洗衣房、医院看守室、火车站杂货店、采石场炸药棚等地。② 档案部门亟须改善条件，更好地规划存储。当时的档案库房多为临时建筑，质量低劣，地点不合适。"一个国家从学校到议会都是临时建筑，这太不寻常了"③。20 世纪 50 年代，在悉尼和墨尔本原有库房的基础上，档案分部在布里斯班、阿德莱德、珀斯增设新库房，以应对日益增长的档案保存需求。④

## 2.3　三角区一隅

从 20 世纪 60 年代起，建筑设计更加注重为大众服务，同时也要满足保存档案的要求。公众对档案的了解越来越多，建筑和公共服务之间的联系越来越紧密。

由于政府部门形成的档案数量日益增加，档案部门必须建造有足够存储空间的新馆。1973 年，兰姆对澳大利亚政府的建议是建设"外观引人注目，基础牢固，空间广阔，具有象征意义"的档案馆，让·法维尔（Jean Favier）强调选择"我们的文明能感知其过去存在"的地方，米歇尔·杜切因

---

① Sigrid McCausland. Temporary or 'temple'? Archives buildings and the image of archives in Australia [J]. The Australian library journal，2013，62（2）：90－99.

② National Library of Australia. History of the library [EB/OL]. [2017－5－6]. http：//www. nla. gov. au/history－of－the－library.

③ Sigrid McCausland. Temporary or 'temple'? Archives buildings and the image of archives in Australia [J]. The Australian library journal，2013，62（2）：90－99.

④ National Archives of Australia. Our history：Australia's first Archives Officer [EB/OL]. [2017－5－6]. http：//naa. gov. au/about－us/organisation/history/index. aspx.

（Michel Duchein）则认为"现代风格的新建筑能帮助人们改变对档案的偏见"。[①] 尽管有许多人对国家档案馆的建设提出设想，澳大利亚档案馆还是偏居在国会三角区棚式建筑群中。图 2 至图 4 分别为 1961 年伯利格里芬湖畔的联邦档案馆办公室及 1978 年国家档案馆设计蓝图和构想图纸。

图 2　1961 年，伯利格里芬湖畔的联邦档案馆办公室

图 3　1978 年国家档案馆设计蓝图（从议会大厦俯瞰）

① Sigrid McCausland. Temporary or 'temple'? Archives buildings and the image of archives in Australia [J]. The Australian library journal，2013，62（2）：90－99.

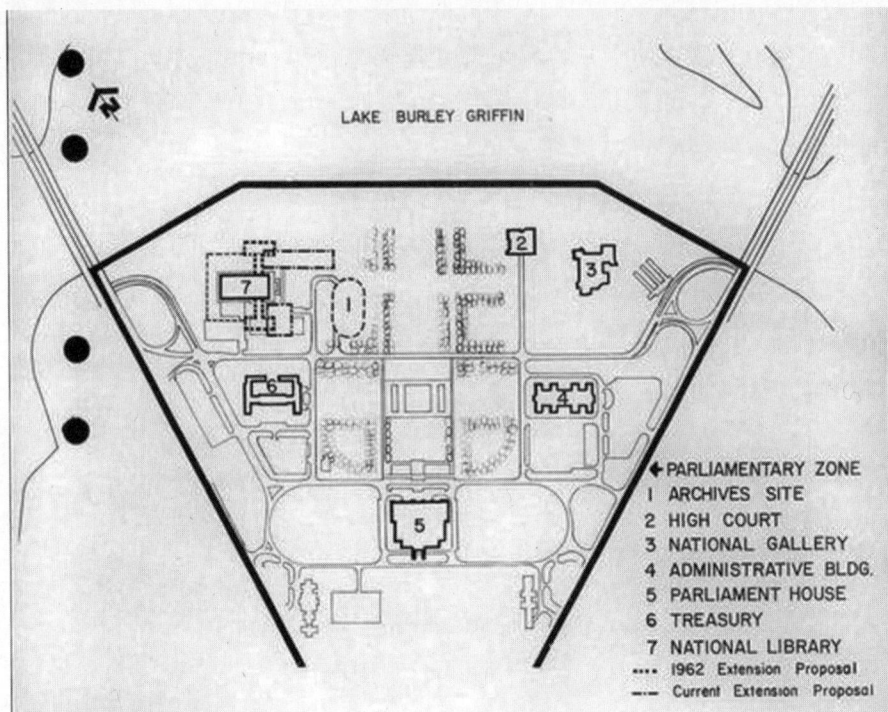

图 4  1978 年国家档案馆构想图纸

　　1968 年落成的国家图书馆采用近现代主义风格，其醒目的位置和大理石柱让人联想到帕特农神庙。国家图书馆附近有两座横跨伯利格里芬湖的大桥，国家图书馆坐落在其中一座大桥的南端，而联邦档案办公室却在另一座大桥的南端，与众多机构的全国总部挤在棚式建筑中。20 世纪 80 年代早期，联邦档案办公室这块临时居所被新的国家美术馆占用。①

　　联邦档案办公室曾在"首都头号建筑群"——国会三角区寻找合适的场所，但没有成功。最终在堪培拉北郊区的米切尔（Mitchell）找到了合适的档案库房场地。1981 年，沿伯利格里芬湖的旧棚区库房被清空，档案转移到米

---

①　Sigrid McCausland. Temporary or 'temple'? Archives buildings and the image of archives in Australia [J]. The Australian library journal，2013，62（2）：90—99.

切尔的新库房。① 1989 年，位于堪培拉郊区绿道（Greenway）的档案库房开放投入使用。

## 2.4　翻新的东座大楼

### 2.4.1　建筑历史悠久

1998 年，澳大利亚国家档案馆搬迁至东座大楼（East Block building），东座大楼与临时国会大厦（Provisional Parliament House）、西座大楼（West Block building）并列国会三角区（Parliamentary Triangle precinct）最早的三座建筑。东座大楼最初名为第一秘书处大楼（Secretariat Building No. 1），由著名建筑师约翰·史密斯·默多克（John Smith Murdoch）② 设计，1925 年开始施工，1927 年投入使用。

"第一秘书处大楼"即表明东座大楼早期的用途：政府各部迁往堪培拉后需要配备小型秘书处，秘书处便设在东座大楼和西座大楼（当时称为第二秘书处大楼，Secretariat Building No. 2）。东座大楼最为人熟知的是邮政总局，邮政总局正对维多利亚女王大街，是测量其他城市与堪培拉距离的地标建筑。此外，这里还汇集了商务部、贸易和海关部、审计署办公室、总理部门、电话局等多个政府机构。1998 年，经过全面整修和翻新，国家档案馆获得 10 万美元资助修建堪培拉总馆入驻东座大楼，东座大楼提高了国家档案馆的知名度和认可度。图 5 至图 9 为与东座大楼相关的有代表性的历史图片。

---

① Sigrid McCausland. Temporary or 'temple'? Archives buildings and the image of archives in Australia [J]. The Australian library journal，2013，62（2）：90－99.

② Wikipedia. John Smith Murdoch [EB/OL]. [2017－5－6]. https：//en. wikipedia. org/wiki/John _ Smith _ Murdoch.

MR. J. S. MURDOCH,
*Architect.*

图 5　约翰·史密斯·默多克（1862—1945），旧议会大厦及东、西座大楼建筑设计师

图 6　1925 年，东座大楼早期施工阶段

图 7　1926 年，东座大楼后期施工阶段

图 8　1926 年，东座大楼前戴头盔的警察

图 9  1958 年，东座大楼邮政总局正门

### 2.4.2  布局合理，经济适用

国家档案馆总馆设在首都领地堪培拉，在澳大利亚 6 个州的首府和北领地都设有分馆，保管联邦政府在各州或领地派驻机构形成的档案。截至 2013 年，国家档案馆共有 504 名职员。该馆 2007—2008 年的预算为 8698 万美元，其中 6680 万美元来自联邦政府拨款①。分馆和总馆同样设有阅览室、库房和办公室。国家档案馆在墨尔本、达尔文、阿德莱德和霍巴特的分馆与当地的州档案馆同处一地，研究者在共享阅览室可以获取联邦和州的档案，一方面节约建馆成本，另一方面方便提供利用档案。

堪培拉总馆分为东座大楼和库房两部分。东座大楼设有展览室、查档室、办公室、临时保管库房等，这里保存的只是临时需要外借的少量档案，约有

---

①  Wikipedia. National Archives of Australia ［EB/OL］. ［2017－5－6］. https：//en. wikipedia. org/wiki/National _ Archives _ of _ Australia.

300 延长米。保管档案的主库房在十几公里以外。同澳大利亚很多政府机关一样，此处不设院墙和警卫，整栋建筑坐落在一片鸟语花香、绿树成荫的街区中，内部装修考究，设施齐全。

### 2.4.3　以人为本的服务理念

档案馆侧门设置了供轮椅车出入的通道，档案馆主大门处设有咨询指引服务台，服务台后面即公众展览厅。展览厅入口处有几级台阶，台阶中间有做工考究的扶手，一方面为了装饰美观，另一方面帮助行动不便人士上下攀扶。

查档室面积不大，分为机读阅览室和纸质文件阅览室。机读阅览室由缩微胶片阅览室和利用走廊过道设置的公共计算机浏览区组成，用户可自行检索，配备一名咨询人员，提供"按铃"服务；纸质文件阅览室同样配有一名咨询人员。[①]

展览室、档案阅览室都全部设置在一楼，伴有精心摆设的休闲沙发和桌椅，使人有宾至如归之感，从阅览室朝向独到的窗户可看到室外绿草茵茵。[②]

### 2.4.4　重视馆藏教育功能

"国家记忆"[③] 展厅采用弱光设计，布置有一面图片墙，一台多媒体图片展示设备，通过各种反映澳大利亚历史记忆的图片、实物帮助参观者了解澳大利亚平民史，传达"你们的故事，我们的历史（Your story，Our history）"理念。珍品室陈列有镇馆之宝——《澳大利亚联邦宪法》1900 年原件，珍品室不对外开放，档案保存在特制展柜中，采用遮光措施。这种做法既能保护档案，又增加了神秘性，激发参观者了解历史的兴趣。图 10 为反映澳大利亚历史记忆的部分图片。

---

① 浙江省档案工作考察学习组. 保存国家记忆，优化公共服务：赴澳大利亚新西兰考察档案工作的见闻与启示［J］. 浙江档案，2013（1）：49-51.

② 佛山市档案局. 澳大利亚国家档案馆的公众服务与启迪［J］. 广东档案，2006（1）：45-46.

③ 浙江省档案工作考察学习组. 保存国家记忆，优化公共服务：赴澳大利亚新西兰考察档案工作的见闻与启示［J］. 浙江档案，2013（1）：49-51.

以上 3 张照片为堪培拉总馆（首都领地）

阿德莱德分馆（南澳大利亚州）　　　　　布里斯班分馆（昆士兰州）

达尔文分馆（北领地）

霍巴特分馆（塔斯马尼亚州）

墨尔本分馆（维多利亚州）

珀斯分馆（西澳大利亚州）

悉尼分馆（新南威尔士州）

图 10　反映澳大利亚历史记忆的部分图片

## 3　结语

澳大利亚国家档案馆走过了一百多年的发展历程，早期联邦政府不重视联邦档案建设，由图书馆负责收集政府档案，直到"二战"后，学者出于学术研究需求奔走呼吁，政府成立了联邦档案管理委员会。在近百年的时间里，政府没有建造完成专门的档案馆建筑，档案库房因日益增长的存量面临空间不足的困境。1983 年《档案法》的通过赋予了国家档案馆收集政府档案的权利与职责，明确了档案开放利用的年限。1995 年，国家档案馆确立只接收具有永久保存价值的档案。1998 年东座大楼翻新后，澳大利亚国家档案馆终于有了专门的场地，其优雅宜人的周边环境、经济合理的布局设计、以人为本的服务理念、丰富珍贵的馆藏都带动了此后十余年间的迅速发展。NAA 从单一的档案保存仓库发展到体现澳大利亚百年发展史的文化宝库。如今，澳大利亚档案馆在电子文件管理、馆藏文化教育等方面处于世界一流水平，其发展历史对我国档案馆建筑具有重要的借鉴意义。

# 美国国家档案馆建筑发展历史与特色[①]

## 楚艳娜

（山东大学历史文化学院　济南　250100）

**摘　要：** 美国国家档案馆建筑规模宏伟，诸多建筑细节具有极为丰富的象征意义；建筑具有其自身的特色，人文色彩浓厚；馆内资源富有特色且极为丰富，以其开放性和包容性向世界各地人民讲述着美国的发展历史。本文结合相关资料论述了美国国家档案馆建筑历史、具有象征意义的建筑细节，并探究了其特色。

**关键词：** 美国国家档案馆　发展历史　建筑细节　特色

这座历史的庙宇（美国国家档案馆）将会是美国最漂亮的建筑之一，它将展现美国的灵魂；它将是最华丽的建筑之一，展现美国特性。

胡佛总统

1993.02.20

美国国家档案馆集档案馆、博物馆、图书馆、纪念馆于一体，建筑设计反映了民主和自由的传统，几乎每一个元素都象征着档案馆保存档案、保管历史的责任。在国家档案馆建造之前，胡佛总统预言道："这座历史的庙宇将会是美国最漂亮的建筑之一，它将展现美国的灵魂；它将是最华丽的建筑之

---

作者简介：楚艳娜，女，山东大学历史文化学院档案学专业 2015 级硕士研究生。

①　本文系国家社科基金青年项目"中外公共档案馆发展路径比较及对策研究"（项目批准号：13CTQ054）的阶段性成果。

一，展现美国特性。"① 1937 年建造完成的国家档案馆，着实成为联邦三角地
带最壮观、华丽的建筑。馆内不仅有安全妥善保护档案资源的一流设备，还
有服务公众、满足公众基本需求的基础设施。可供放映电影、纪录片的麦高
恩剧院，供公众学习研究的波音研究中心，拥有诸多特色文化产品的礼品商
店等均以创新性、开放性的特色吸引着众多游客。美国国家档案馆建筑充分
体现以人为本、公众需求至上的理念，其开放性、创新性值得我们借鉴。

## 1 美国国家档案馆建筑发展历史

美国国家档案馆建筑发展主要经历了计划实施、建设和整修三个阶段，
根据其所经历的重大事件，笔者整理出了美国国家档案馆建筑历史发展时间
轴，如图 1 所示。

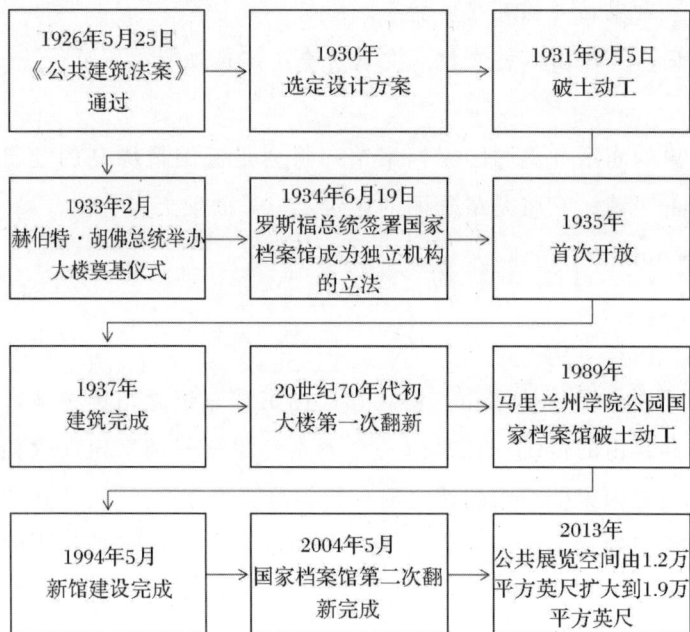

图 1 美国国家档案馆建筑历史发展时间轴

---

① Temple of our history［EB/OL］. https：//prologue. blogs. archives. gov/2015/02/20/temple
－of－our－history/，2015－02－20/2017－03－05.

## 1.1 计划实施阶段 ①

### 1.1.1 建筑法案的通过与实施

1926 年 5 月 25 日，美国国会通过了《公共建筑法案（Public Buildings Act)》授权进行大规模的公共建筑建设项目，其中一部分是要在华盛顿为日益增多的联邦机构提供办公场所。美国国会授权财政部实施该计划，财政部安德鲁·梅隆的秘书汇集了一批顶尖的建筑师设计联邦大楼。梅隆希望沿袭新古典主义建筑风格，采用石灰石外墙、红色瓦片的屋顶、古典柱廊等设计元素。美术委员会（the Commission on Fine Arts）和公共建筑委员会（the Public Building Commission）最终批准了包括档案馆大楼在内的所有建筑计划，紧接着国会通过立法，其首要任务是档案馆大楼的建设。但是，因为选址、征地、设计等方面的延误，该项目一拖再拖了许多年。

### 1.1.2 建筑设计与选址

建筑设计和选址遇到"瓶颈"。相较于项目中的其他联邦大楼而言，档案馆建筑更难设计。它不仅是办公场所，更是保存政府最有价值的记录的建筑。设计师设计的许多建筑方案均以失败告终。1930 年，梅隆最终选择了纽约建筑师 John Russell Pope 的设计方案，他的设计既包含了安全保管美国记录的元素，又包含了富有建筑历史意义的装饰性元素——巨大的科林斯柱、40 英尺的青铜门以及代表建筑历史意义的铭文。1931 年夏，美术委员会（the Commission on Fine Arts）和公共建筑委员会（the Public Building Commission）批准了 Pope 的设计计划。第二年 Pope 继续微调他的图纸和设计规格。建筑选址经两次变更之后才确定下来——将国家档案馆建立在以第 7 街和第 9 街、B 街和宾夕法尼亚大道为界点的地段上，也就是现在的国家档案馆地址。

---

① A Short History of the National Archives Building, Washington, DC [EB/OL]. http://www. archives. gov/about/history/building. html，2016－12－29/2017－03－05.

### 1.2　建设阶段①

#### 1.2.1　初步建设

1931 年，位于 1871 年建立的可容纳 700 个供应商的中心市场建筑被拆毁。9 月 5 日，财政部长助理 Ferry K. Heath 在档案馆大楼铲了一铲土，档案馆的建设工程正式开始。1933 年 2 月 20 日，即将卸任的胡佛总统举办了档案馆大楼奠基仪式。胡佛宣称："这座包含我们历史的庙宇将会成为展现美国人灵魂的最漂亮的建筑之一，它将成为展现美国特色的最持久的建筑。"在此次仪式上，胡佛总统将几份重要物件放置进大楼，包括《独立宣言》复制件、《宪法》复制件、美国国旗、华盛顿日报复制件等。1934 年 6 月 19 日，富兰克林·罗斯福总统签署了国家档案馆作为一个独立机构的立法，国家档案馆正式成为独立机构。1935 年 11 月 5 日，国家档案馆的 120 名工作人员搬进了这座未完成的建筑。大部分的外部工作已经完成，但堆栈区还没有可存放即将入馆记录的架子。

#### 1.2.2　持续建设

在外观上，国家档案馆建筑是联邦三角地区最华丽的建筑，其外墙历时四年多的时间才完成，雕塑家、模型制造商、空调承包商、钢材工人等各行人员参与其中。该建筑内部还安装了专业空气处理系统和过滤器、强化地板，还有数千英尺的架子以满足档案的存储需求。档案馆展馆和其他公共场所的建造工作仍在进行，更显著的问题是早期预估的堆栈空间远远不够。在 Pope 的原始设计即将完成之际，填补档案馆的室内庭院的项目开始实施，将存储空间从原来的 374000 平方英尺扩展至 757000 平方英尺。

#### 1.2.3　建设完成

1937 年美国国家档案馆建设完成。它有 72 根科林斯柱，各高 53 英尺、直径 5 英尺 8 英寸、重量 95 吨。两个青铜大门守卫着宪法大道入口，每个重达 6.5 吨、高 38 英尺 7 英寸、近 10 英尺宽、11 英寸厚，靠近入口的底座处

① A Short History of the National Archives Building，Washington，DC〔EB/OL〕. http：//www. archives. gov/about/history/building. html，2016－12－29/2017－03－05.

有四个大的寓言雕塑。无论是外观、内部设置，还是细节体现，国家档案馆
都深刻体现了新古典主义的建筑风格，实为当时联邦三角最壮观、最漂亮的
建筑。图 2 至图 7 是国家档案馆从建筑选址到投入建设期间部分有代表性的
图片。

图 2　国家档案馆建筑选址照片，第七街和宾夕法尼亚大道之间的中心市场（1928 年）

图 3　华盛顿特区宪法大道向西俯瞰图（1930 年）

图 4　国家档案馆地基建设图（1932 年 9 月 1 日）

图 5　正在建设中的国家档案馆（1932 年 11 月 14 日）

图 6　正在建设中的国家档案馆（1933 年 9 月 5 日）

图 7　正在建设中的国家档案馆（1934 年 9 月 4 日）

## 1.3　档案馆建筑两次重大整修

### 1.3.1　第一次重大整修

20 世纪 70 年代初期，为筹备独立宣言 200 周年纪念活动，国家档案馆进行了第一次重大整修，工人们对外门面、雕塑和艺术品进行了清洗。在室内更新了空调系统，并安装了新的照明灯、烟雾探测器和洒水装置。工人们对室内福克纳的壁画、圆形大厅的天花板和墙壁，大理石等石制品也都进行了清洗。

### 1.3.2　第二次重大整修①

此次装修时间为 20 世纪末 21 世纪初，共分两个阶段。第一阶段由总承包商 John C. Grimberg 公司完成，从 2000 年到 2001 年年初；第二阶段包含了装修活动的主要部分，由总承包商 Grunley 建筑公司完成。从上到下彻底的整修共花费了 1.1 亿美元，上至屋顶下至地下二层都进行了更新升级，将其改造成了一个现代化的旅游景点以及一个适合研究美国历史的场所。尽管此次装修改变很大，但是仍保留了其原有的历史风貌。其中，此次整修最显著的部分是大楼的公共区域，其整修遵守了美国《残疾人法案》和《联邦无障碍标准》。工人们革新了宪法大道一侧的街道入口，将入口通向新电梯，人们可乘电梯到圆形大厅和剧院。圆形大厅内，《独立宣言》、《宪法》和《人权法案》被放映在新型显示器上，所有访客（包括儿童和坐在轮椅上的人）都可方便地观赏，大厅内还添加了许多大型公共洗手间。此外，为更好地保存档案以及保障国家档案馆与文件署的工作和游客的安全，大楼的安全装置技术得到提高，消防安全问题和环境问题都得以解决。关闭了原来的五楼剧院并建造了新的拥有 294 个座位的威廉·G. 麦高恩剧院。图 8 和图 9 分别是记录圆形大厅壁画清洁现场和重新粉刷时的图片。

图 8　圆形大厅壁画清洁现场照片（1971 年）

---

① Richard Blondo. A Top－to－Bottom Renovation for the National Archives Building［EB/OL］http：//www. archives. gov/publications/prologue/2003/fall/building－renovation. html，2003/2017－03－05.

图 9　重新粉刷中的圆形大厅（2002 年 9 月）

## 2　美国国家档案馆建筑细节介绍

建筑师 John Russell Pope 着手设计档案馆时，试图创造一个拥有宏伟设计的新古典主义建筑。这意味着，该结构将嵌入华丽的、具有象征意义的雕塑细节，其灵感来自古希腊和古罗马的艺术和建筑装饰。

### 2.1　南北面山形墙

国家档案馆建筑南北面宽达 118 英尺、高达 18 英尺的山形墙，在华盛顿特区是最大的。这些宏伟的山形墙描绘了向公众传达国家档案馆目的的画面，象征着档案的民族意义。

朝向宾夕法尼亚大道，大厦北部的山形墙，是由著名的雕塑家阿道夫·亚历山大温曼设计的，题为"命运"。在中心的人物象征着命运，他坐着，盯着在宝座上休息的两只鹰（鹰是美国以及勇气的象征）。大楼北面的山形墙由詹姆斯·厄尔·弗雷泽和他的妻子劳拉·弗雷泽设计，其设计描述了"档案的记录者（Recorder of the Archives）"以及档案形成的过程。

　　中央坐像代表记录者，他手持一本打开的书，手里还拿着档案馆的钥匙。记录者的宝座上还有两只公羊，象征着羊皮纸。保存在国家档案馆的诸多历史悠久且最重要的文件都是羊皮纸的。记录者旁边的女性人物负责接收重要文件，后面的翼马，象征着"神话飞马"，旁边的小人正在收集文件，所有的都将被中间的记录者所记录。山形墙的每个角落都蹲着狗，象征着监护。①

　　这些雕塑装饰品共花费 36 万美元，连同建筑的其他雕塑作品，使得国家档案馆大楼成为联邦三角地区最华丽的建筑。山形墙强有力的象征以及巨大的规模正如赫伯特·胡佛总统在声明中所说，美国国家档案馆建筑将成为"我们历史的庙宇"。图 10 至图 12，是国家档案馆不同角度的剪影。

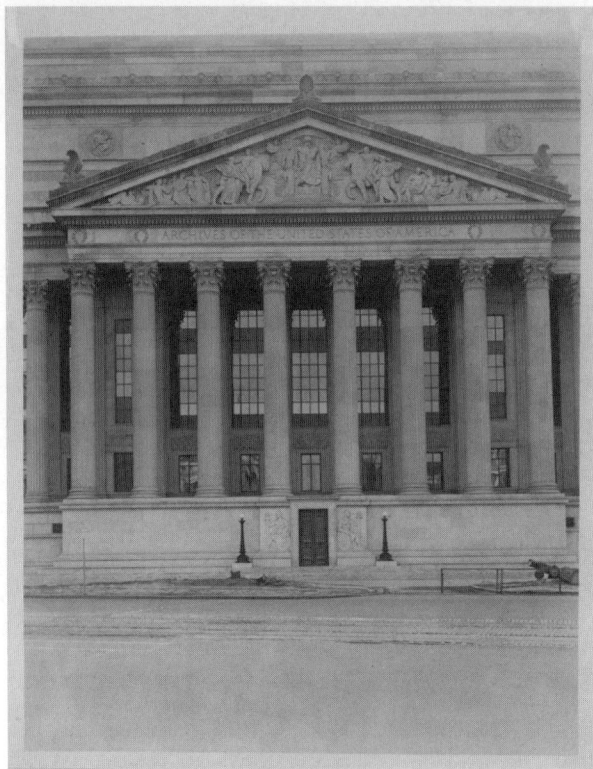

图 10　国家档案馆宾夕法尼亚大道入口，北面山形墙（1936 年 1 月 12 日）

---

①　Jessie Kratz. Symbols of Significance：The Pediments of the National Archives Building ［EB/OL］. http：//blogs. archives. gov/prologue/? p＝13960，2014－10－01/2017－03－05.

图 11　国家档案馆大楼宪法大道入口，南面山形墙（1935 年 12 月 22 日）

图 12　档案的记录者，山形墙细节

## 2.2 四座寓言雕塑

靠近入口的底座处有四个大的寓言雕塑，宾夕法尼亚大道入口的雕塑代表过去与未来，两尊雕塑的石座上镌刻着莎士比亚《暴风雨》中的一句台词："过去的仅仅是序幕"；宪法大道处的雕塑代表遗产和监护，在山形墙上其他雕塑刻画的人物代表着命运、历史、监护和灵感。[1] 图 13 和图 14 分别是国家档案馆大楼"监护雕塑"和"遗产雕塑"。

图 13　国家档案馆大楼"监护雕塑"

---

① A Short History of the National Archives Building, Washington, DC〔EB/OL〕. http://www.archives. gov/about/history/building. html, 2016－12－29/2017－03－05.

图 14　国家档案馆大楼 "遗产雕塑"

## 2.3　大楼三面铭文

环绕大楼的东、西、南三面分别刻有铭文。西边铭文：我们历史的荣耀和浪漫保存在编年史中，这些编年史构成了我们国家的结构。（The glory and romance of our history are here preserved in the chronicles of those who conceived and builded the structure of our nation.）东边铭文：这座建筑以信托形式保管着我们国家生活的记录，象征着我们对国家机构永存的坚实信念。（This building holds in trust the records of our national life and symbolizes our faith in the permanency of our national institutions.）南面铭文：将我国人民团结在一个牢不可破的联盟中的纽带永远在我们政府的档案之中，这栋楼便是它的保管者。（The ties that bind the lives of our people in one indissoluble union are perpetuated in the archives of our government and to their custody this building is dedicated. )①

## 2.4 圆形大厅壁画

1934 年美国艺术家巴里·福克纳（Barry Faulkner）被委托为展览大厅（即现在我们所熟知的圆形大厅自由宪章展馆）绘制两幅壁画，起初壁画在纽约市，1936 年被安装到了展馆内。西北墙上的壁画描绘了托马斯·杰斐逊、本杰明·富兰克林、约翰·亚当斯、罗杰·谢尔曼和罗伯特·利文斯顿向约翰·汉考克做《独立宣言》的报告的场景，东北墙上的壁画描绘了詹姆斯·麦迪逊向乔治·华盛顿呈递《宪法》的画面。② 图 15 和图 16 分别是圆形大厅西北墙和东北墙壁画。

图 15　西北墙壁画：Thomas Jefferson 准备将《独立宣言》拟稿交予 John Handcock

图 16　东北墙壁画：George Washington（中间）从 James Madison 手中接收《宪法》拟稿

① A Short History of the National Archives Building, Washington, DC [EB/OL]. http://www.archives.gov/about/history/building.html, 2016-12-29/2017-03-05.

② Richard Blondo. Historic Murals Conservation at National Archives Building [EB/OL]. http://www.archives.gov/publications/prologue/2003/spring/murals.html, 2003/2017-03-05.

# 3　美国国家档案馆建筑特色

## 3.1　布局完善，综合性强

档案馆的设计需要建筑师有一个扩大的、综合的环境设计理念①，既包括同周围自然、人文环境的融合，建筑内部的空间安排，也包括建筑自身功能的体现。国家档案馆建筑采用新古典主义设计风格，使其同其他建筑相互融合；空间安排适当，既包括档案库房、展厅，也包括休闲娱乐场所，实现存储空间、行政空间、服务空间、休闲空间的统一，以满足社会公众不同层次的需求；空间灵活性强，可随时代发展自主改造空间，更好地适应时代的需求。档案馆经过前两次的重大整修，其设计更加完善，功能更加健全，不断满足时代的新需求。

## 3.2　细节突出，文化性强

72根科林斯柱、山形墙雕塑、入口处四大雕塑、铭文、壁画等外观精美，刻画细腻，既饱含设计者的心血，又十分契合国家文化，如山形墙上"档案的记录者"的雕塑，完美诠释了档案、档案工作者、档案馆建筑以及公众之间的有机联系。"同时，在馆内的永久性陈列大厅的正中靠墙处有一类似神龛的建筑，并由两根粗大的柱子支撑着，用来陈列统称为'自由宪章'的三个文件，更是彰显了档案的神圣不容忽视的至高地位。"② 其他细节部分也彰显了档案馆建筑同其他建筑之间的区别，深刻体现了档案馆的意义与价值。一座建筑的文化内涵和深度往往体现在细节上，这些富有象征意义的细节充分反映了国家档案馆建筑的文化深度和历史厚重感，历久弥新，以婉转的形式向人们诉说着其文化内涵。

---

① 姜莉. 档案馆建筑风格趋势 [J]. 中国档案，2012 (11)：23－24.

② 聂云霞，向彩霞，龚姗. 中美档案馆建筑文化比较研究——兼读《档案馆建筑设计规范 JGJ25－2010》[J]. 档案学研究，2014 (05)：91－96.

### 3.3  服务设施多样，开放性强

国家档案馆建筑的设计秉持着服务公众、满足公众需求的原则，突破了原有档案馆封闭的风格，各方面均彰显民主与自由的设计理念。除圆形大厅、展馆以及库房之外，建筑内还设有麦高恩剧院、咖啡厅、休息室等休闲娱乐设施，档案馆不再仅仅是保管档案的场所，更是人们进行文化娱乐、自由休闲的场所。圆形大厅内没有路线图，游客可以自由地在空闲时间漫步在大厅内。

国家档案馆吸引公众的特色包括自己的剧院和礼品商店（National Archives Shop）。麦高恩剧院是国家档案馆履行公共服务职能的重要载体，综观 2015 年美国国家档案馆公共服务项目，诸多项目在麦高恩剧院开展，包括放映特色主题电影、主题讨论会、书籍签售会等，而且几乎所有项目均免费向公众开放；礼品商店也吸引着许多游客，影迷们可能会记得在《国家财富》电影中，由尼古拉斯·凯奇扮演的本·盖茨在该商店中买了《独立宣言》复制件。国家档案馆民主与自由的设计理念、开放与包容的服务方式，将档案资源融入公众生活，使公众对档案有更深入地认识和了解，档案也拥有更大的价值。

### 3.4  人文色彩浓厚，平等性强

国家档案馆的建设充分体现了人文精神，在两次重大整修中，充分弥补了之前建筑的不足，融合了更多人性化设计。例如，改造入口电梯，使访客可以更方便地到达圆形大厅；改造"自由宪章"原有的展览模式，让残疾人和小孩都可以很方便地观看展览，馆内也有残疾人走廊等人性化设计；馆内增加了公共洗手间、休息室等场所，为公众提供了良好的休闲空间。这些设计充分体现了以人为本、以利用者为中心的原则，实为其他档案馆建筑应该学习的典范。

在档案意识普遍薄弱、档案重视程度不够的今天，在设计和建造档案馆时，也应充分考虑如何才能将档案融入人们的生活，使人们更有兴趣关注档案，了解档案。

# 4　结语

美国国家档案馆每年都有源源不断的参观者来馆参观，他们会因这72根科林斯柱产生敬畏之情，也会受建筑外墙铭文的启发。其中，每年有上百万参观者会就档案馆建筑询问诸多问题，数百名学生向 NARA 查询有关国家档案馆建筑的资料，大部分是正在建立建筑模型或写建筑论文的人。对此，NARA 宣布在其网站上成立了一个新的"数字课堂"——"建立档案（building an archives）"项目。此项目向参观者展示了一馆以及学院公园国家档案馆的状况，包括大量的图片以及一些关于 POPE 设计建筑时鲜为人知的历史等等。[①] 国家档案馆建筑以其独特的魅力吸引着来自世界各地的游客，以包容性、开放性的特点向公众传递美国独特的历史档案，为利用者提供了诸多便利，其反映的人文关怀和以利用者为中心的理念值得我们借鉴。

---

① National Archives Announces New Digital Classroom Unit：Building an Archives［EB/OL］. http：//www. archives. gov/press/press－releases/1998/nr98－132. html，1998－08－10/2017－03－05.

# 英国国家档案馆的发展与建筑研究①

## 郭　辉

（山东大学历史文化学院　济南　250100）

　　**摘　要：**英国国家档案馆是世界上现代化水平和服务水平最高的国家档案馆之一。档案馆良好的保管环境与合理的布局设计是提供高水平服务的基础和保障。本文结合相关史料，阐述英国国家档案馆的历史沿革、建筑概况及建筑特色，以期加强对英国国家档案馆的了解和把握，并能在此基础上对国内档案馆的建设提供参考。

　　**关键词：**英国国家档案馆　建筑设计　历史

　　作为"公共档案馆"发源地的英国，英国国家档案馆的开放利用走在世界前列。英国国家档案馆是世界上馆藏最丰富的国家档案馆之一，保存着英国一千多年的历史，为英国以及世界各国提供着档案服务。档案馆良好的保管环境与合理的布局设计是提供高水平服务的基础和保障。英国国家档案馆的建筑至今已经有一百六十多年的历史，深入分析其档案馆建筑对于我们了解英国国家档案馆及档案工作情况有很大的帮助。

　　作者简介：郭辉，女，山东大学历史文化学院档案学专业 2015 级硕士研究生。
　　①　本文系国家社科基金青年项目"中外公共档案馆发展路径比较及对策研究"（项目批准号：13CTQ054）的阶段性成果。

# 1　英国国家档案馆的由来与发展

2003 年 4 月 2 日，英国公共档案馆（Public Record Office）和皇家历史手稿委员会（Historical Manuscripts Commission）合并，英国国家档案馆（The National Archives）正式成立，英国开始有国家档案馆这一正式官方名称。英国国家档案馆成立之后，公共档案馆这一名称不再为官方使用，但一些研究人员仍喜欢这么使用，以便和其他国家的国家档案馆区别开来。①

## 1.1　英国公共档案馆（图 1）

英国虽然 17 世纪就实行了资产阶级革命，但在 1838 年以前针对档案工作没有进行过任何改革，档案工作长期处于停滞状态。②　直到 1838 年，英国设立了档案委员会，委员会建议成立中央公共档案馆。1838 年 8 月 14 日，英国依据《公共档案馆法》（Public Record Office Act）设立了公共档案馆，把存放在各处的档案集中起来。公共档案馆由大法官厅官员之一管卷大臣（Master of the Rolls）领导，是档案馆的负责人；设副馆长（Deputy Keeper）一人，定期向管卷大臣报告工作，并对国会负责，

图 1　英国公共档案馆

是档案馆的实际管理者。这意味着，管卷大臣为档案馆的负责人，档案馆的实际管理者为副馆长。公共档案馆第一个管卷大臣是朗达尔（Lord Langdale），第一个副馆长是历史学家弗朗西斯·帕尔格雷夫（Sir Francis Palgrave）。这种方式延续到 1958 年，其间共有八任管卷大臣和副馆长。1958

---

①　The National Archives. [EB/OL]. [2016−10−20]. https：//en. wikipedia. org/wiki/The_National_Archives_（United_Kingdom）.

② 李凤楼，黄坤坊，等. 世界档案史简编 [M]. 北京：档案出版社，1983：12.

年，英国颁布新的《公共档案法》（Public Records Act），公共档案馆的领导权由管卷大臣转移到大法官（Lord Chancellor），档案馆的首席执行官变为馆长，馆长对大法官负责。[①] 此时的英国公共档案馆负责接收和保管英国政府档案文件，为开展各项业务工作，馆内设有三个部：建制与财务部，负责行政事务工作；档案管理部，负责对政府机关的档案业务指导，下面还设有海斯中间档案馆；档案业务与出版部，负责馆内档案的整理、保管、利用等工作。[②]

## 1.2 英国国家档案馆（图2）

2003年4月2日，"数字化保护的实践经验"国际会议在英国成功举办，在电子文件迅速发展的背景下，为了更好地保存国家记忆，实现2004年底对所有新产生文件以电子化形式储存和保护的目标，公共档案馆与皇家历史手稿委员会合并，英国国家档案馆成立。英国国家档案馆是隶属于英国司法部的政府部门和首相府下的行政机构。2004年皇家历史手稿委员会从昌索雷巷搬至丘园。2006年10月31日，英国国家档案馆与公共部门信息办公室（Office of Public Sector Information）合并，合并后的机构仍保留英国国家档案馆这一名称。合并之后，国家档案馆在政府信息管理上将产生更大的影响，以确保行政机关和公共部门有效地保存、管理和利用信息。[③] 2015年9月17日，英国政府做出书面声明，英国国家档案馆不再隶属于司法部，改由文化媒体和体育部（The Department for Culture，Media and Sport）负责，相应的1958年《公

图2 英国国家档案馆

---

① Crawford，Anne. The Public Record Office [J]. History Today，2000：26—27.

② 李凤楼，黄坤坊，等. 世界档案史简编 [M]. 北京：档案出版社，1983：12.

③ The National Archives. [EB/OL]. [2016—10—20]. https：//en. wikipedia. org/wiki/The_National_Archives_（United_Kingdom）.

共档案法》所规定的大法官的职责也转移为文化媒体和体育部部长管理。①

## 2　英国国家档案馆的三次建设

1838 年英国公共档案馆成立之初并没有建立专门的档案馆，档案分散在不同地方，档案的保管条件很差，只有少量条件较好的法院或部门档案室。英国真正有专门用来保管档案的建筑始于 1851 年的法院街老馆，此后，于1973 年开始在丘园建设新的档案馆（称之为丘园旧馆），1993 年在丘园旧馆的基础上进行扩建（称之为丘园新馆）。

### 2.1　法院街老馆（图 3）

1851 年，由建筑师詹姆斯·彭尼索恩（Sir James Pennethorne）负责的专门档案保管室开始建设。该建筑位于市中心昌索雷巷（Chancery Lane），"是座漂亮的以尖拱、簇柱为特色的哥特式建筑，是伦敦维多利亚地区主要的纪念馆。"② 法院街老馆有四层，均用于存放档案，主要保存司法档案和 1800 年以前的政府档案，其中保存最早的为 1086年的《末日审判书》。为防止火灾，用手动防火门将大楼分隔成两个区域，并备有消防火龙带。该建筑利用计算机系统获取文件，水平方向传送文件依靠手

图 3　法院街老馆

推车，垂直方向用货物升降机或书籍提升机传送。法院街老馆有 4 个阅览室，

---

① Machinery of Government changes. [EB/OL]. [2016－10－20]. http：//www. parliament. uk/business/publications/written－questions－answers－statements/written－statement/Commons/2015－09－17/HCWS209/.

② 冯若颖. 英国公共档案馆一瞥 [J]. 上海档案，1990（03）：31－33.

包括缩微胶卷阅览室和一个供阅读文件的区域，此外，还有一个小型博物馆展览永久档案。① 从法院街老馆的建设布局来看，英国国家档案馆最初就十分重视档案的安全和利用。

### 2.2　丘园旧馆（图 4）

随着档案工作的不断发展，档案、利用者以及工作人员的数量早已超过了法院街老馆库房、阅览室和办公住宿的承载能力。一战后增加的档案不得

不保存到其他房屋，增加阅览室和办公住宿空间也变得更加必要。法院街老馆的一些房间不得不用于员工住宿，一些员工在汉诺威广场（Hanover Square）的附属房间进行办公。在这样的背景下，新建档案馆变得越来越迫切。1969年 10 月，英国政府宣布在伦敦西南郊的丘园（Kew）建立新的公共档案馆。因法院街老馆还需为公众服务，将老馆

图 4　丘园旧馆

总部和全部人员及职能转移到郊区并不是理想方案，议院对此问题争论不休。1972 年 3 月，政府公开确认将法院街老馆的主要部门转移到丘园档案馆。②法院街老馆依然存在，并和丘园档案馆共同承担档案工作，这不仅可以满足公共档案馆可预见的（到 20 世纪末）住宿需求，还可利用丘园的保留空间做进一步扩建，以保存更多的档案资源。丘园旧馆的建设由物业服务机构的民事住宿董事会（Directorate of Civil Accommodation of the Property Services Agency）承担，即原公共建筑和工程部（the Ministry of Public Building and Works），该项目被分配到一个设计团队，其中包括了与公共档案馆工作密切

---

① 冯若颖. 英国公共档案馆一瞥 [J]. 上海档案，1990（03）：31－33.
② Lionel Bell. The new public record office at Kew [J]. Journal of the Society of Archivists，1974（05）：1－7.

相关的学科代表。① 丘园档案馆始建于 1973 年 5 月，1976 年完工，1977 年 10 月 17 日开始对外开放。

### 2.3 丘园新馆 (图 5)

由于进馆档案数量的增加和档案工作的开展，以及人们对档案研究兴趣的增长，旧馆不足以满足需要。1993 年在旧馆的基础上进行扩建，扩建后的新馆于 1995 年开放。新馆和旧馆紧密相连，融为一体，统称"丘园档案馆"。

丘园新馆建成之后，1997 年法院街老馆的所有档案被转移到新的档案馆或家庭档案中心。2001 年，法院街老馆由伦敦大学国王学院（King's College London）获得，现在成为该大学最大的图书馆，即莫恩图书馆（the Maughan Library）。② 现在所谈到的英国国家档案馆，是指由旧馆和新馆组成的丘园档案馆，不包括法院街老馆。

图 5 丘园新馆

## 3 英国国家档案馆的建筑概况

英国国家档案馆占地 13 英亩，旧馆约 33440 平方米，扩建的新馆约 31750 平方米。具体分布如下：库房区 28742 平方米、地下室和公共区 20809 平方米、特藏室 7038 平方米、办公区 8602 平方米。③ 新馆主要是办公用房，而档案保

---

① The Opening of the Public Record Office in Kew in 1977. [EB/OL]. [2016－10－25]. http：//webarchive. nationalarchives. gov. uk/＋/http：//yourarchives. nationalarchives. gov. uk/index. php? title＝The _ Opening _ of _ the _ Public _ Record _ Office _ in _ Kew _ in _ 1977.

② The Public Record Office. [EB/OL]. [2016－10－10]. https：//en. wikipedia. org/wiki/Public _ Record _ Office.

③ The National Archives. [EB/OL]. [2016－10－23]. http：//webarchive. nationalarchives. gov. uk/＋/http：//www. nationalarchives. gov. uk/about/pdf/building. pdf.

管和服务则集中在旧馆，在档案馆布局上，本文主要针对旧馆进行介绍。

## 3.1 外部条件：环境优美，基础设施完善

英国国家档案馆位于伦敦市西南郊的丘园（Kew）小镇，距离伦敦市中心约16千米，东濒泰晤士河，西临英国皇家植物园（Royal Botanic Gardens），远离嘈杂，相对安静。虽远离伦敦市中心，但交通便利，附近的公交站、地铁站很多，出站后只需步行几分钟便可到达。新馆前有人工湖，水池里有喷泉和各种野生动物，如图6所示。水池除了美化环境，还具有消防的作用，内有专门的管道与库房相连，以备不测。与人工湖相邻的是一个花园，花园里草木丛生，充满生机。

英国国家档案馆基础设施完善，体现着人人平等和以人为本的服务理念。档案馆设有供公众和员工使用的停车场，有126个公共车位和6个残疾人专用车位，并提供摩托车和自行车车位。2017年3月27日起，英国国家档案馆的停车场从周一至周六每天8：30开始使用，以最大限度满足访客的停车需求。英国国家档案馆重视人文关怀，为残障人士来档案馆查阅档案提供最大便利，不仅设有专门的停车位，还有专门的轮椅行驶路线，专门的卫生间等；针对视力障碍人士，提供带有大字键盘的计算机，如图7所示。

图6　人工湖和喷泉

图7　大字键盘计算机

## 3.2 内部设计：开放包容，安全便捷，以人为本

英国国家档案馆没有围墙，是开放式的，由旧馆和新馆两座主建筑构成，连接两座建筑的中心区即公众入口，如图 8 所示。三栋主体建筑拼成的"八字形"建筑群，就像一个人敞开双臂，寓意着开放和接纳。① 旧馆由约翰·塞西尔·克莱弗林（Sir John Cecil Clavering）设计，并于 1977 年获得"Richmond society award"奖。② 旧馆设计时主要考虑两方面：一是为档案提供安全的保管环境；二是实现档案在保管区和阅读区简单而快速地移动，在读者索阅文件时能够尽快地把档案文件从档案架上送到读者手中。③ 无论是整体布局还是各功能分区，英国国家档案馆均体现着安全便捷，以人为本的理念。

图 8 英国国家档案馆整体

---

① 林入. 走读英国国家档案馆. ［EB/OL］.［2016－10－20］. 中国新闻网，http：//www. chinanews. com/lxsh/2013/08－16/5172839. shtml.

② The National Archives. ［EB/OL］.［2016－10－23］. http：//webarchive. nationalarchives. gov. uk/＋/http：//www. nationalarchives. gov. uk/about/pdf/building. pdf.

③ The Opening of the Public Record Office in Kew in 1977. ［EB/OL］.［2016－10－25］. http：//webarchive. nationalarchives. gov. uk/＋/http：//yourarchives. nationalarchives. gov. uk/index. php? title＝The _ Opening _ of _ the _ Public _ Record _ Office _ in _ Kew _ in _ 1977.

### 3.2.1　整体布局

英国国家档案馆旧馆被设计成正方形，共有五层和一个地下室，三、四、五层均为库房，二层为阅览区，一层为公共区。因建筑高度有限，地下室也用作库房来保管利用率较低的档案。库房在上、其他房间在下的布局类型，分区明确，联系方便，库房通过中央传输机与下面的功能分区进行连接，满足了档案馆建设的初衷。如图 9 所示，从外观上看，一楼高于地面，一、二层与上面三层相比略微缩进，这样就可以为一、

图 9　旧馆外墙

二层的阅览室和办公室提供阴凉，减少阳光的射入，从而提供更好的阅读环境。[1]

### 3.2.2　库房区

图 10 即为库房一角。库房区十分重视安全，并充分考虑到档案调阅的便捷。库房带有狭窄的卧式窗孔，可以把阳光中的有害紫外线降到最低。外墙为坚硬而厚实的岩石，可以降低外界因素对库房的影响，为库房创造相对稳定的环境。库房内有调节温度的空调 24 小时运行，严格的火警监测预防和消防装置，充分保障档案的安全。每一层约 7360 平方米，被分隔成三个库房，库房的内墙上有装置耐火门的通道，耐火门用易熔的铰链敞开（火灾时能自动关

图 10　库房

---

① 　The Opening of the Public Record Office in Kew in 1977. [EB/OL]. [2016－10－25]. http：//webarchive. nationalarchives. gov. uk/＋/http：//yourarchives. nationalarchives. gov. uk/index. php? title＝The _ Opening _ of _ the _ Public _ Record _ Office _ in _ Kew _ in _ 1977.

闭），使整层楼房可作为一个整体进行空气调节。档案架的搁板均为钢制，上至天花板，下至地板，都被安放在悬臂梁的槽内，因而比较灵活。[①] 为了提高调阅档案的速度，水平方向上，每层楼内都有运送档案文件的电车，由库房助理操作；垂直方向上，有一台自动的"链斗式"升降机和两台载重电梯通过每层楼的中心，用来在库房与阅览室之间上、下运输档案。[②]

### 3.2.3　阅览区

阅览区以方便利用者为出发点，提供多种服务以满足不同需求。二楼有朗达尔（Langdale Room）和罗米利（the Romilly Room）两个阅览室，阅览室的名字是为了纪念 1838 年英国《公共档案法》生效后公共档案馆第一任和第二任馆长。除此之外，在三楼地图和其他大型文件库房区设有连接在一起的阅览室，以便工作人员向利用者提供不能用升降机传送的档案，方便利用者的阅览。阅览室内有八角形桌子，每个阅览室提供 248 个阅览位置，每个座位都有电源插座，供缩微胶片阅读机使用。在每个阅览室内，有 64 个座位

图 11　阅览室

图 12　地图保管室

设在隔离区，利用者可以在此使用打字机。阅览室档案的安全通过闭路电视监控和现场工作人员的监督来确保。两个阅览室之间有一个参考室，里面有馆藏档案目录，以及一些检索工具和参考著作。为了及时关注利用者的查档

---

① 黄坤坊. 英国公共档案馆新建的档案大楼［J］. 档案学通讯，1980（02）：68−69.

② The Opening of the Public Record Office in Kew in 1977.［EB/OL］.［2016−10−25］. http：// webarchive. nationalarchives. gov. uk/＋/http：//yourarchives. nationalarchives. gov. uk/index. php? title＝The _ Opening _ of _ the _ Public _ Record _ Office _ in _ Kew _ in _ 1977.

需求，参考室有小型计算机检索系统，将利用者的检索需求直接传输到库房区，并快速将文件参考资料是否有效、是否可用的情况反馈给利用者。① 此外，参考室有相关人员提供咨询和服务。图 11 和图 12 分别为阅览室和地图保管室一角。图 13 为阅览区一、二、三层布局图。

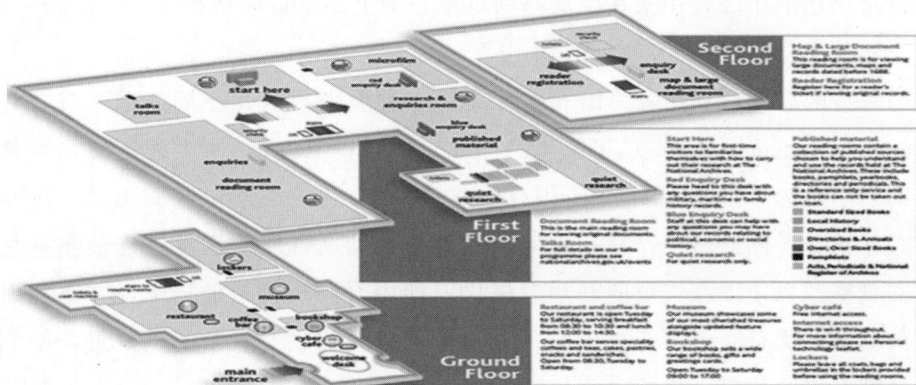

图 13　阅览区一、二、三层布局图

### 3.2.4　公共区

公共区旨在为利用者提供舒适的配套服务，使档案馆不仅成为查阅档案的地方，也可以成为公众休闲放松的好去处。公共区包括咨询服务台、网吧、咖啡店、书店、博物馆、餐厅、存物柜等。餐厅 100 平方米左右，可容纳二三百人，供工作人员和利用者共同就餐，于每周二至周六开放，提供早餐和午餐，早餐时间为 8：30～10：30，午餐时间为 12：00～14：30，免去了利用者就餐的烦恼，为其提供了充足的查阅档案时间。餐厅相邻的咖啡厅

图 14　书店

---

① The Opening of the Public Record Office in Kew in 1977. [EB/OL]. [2016－10－25]. http：//webarchive. nationalarchives. gov. uk/＋/http：//yourarchives. nationalarchives. gov. uk/index. php? title＝The _ Opening _ of _ the _ Public _ Record _ Office _ in _ Kew _ in _ 1977.

提供咖啡、茶、蛋糕、甜点、小吃和三明治等，可供人们聊天、休息，于每周二至周六的 8：30 开放。书店提供各类书籍，礼品和卡片，于每周二至周六的 9：00～17：00 开放。① 图 14 是书店一角。完整的配套设施体现了英国国家档案馆的服务水平和服务理念，吸引着大量的利用者。

## 4　英国国家档案馆的特色

### 4.1　环境优美，实用性强

英国国家档案馆环境优美，相应的建筑不过分追求豪华奢侈，以实用为基本出发点。国内对英国国家档案馆的评价诸多，且基本持欣赏和肯定态度。张秋云等在《英国公共档案馆所见所闻》一文中评价道："这座宏伟的现代建筑独具一格，壮观而不显豪华，实用而不显奢侈。"② 潘积仁在文章中也曾说："平心而论，英国档案馆建筑不是最美，但占地面积比国内同等规模的档案馆要大很多，环境也是一流的。"③

### 4.2　设备完善，现代化水平高

英国国家档案馆（旧馆）在当时是世界上最现代的国家档案馆建筑。④ 世界著名的档案馆建筑问题专家米歇尔·迪香（Michael Duchein）这样评价英国国家档案馆："在现代档案馆建筑物中，这是最大的一座。它的建筑结构、内部传输系统、阅览室的自动化设备、技术室、空调、防火、防盗和自动化技术管理等都值得借鉴。今天，许多国家的国家档案馆无不以丘园档案馆为蓝

---

① Welcome to The National Archives. [EB/OL]. [2016－10－20]. http：//www. nationalarchives. gov. uk/documents/tna－welcome－leaflet. pdf.

② 张秋云，周关根，赵月琴，吴雪生. 英国公共档案馆所见所闻 [J]. 上海档案，2000，02：47－49.

③ 潘积仁. 到英国查阅档案资料：见闻与感悟 [J]. 中国档案，2011，02：65－67.

④ The Opening of the Public Record Office in Kew in 1977. [EB/OL]. [2016－10－25]. http：//webarchive. nationalarchives. gov. uk/＋/http：//yourarchives. nationalarchives. gov. uk/index. php?title＝The _ Opening _ of _ the _ Public _ Record _ Office _ in _ Kew _ in _ 1977.

本进行筹划。"① 高度自动化和现代化的设备不仅方便了读者，也提高了档案工作的效率。图 15 为服务器房间。

图 15　服务器房间

### 4.3　平等开放，访问者多

英国国家档案馆的各项基础设施建设均体现着平等的观念，每个公民都是档案馆的服务对象，档案馆基于不同对象的特点尽力满足其需求。英国国家档案馆档案利用手续简便实用，来自世界各地的利用者均可享受平等的待遇，并能快捷地查找到了自己所需的档案。平等自由、开放包容的服务理念让英国国家档案馆的访问人数不断增加。档案馆只有走出深宅大院，对公众开放才能实现其价值。

### 4.4　用户至上，服务全面

英国国家档案馆在设计之初就将方便用户查阅档案作为最重要的考量。从自动化的检索系统到完善的基础设施，从良好的阅读环境到全面的咨询服务，从合理的楼层布局到简单的查档手续，都体现了用户至上的观念。从宏

---

① 米歇尔·迪香，郁宗成. 一些国家档案馆新馆简介［J］. 档案工作，1987（04）.

观到微观，从整体到细节均体现着方便用户的理念。这种理念不仅可以使利用者快捷地实现查档的目的，还使档案馆成为公众放松休闲的地方，吸引着不同年龄段的人来档案馆，拓展了档案馆的功能。

# 5　结语

英国国家档案馆的建设给我们带来诸多思考，档案馆的建设要以利用者为中心，以方便利用者查档为出发点，从基础设施、环境建设、区域布局、软件系统等全方位着手，提升档案馆的服务水平和公众吸引力，扩展档案馆的功能，使其不仅成为利用档案的地方，同时也成为公众休闲的去处。此外，档案馆的选址与建设要充分考虑到周围环境及未来的发展，不能只着眼于当下，要避免不断迁址现象的发生。

# 会议综述

# 第三届全国高校青年档案学者
# 学术论坛综述

## 赵彦昌

（辽宁大学中国档案文化研究中心　沈阳　110136）

由郑州航空工业管理学院信息科学学院主办、河南省信息智能处理工程技术研究中心协办的第三届全国高校青年档案学者学术论坛于 2016 年 9 月 24－25 日在郑州龙湖培训中心隆重召开。本届论坛的主题为"新媒体时代档案学研究"，来自中国人民大学、武汉大学、辽宁大学、上海师范大学、上海大学、郑州大学、山东大学、湘潭大学、吉林大学、黑龙江大学、河北大学、北京联合大学、广西民族大学、郑州旅游职业学院、郑州市档案局、成都市龙泉驿区档案局（馆）、郑州航空工业管理学院等高校、档案局（馆）的青年学者、专家、硕博士研究生等共计 50 余人出席了本届论坛。

2016 年 9 月 24 日上午 8：30 论坛开始，郑州航空工业管理学院郝伟斌老师主持开幕式，信息科学学院院长刘永教授致欢迎辞，对各位专家学者和同学们的到来表示热烈欢迎。刘永老师认为本次论坛采用"报告＋研讨"的方式，内容丰富多彩，研究热情高涨，对于培育学术友谊、增进学术共识，服务新时代的档案学研究，培养档案学的学术特色与学术精神将起到巨大的推动和促进作用，最后预祝本届论坛取得圆满成功。

9 月 24 日上午，郑州大学陈忠海教授做《档案法修改可能对档案研究带来的影响》的主题报告，陈忠海教授首先回顾了自己研究档案法的漫长历程，并就档案的范围、立法的宗旨、档案工作的管理体制和基本原则、档案部门的培训和信息化问题展开了系统阐述；中国人民大学徐拥军教授做《对〈档案法〉草案修订的几点意见》的学术报告，对《档案法》修订草案的进步性、局限性进行了全面解说，并有针对性地提出了具体的修改建议；郑州航空工业管理学院李泽锋教授做了《电子文件管理的思考》的学术报告，通过对"快播案"庭审分析入手探讨了档案管理工作的本质、电子文件管理的关键内容；中国人民大学《档案学通讯》编审张全海博士做《"E"考据与文献挖掘》的学术报告，探讨了学术文献的检索与挖掘，并重点介绍了"超星""爱如生""雕龙"旗下的多种数据库资源，并结合检索实例，分享获取文献资源的特殊途径。

9月24日下午上半场论坛由中国人民大学牛力老师主持。辽宁大学赵彦昌老师做《世界记忆遗产背景下的中国地方档案事业发展》的发言、吉林大学张卫东老师做《LAM数字资源众包模式研究》的发言、郑州航空工业管理学院高大伟老师做《互联网＋环境下档案信息服务理论探微》的发言。

9月24日下午下半场论坛由上海师范大学吕元智老师主持。黑龙江大学任越老师做《论中世纪后期西方社会档案观念的形成与发展》的发言、山东大学谭必勇老师做《档案基金会资金筹集与运用策略探析——以美国国家档案馆基金会为例》的发言、武汉大学王玉珏老师做《Cooperation between Archives and their〈outside〉partnerships》的发言、郑州航空工业管理学院王会粉老师做《新媒体时代的城市记忆信息采集方法》的发言。

9月25日上午上半场论坛由山东大学谭必勇老师主持。郑州市档案局石华老师做《新媒体时代档案从业人员英语实用能力提高研究》的发言、成都龙泉驿区档案馆胡开全老师做《档案编研的通透性》的发言、中国人民大学王向女博士做《国外档案馆网站应用Web Analytics的研究评析——以Google Analytics在伊利诺伊大学档案网站的应用为例》的发言、广西民族大学徐辛酉老师做《新媒体时代档案学研究的两个向度》的发言、郑州航空工业管理学院研究生申琪同学做《新媒体时代档案文化资源开发方式创新》的发言。9月25日上午下半场论坛由郑州航空工业管理学院朱兰兰老师主持，与会青年学者对档案学专业人才培养体系建设展开深入研讨，并集思广益，提出了一系列切实可行的成功经验。

9月25日中午，本届论坛顺利闭幕，由郑州航空工业管理学院信息科学学院朱兰兰老师对本届论坛进行了全面总结，认为在论坛期间，学者、专家就新媒体时代档案学的发展趋势、档案学者跨界合作、特色档案学专业人才培养、青年档案学者学术论坛的可持续发展等问题进行了充分讨论；与会学者一致认为本届论坛活跃了档案学研究的氛围，激发了青年档案学者的研究热情，培育了档案学者的学术友谊，增进了学科发展共识。经讨论协商，建议从第四届论坛开始挂靠中国档案学会档案学基础理论委员会名下主办，由某所高校具体承办，经过激烈角逐，与会学者最终议定第四届全国高校青年档案学者学术论坛将于 2017 年 7 月于湘潭大学召开。

# 《中国档案研究》稿约

《中国档案研究》为辽宁大学中国档案文化研究中心主办的学术集刊，以为档案学界奉献高水平的学术研究成果为最终目标，每年两辑，每辑 25 万字左右，上半年 5 月 20 日截稿，6 月底出版；下半年 11 月 20 日截稿，12 月底出版。欢迎国内外高校档案学专业师生、档案馆同仁惠赐佳作。

1. 《中国档案研究》实行双向匿名评审制，论文须符合学术规范，严禁抄袭及剽窃他人成果，如有以上学术不端行为，一经发现，论文不予录用并在两年内不接受该作者投稿。论文选题以档案学学科范围的学术论文为主。论文作者以不超过三人为宜，尤重独撰。

2. 论文基本格式项目包括：题名、署名、单位（注明单位、城市、邮政编码）、中文摘要（150 字左右）、中文关键词（3～5 个）、正文、注释（注明引用页码，使用脚注、自动生成，不影响排版串页，每页重新编号，使用①②③编号）、作者简介（可附作者小传，注明职务、职称、学历、代表作及主要研究方向）等，整体篇幅以万字左右为宜，特别优秀稿件则不限字数。论文结构层次一般以三个层次为限，用"1"、"1.1"、"1.1.1"表示。

3. 来稿一律使用脚注（即页下注），注释著录方式参照《文后参考文献著录规则》（GB/T 7714－2005）。

主要举例如下：

（1）学术论文类

①赵彦昌，李兆龙. 吐鲁番文书编纂沿革考（上）［J］. 档案学通讯，2013（6）：95.

（2）著作类

①赵彦昌. 中国古代档案管理制度研究［M］. 北京：人民出版社，

2011：36.

（3）学位论文类

①戴旸. 基于群体智慧的非物质文化遗产档案管理研究［D］. 武汉：武汉大学，2013：9.

（4）报纸类

①陈继齐. 海南省档案馆与都市报联合开发档案信息资源［N］. 中国档案报，2007－3－19（2）.

（5）析出文献（论文集类）

①周林兴. 基于信息生态视域的档案信息资源开发研究［C］//赵彦昌主编. 中国档案研究（第二辑）. 沈阳：辽宁大学出版社，2016：97－109.

因为网络文献的不稳定、不确定性，所以建议学术论文尽量少用或不用网络文献。

4. 请务必注明作者邮政地址（具体到门牌号）、邮政编码、工作单位、联系电话/手机号、电子邮箱等，以便发快递邮寄样刊，一般只发"百世汇通"快递。

5.《中国档案研究》仅接受电子邮箱投稿，本刊信箱：zycwxn@163.com，一般不接受纸版稿件。建议使用网易、新浪、搜狐、QQ等常用邮件系统投稿。

6. 本刊初创，暂无力支付稿酬，出版后赠送作者样刊3册，请予以谅解。

7. 本刊只接收未刊稿件，不刊发已经发表的学术论文，另在本刊发表的论文，请勿再重复发表在其他期刊。

《中国档案研究》编辑部

2017 年 5 月